回眸股市风雨彩虹　　股虫

中国股史系列

中国股市
发展报告

CHINA STOCK MARKET DEVELOPMENT YEAR BOOK

2012

李幛喆　编著

经济管理出版社
ECONOMY & MANAGEMENT PUBLISHING HOUSE

图书在版编目（CIP）数据

中国股市发展报告 2012/李幛喆编著 . —北京：经济管理出版社，2013.3

ISBN 978－7－5096－2383－1

Ⅰ.①中…　Ⅱ.①李…　Ⅲ.①股票市场—研究报告—中国—2012　Ⅳ.①F832.51

中国版本图书馆 CIP 数据核字（2013）第 057165 号

组稿编辑：郝光明　王　琼
责任编辑：王　琼
责任印制：杨国强
责任校对：超　凡

出版发行：经济管理出版社
　　　　　（北京市海淀区北蜂窝 8 号中雅大厦 A 座 11 层　100038）
网　　　址：www. E-mp. com. cn
电　　　话：(010) 51915602
印　　　刷：三河市沟河印刷厂
经　　　销：新华书店
开　　　本：720mm×1000mm/16
印　　　张：19.5
字　　　数：339 千字
版　　　次：2013 年 3 月第 1 版　2013 年 3 月第 1 次印刷
书　　　号：ISBN 978－7－5096－2383－1
定　　　价：88.00 元

回眸股市

风雨彩虹

股史为鉴

红色永恒

前　言

2012 年：中国股市"莫言式的故事"

一、大刀阔斧改革中国股市

2011 年 11 月 10 日，郭树清上任中国证监会主席，他雷厉风行、别具一格，在宏观面上连续出台各种股市政策，在微观面上大胆与中小股民对话，接地气地开创了中国股史先河。应该说，郭树清上任后的 2012 年是中国股市改革最多的一年。以郭树清为主席的中国证监会管理层，大刀阔斧进行了证券市场的各种改革：中国证监会深化新股发行体制的改革；股民可以参与股票发行询价；沪深两所抑制暴炒新股；沪深两所完善退市制度；中国证监会直接发文件要求上市公司分红；股息红利税实行差别化政策；中国证监会及时对股民的问题进行集中回应；中国证监会联手"两院一部"打击证券犯罪；中国证监会赞扬股民举报行动；中国证监会严厉打击证券市场的违规行为；等等。

通过以上改革，新股上市的暴炒行为得到抑制；上市公司分红明显增多；平稳退市有了进展；证券市场的违规行为减少；等等。

二、股市走势冲高回落再反弹

郭树清上任后，沪指在 2011 年 12 月 28 日的最低点 2134 点止跌。2012年 1 月 6 日，国务院总理温家宝出席全国金融工作会议特别强调，要提振股市信心。管理层的态度和政策，加上股市本身的反弹动能，沪指跌到了 2012 年 1 月 6 日 2132 点关键时刻，就开始迈入了上升的通道；2 月 27 日，沪指达到全年最高点 2478 点；之后整理，在 5 月 4 日，冲击到 2453 点。之后，股市开始了长达 7 个月的下跌，此时市场一片悲观，很多人看空到 1800 点，甚至1500 点。此时的管理层，无声无息地暂停新股发行，采取了以静制动的策略挽救股市。而作者此时也认为，股市底部越来越近，1900 点不可能跌破，股市说不定哪天就突然发力暴涨。果然，12 月 4 日，沪指最低点到"建国底"（股民俗称）1949.46 点后，开始上升，2000 点、2100 点、2200 点都轻松越过，整个 12 月，沪指大涨 14.6％，创造了近 40 个月内最大月涨幅。2012 年底，沪指最终收在 2269.13 点，以阳线收盘。

郭树清上任后的行情，经过冲高回落再反弹，最终呈上升趋势。

三、2013 年展开"后十八大行情"

2012 年 11 月 8 日，举世瞩目的中国共产党第十八次全国代表大会召开了，纵观党代会召开的股市走势，党的十四大、十五大、十六大、十七大召开前一年，甚至前两年，股市都发生了一轮波澜壮阔的牛市行情。可是 2012 年党的十八大召开前，股市没有发生任何股民期待的行情，既然如此，"后十八大行情"就会慢慢展开。再加上 2013 年"两会"后，新一届政府将产生，2013 年，中国股市一定会有波段行情。

2012 年，中国股市发生了很多"莫言式的故事"，值得您翻开本书回顾；2013 年，中国股市将会继续讲"莫言式的故事"，让中国股民梦想成真。

李几招（李幛喆）
2012 年 12 月 31 日

李幛喆或李几招博客：各个网站搜索引擎直接搜索李幛喆或李几招即可。
电子邮箱：lizhangzhe88@126.com

CONTENTS **目 录**

特别章 "两会"专题 / 87

板块二　上市公司总体概况

板块三　违规与维权

第一章　上市公司违规情况 / 157

第二章　证券市场违规违法行为 / 169

第三章　中小股民维护自己的权益 / 183

板块一

宏观面全景概览

第一章 宏观面大政方针

中央经济工作会议确定大政方针 证监会迅速高调部署落实

2011 年[①] 12 月 12～14 日，中央经济工作会议在北京举行。

会议提出了 2012 年经济工作的主要任务：

（一）继续加强和改善宏观调控，促进经济平稳较快发展。必须统筹处理速度、结构、物价三者关系，特别是要把解决经济社会发展中的突出矛盾和问题、有效防范经

中央经济工作会议召开（欧阳红摄影）

济运行中的潜在风险放在宏观调控的重要位置。要深入分析经济发展和运行趋势变化，准确把握宏观调控的力度、节奏、重点。要继续实施积极的财政政策和稳健的货币政策。财政政策要继续完善结构性减税政策，加大民生领域投入，积极促进经济结构调整，严格财政收支管理，加强地方政府债务管理。货币政策要根据经济运行情况，适时适度进行预调微调，综合运用多种货币政策工具，保持货币信贷总量合理增长，优化信贷结构，发挥好资本市场的积极作用，有效防范和及时化解潜在金融风险。财政政策和信贷政策都要注重加强与产业政策的协调和配合，充分体现分类指导、有扶有控，继续加大对"三农"、保障性住房、社会事业等领域的投入，继续支持欠发达地区、科技创新、节能环保、战略性新兴产业、国家重大基础设施在建和续建项目、企业技术改造等。要加强预算管理，严格控制"三公"等一般性财政支出。

---

① 本报告年份如无特指，均指 2012 年。

（二）坚持不懈抓好"三农"工作，增强农产品供给保障能力。要加大强农惠农富农政策力度，加快农业科技进步，努力促进农业增产、农民增收、农村发展。要毫不放松抓好粮食生产，稳步提高粮食最低收购价，增加粮食生产直接补贴，加大粮食主产区利益补偿力度。要落实好"米袋子"省长负责制和"菜篮子"市长负责制。要强化农产品全程质量安全管理，完善储运和市场体系，规范流通秩序，降低农产品流通成本。要抓好水利基础设施建设，扩大小型农田水利建设重点县范围，新建一批高标准农田。要坚持科教兴农战略，增强农业科技攻关和自主创新能力，加快农业技术推广。要深入推进社会主义新农村建设，抓好农村危旧房改造、环境整治、饮水安全、道路建设和电网改造。要办好农村义务教育和中等职业教育，提高新型农村合作医疗筹资标准和农民受益水平，实现新型农村社会养老保险制度全覆盖。要落实好中央扶贫工作会议精神和新10年扶贫开发纲要。要稳定和完善农村基本经营制度，稳步探索农村集体经济有效实现形式，鼓励发展农民专业合作社，健全农业社会化服务体系，为农户提供低成本、便利化的生产经营服务。

（三）加快经济结构调整，促进经济自主协调发展。一是着力扩大内需特别是消费需求。要合理增加城乡居民特别是低收入群众的收入，拓宽和开发消费领域，促进居民文化、旅游、健身、养老、家政等服务消费；加强城乡市场流通体系建设，提高流通效率，降低物流成本；强化监管和服务，坚决打击商业欺诈、制假售假行为，让广大群众放心消费、安全消费。要保持适度投资规模，优化投资结构，重点抓好在建和续建工程，确保国家已经批准开工的在建水利、铁路、重大装备等项目资金需求。二是着力推进产业结构优化升级。要坚持创新驱动，强化知识产权保护，促进产学研结合，全面落实国家中长期科技发展规划纲要，加快实施重大科技专项。培育发展战略性新兴产业，要注重推动重大技术突破，注重增强核心竞争力。改造提升传统产业，要严格产业政策导向，进一步淘汰落后产能，促进兼并重组，推动产业布局合理化。要加快重点能源生产基地和输送通道建设，积极有序发展新能源。发展服务业特别是现代服务业，要营造良好政策体制环境，建立公平、规范、透明的市场准入标准。要加快壮大文化产业，推动文化事业蓬勃发展。三是着力加强节能减排工作。要严格目标责任和管理，完善评价考核机制和奖惩制度，强化节能减排政策引导，加快建立节能减排市场机制。要加强环境保护，重点抓好大气、水体、重金属、农业面源污染防治。要坚持建设性参与应对气候变化国际谈判和合作。四是着力推动区域协调发展。东部地区要更加自觉地率先转变经济发展方式，努力提高经济发展质量，中西部地区要创新发展模式。要加强对中西部地区、东北地区等老工业基地发展的支持，切实改善革命老区、民族地区、边疆地区、贫困地区生产生活条件，扎实推进援藏援疆工作。要根据全国主体功能区规划确定的功能定位推进发展，科学引导城市群发展。

（四）深化重点领域和关键环节改革，提高对外开放水平。要调整财政转移支付结构，加强县级基本财力保障。要推进营业税改征增值税和房产税改革试点，合理调整消费税范围和税率结构，全面改革资源税制度，研究推进环境保护税改革。要深化利率市场化改革和汇率形成机制改革，保持人民币汇率基本稳定。要深化农村信用社改革，积极培育面向小型微型企业和"三农"的金融机构。要完善多层次资本市场。要完善原油成品油价格形成机制，逐步理顺煤电价格关系。要继续深化国有企业、行政管理体制、文化体制等改革和事业单位分类改革。要加快落实促进非公有制经济健康发展的政策措施。要保持外贸政策连续性和稳定性，保持出口平稳增长，推动出口结构升级，加强和改进进口工作，积极扩大进口，促进贸易平衡。要引导外资到中西部地区投资，扩大服务开放，扩大境外投资合作，积极防范境外投资风险。要深化国际合作，加强同周边国家基础设施的互联互通，反对各种形式的保护主义，妥善处理贸易摩擦，努力改善我国发展的外部环境。

（五）大力保障和改善民生，加强和创新社会管理。要增加教育投入，提高教育质量，推进义务教育均衡发展、布局优化。要坚持更加积极的就业政策，多渠道开发就业岗位，加强就业扶助，支持劳动密集型产业和小型微型企业发展。要完善社会保障体系，扩大养老等各类社会保险覆盖范围，提高统筹层次和保障水平，落实好各项保障措施和救助机制。要重视农民工在城镇的工作生活问题，帮助他们逐步解决在就业、居住、医疗、子女入学等方面遇到的困难，有序引导符合条件的农民工进城落户。要继续做好医药卫生体制改革工作，加快推进以县级医院为重点的公立医院改革试点，加快全科医生培养。要抓好保障性住房投融资、建设、运营、管理工作，逐步解决城镇低收入群众、新就业职工、农民工住房困难。要坚持房地产调控政策不动摇，促进房价合理回归，加快普通商品住房建设，扩大有效供给，促进房地产市场健康发展。要落实好中央关于加强和创新社会管理各项部署，妥善解决群众合法合理诉求，坚决纠正损害群众利益的行为。要有效防范和坚决遏制重特大事故发生，加强食品、药品、生产安全监管，强化社会监督，依法打击违法违规行为。

中央经济工作会议对股市只字未提，只有一句"发挥好资本市场的积极作用，有效防范和及时化解潜在金融风险"。可见管理层对股市比较慎重。令人深思的是，中央经济工作会议召开期间和之后，沪指跌破了2300点和2200点。

2011年12月14日下午，中国证监会党委召开中心组（扩大）学习会议，传达学习中央经济工作会议精神。证监会党委书记、主席郭树清就证券期货监管系统学习贯彻会议精神提出，这次中央经济工作会议在部署2012年经济工作时强调，要发挥好资本市场的积极作用，有效防范和及时化解潜在金融风险。同时，要深化重点领域和关键环节的改革，完善多层次资本市场。证券期货监管系统将紧紧围绕科学发展的主题和加快转变经济发展方式的主线，积极贯彻落实"十二五"规划有关部署，不断创新改革、发展、监管和服务理念，努力克服内外部不利因素影响，全力促进市场稳定健康发展。要以服务经济社会发展为出发点和落脚点，更加注重资本市场改革的顶层设计和总体规划，体现市场各方公平参与的理念，更加注重维护好、实现好投资者合法权益，以人为本、协调发展。坚定不移地深化改革创新，逐步强化对中小企业、"三农"、创新创业活动的证券期货服务，不断完善资本市场服务实体经济的体制机制，积极拓展资本市场的覆盖面和包容能力，为加快转变经济发展方式、促进经济平稳较快发展做出更大贡献。

郭树清就证券期货监管系统学习贯彻中央经济工作会议精神提出几点具体要求：

第一，正确看待当前的国际国内形势。各单位、各部门要把传达和学习中央经济工作会议精神作为当前重要的政治任务，把思想和行动统一到中央对国际国内形势的判断上来，统一到中央对2012年经济工作的总体要求和决策部署上来，自觉服从和服务于工作大局。要始终保持清醒头脑，既要看到困难和潜在风险，增强危机意识、忧患意识，更要看到成绩和有利条件，坚定信心，努力抓住机遇，促进资本市场稳定健康发展。我国正处于工业化、城镇化、信息化的高峰时期，国民经济蕴藏着巨大的增长潜力，2012年及今后相当一段时期内，我国的增长速度都会保持较高水平，通货膨胀也是完全可以控制下来的。

第二，紧紧抓住资本市场改革发展最有利的历史时机。无论是产业升级、科技创新还是节约资源、保护环境，都对直接融资提出巨大需求，建立宏观审慎的金融制度框架，也迫切需要加快形成多层次资本市场体系。坚持统筹兼顾、突出重点，对场外市场体系建设、债券市场发展、证券发行体制改革和期货市场发展等工作要认真研究，进一步理清工作思路和目标，精心组织，稳步推进，力求取得突破。继续依法严惩内幕交易、虚假披露、操纵市场、利益输送等违法犯罪行为。做好打击非法证券发行和非法经营证券业务活动。坚决贯彻落实好国务院关于清理整顿各类交易场所的通知精神，加强部际沟通和协调指导，推动清理整顿工作有序、有效开展。

第三，加大力度培育机构投资者队伍。2012 年国家将全面提速社会保障体制改革，医疗、教育、文化事业也将进入繁荣发展的新时期，各类基金的经营管理迫切需要得到加强。要研究加大鼓励各类长期资金投资股票市场的政策措施，支持证券投资基金、养老基金、社保基金、保险公司等机构投资者协调发展，积极引导风险投资、私募股权投资基金阳光化、规范化运作。增强专业机构对宏观经济的研究和分析能力，发挥好专业机构在市场建设中的积极作用。

第四，抓紧落实与港澳建立更紧密经贸关系安排（CEPA）中的相关要求。适当加快引进合格境外机构投资者（QFII）的步伐，增加其投资额度，尽快出台人民币回流资本市场（RQFII）的实施办法，逐步扩大港澳地区投资沪深股市的实际规模，特别是投资于交易所交易基金（ETF）的规模，促进双边的金融市场体系持续快速健康发展。

第五，稳妥有序做好岁末年初工作。要扎实细致地做好 2011 年初确定的重点任务收尾工作，关注和跟踪市场新情况、新变化，不断完善市场体制机制，坚持不懈地强化市场监管，切实维护市场安全稳定运行。要按照中央经济工作会议对形势的判断和分析，深入调查研究，认真梳理和提出 2012 年资本市场监管工作思路和重点任务，提高科学性和前瞻性，为做好 2012 年工作打好基础。

中国证监会这样迅速高调地部署落实中央经济工作会议精神的行动，实属首次。可见新任中国证监会主席郭树清的办事风格。

党的十八大报告未提及股市　股市呈现维稳行情

5 月至 8 月底，股市一直"跌跌不休"，沪指跌破了 2100 点，此时距离党的十八大召开为期不远，股市再这样下去，将会波及社会稳定。为此，中国证监会召开了维稳工作视频会议，证监会主席郭树清发表重要讲话，要全面维护辖区资本市场安全稳定运行，并对当前辖区资本市场维稳工作形势进行了全面深入的分析，针对可能存在的风险隐患做出安排部署；要成立维稳工作领导小组，建立维稳工作领导责任制落实 24 小时值班制度，切实把不安全、不稳定因素消除在萌芽状态，防止系统性风险和群体性事件的发生。

9 月 7 日，股市强烈反弹，但是 9 月 26 日，沪指跌破了 2000 点，最低点到 1999.48 点。对于股市能不能企稳，党的十八大前有没有行情，股民心存疑虑。10 月 17 日，国务院常务会议召开，安排部署四季度经济工作。其中特别提到要"促进资本市场稳定健康发展"。国务院对股市的支持态度，使股市开始上升，10 月 18 日，沪指摆脱了 2100 点的徘徊，冲到 2131.69 点。

11 月 8 日，党的十八大召开。胡锦涛总书记作报告指出，到 2020 年实现全面建成小康社会宏伟目标，实现国内生产总值和城乡居民人均收入比 2010 年翻一番。

过去 5 年的股市，党的十八大没有做出总结，而对未来 5 年股市的提法仅仅是：深化金融体制改革，健全促进宏观经济稳定、支持实体经济发展的现代金融体系，加快发展多层次资本市场……提高银行、证券、保险等行业竞争力，维护金融稳定。

党的十八大报告没有提及股市（欧阳红摄影）

对比党的十七大、十六大、十五大报告后发现，党的十八大报告中对股市论述得非常少，甚至都不见股份制、股票字样，可见管理层对股市有非常强的敏感性。

中国证监会主席郭树清和上海证券交易所理事长桂敏杰是党的十八大代表，此外，参加党的十八大的上市公司代表有：三一重工董事长梁稳根、海亮股份董事长冯亚丽、大禹节水董事长王栋、中国联通董事长常小兵、欧亚集团董事长曹和平、上汽集团总裁陈虹、交通银行董事长胡怀邦、中国船舶董事长胡问鸣、贵州茅台名誉董事长季克良、中国工商银行董事长姜建清和行长杨凯生、农业银行董事长蒋超良和行长张云、中国石油董事长蒋洁敏、湖北宜化董事长兼总经理蒋远华、登海种业董事长李登海、中国银行董事长肖钢和行长李礼辉、江西铜业董事长李贻煌、中国东方电气总经理斯泽夫、光大银行董事长唐双宁、中国建设银行董事长王洪章、行长张建国和监事长张福荣、中国铝业总经理熊维平、一汽轿车董事长徐建一、宝钢公司董事长徐乐江、长安汽车董事长徐留平、东风汽车董事长徐平、上海建工董事长徐征、中国人寿董事长杨明生、中国建筑董事长易军、中青旅总裁张立军、青岛海尔董事长张瑞敏、中国神华董事长张喜武、鞍钢股份总经理张晓刚、特变电工董事长张新、洋河股份董事长张雨柏等。

党的十八大期间,中国证监会主席郭树清在中央金融系统代表团团组讨论会上表示,当前加快资本市场发展的各方面条件都非常有利,证券期货市场结构在持续优化,制度不断健全,投资者保护机制也得到加强。股票发行、增发和配售等都是高度透明的,相关的法律法规也是非常透明的,这个市场发展可以促进诚信文化建设和社会主义核心价值观。

11月11日,郭树清和桂敏杰在党的十八大新闻中心接受媒体采访,郭树清说,对于股市的下跌,**监管部门应该承担一定的责任,但不是等于完全的责任和绝大部分的责任。**我也注意到股民、网民的意见,其中有很多是非常尖锐的批评性意见,这都有助于这个市场发展,有助于提高市场的透明度和公正水平,我们接受大家的批评。我们也看到一些很尖锐的指责和谩骂。我们不提倡谩骂,但也觉得很正常,因为大家心中有气,投资

郭树清在党的十八大接受记者
采访,记者纷纷举手要求提问
(欧阳红摄影)

损失要发泄,但关键是要能客观看待问题,认真研究解决方法。

对于新股问题,郭树清说,新股发行制度改革是个连续的过程,尚福林主席主持工作时期已经搞过两轮改革,现在进行的是第三轮改革。我认为到目前为止基本取得了预期的进展,也有若干不尽如人意的地方,比如个别新股炒得价格很高,特别是最近一只股票,首日交易涨幅超过600%,监管部门非常不愿意看到这种情况。任何改革都不会一帆风顺,不可能一天一夜把所有的东西都改变,重要的是方向正确,朝着正确的方向坚定走下去,一定能够到达目的地。

对于新股发行审核要取消,郭树清解释说,我没说过这句话,之前一直没有机会澄清,但是讨论过改革IPO制度的问题,比如审核制和注册制的差别,相信应该把更多的决策权交还给投资者和市场,这是毫无疑问的。

郭树清还说,不太赞成"新政"的说法,我到证监会一年多时间所做的工

作，都是列入年度工作计划的内容，也是在党中央国务院相关文件里明确规定的，特别是"十二五"规划纲要。2012 年改革力度比较大，有一些是中央经济工作会议和全国金融工作会议上总理讲话明确要求的，比如发行制度改革、退市制度、推动分红、改善公司治理等，而且这些措施都是一贯的，很多的改革措施是在 2004 年的"国九条"中提到的，建议媒体不要使用"新政"，容易引起误解和歧义。

郭树清说，有一个外国朋友说，你们证监会腐败得不得了，他说人家都这么说。我来了后，也收到很多朋友来信，看到很多网上评论……对于举报的每一个相关问题都组织了研究和调查。**郭树清举例说，有网帖指"请证监会分管审批的处长吃一顿饭要花 30 万元，请局长吃一顿饭要花 50 万元"，最终，证监会百般周折找到投诉人，对方却称是道听途说。郭树清说，我负责任地告诉大家，绝大部分是没有根据的。**我们欢迎媒体监督，但是必须以事实为依据。可以揭发和举报，但不能传谣、信谣，更不能造谣。当然也有举报是真实的，我们根据事实和法律进行了处理。

党的十八大结束后，11 月 16 日，中国证监会党委书记、主席郭树清主持召开党委中心组（扩大）会议，传达学习党的十八大精神，并结合资本市场改革发展实际，对证券期货监管系统学习贯彻党的十八大精神提出了明确要求：

一要提高认识、精心抓好党的十八大会议精神的学习和贯彻落实。邀请有关专家、学者举办专题讲座。系统各单位也要加强组织领导，周密部署，深入细致地安排好本单位职工的学习活动，充分利用网络、简报等多种形式加强宣传，在全系统掀起学习贯彻党的十八大会议精神的热潮。

二要学用结合、把思想和行动统一到党的十八大精神上来。进一步增强做好新形势下资本市场改革发展和证券期货监管工作的使命意识、大局意识和责任意识。不断深化对资本市场发展规律的认识，不断创新改革、发展、监管、服务理念。

三要把握机遇、切实维护资本市场稳定健康发展。要紧紧抓住资本市场改革发展最有利的历史时机，牢牢把握服从服务经济社会发展这一大局，以科学发展为主题，以加快转变经济发展方式为主线，着力提升资本市场服务实体经济的能力。

四要练好内功、切实加强监管队伍建设。加强对干部的培养、教育、监督与管理，培养造就一支监管有力、让群众满意的高素质监管队伍。

五要继往开来、扎扎实实为市场加快发展打好基础。要按照党的十八大既定的任务目标，认真总结2012年的工作，梳理和提出2013年资本市场监管工作思路和重点任务，提高科学性和前瞻性，为做好下一阶段工作夯实基础。

中央金融工作会议召开　温家宝要求提振股市信心

1月6～7日，全国金融工作会议在北京举行，国务院总理温家宝出席会议并讲话。

温家宝首先总结说，近年来，我们背水一战，果断推动大型商业银行股份制改革，按照核销损失、剥离不良、注入资本、公开上市四个步骤，在国家财政支持下，结合各家银行的实际情况，精心设计，稳步实施，工、农、中、建、交等国有控股商业银行实现在上海和香港两地上市。通过改革，大型商业银行脱胎换骨，面貌焕然一新，公司治理逐步健全，风险管控能力和盈利能力显著提高。我们按照分类指导、一行一策的原则，稳步推进政策性金融机构改革。深入开展证券公司综合治理，有效化解行业性重大风险，证券公司走上规范发展轨道。大型国有保险公司基本完成改制，部分已成功上市。村镇银行等新型农村金融机构建设有序推进，股

第四次中央金融工作会议召开

（欧阳红摄影）

份制商业银行等其他各类金融机构改革发展都取得明显成效。

通过采取一系列重大改革举措，我国银行业、证券业、保险业快速发展，资产质量显著改善，盈利状况持续向好，风险抵御能力和服务经济社会发展的能力明显增强。2011年11月末，我国金融业总资产达119万亿元，比2006年末增长149%。其中，银行业总资产108万亿元，证券业总资产4.7万亿元，保险业总资产5.8万亿元，分别比2006年末增长146%、181%和196%。2011年9月末，商业银行资本充足率12.3%，比2006年末提高5个百分点；不良贷款率0.9%，比2006年末下降6.2个百分点。

对于2005年进行的股权分置改革，温家宝说，2005年，我们下决心启动股权分置改革，按照尊重市场规律，有利于市场稳定和发展，切实保护投资者特别是公众投资者合法权益的总体要求，采取统一领导、分散决策的办法，积极稳妥、循序渐进推进改革，目前已顺利完成。这项重大改革实现了非流通股

在股票市场的逐步流通，理顺了两类股东的利益机制，创造性地解决了历史难题，推动了股票市场的转折性变化。股票市场功能不断健全，有力支持了大型金融机构改制上市，支持了一大批国有骨干企业和民营企业的投融资活动，推动了基础设施、支柱产业和高新技术产业快速发展。2011年末，沪深两市上市公司2342家，总市值21.5万亿元。我们还积极创造条件，把握时机，推出创业板、股指期货、融资融券，丰富市场功能，完善市场运行机制。

对于监管，温家宝说，我们不断完善银行、证券、保险分业监管体制，加强金融监管协调……设立证券投资者保护基金、期货投资者保障基金和保险保障基金，初步建立市场化的风险救助机制……查处了一批内幕交易、非法集资、地下钱庄、洗钱等违法违规案件……制定了证券公司监督管理条例、证券公司风险处置条例、期货交易管理条例……拓展外汇储备运用渠道和方式。稳步推进股票市场、债券市场对外开放，实施合格境内机构投资者、境外机构投资者制度。

温家宝指出，在充分肯定成绩的同时，我们也要清醒地看到，我国金融领域还存在一些突出问题和潜在风险，主要是：金融机构经营方式总体粗放，公司治理和风险管理仍存在不少问题，农村金融和中小金融机构发展相对滞后，金融体系有待进一步完善，一些领域风险隐患比较突出，金融宏观调控还有待改进，金融监管能力有待进一步提升，信贷政策与产业政策结合得还不够紧密，对实体经济的支持还不够及时有力，金融业的服务能力和水平与经济社会发展需要相比还有不小差距。

温家宝提出，有效解决实体经济融资难、融资贵问题，坚决抑制社会资本脱实向虚、以钱炒钱，防止虚拟经济过度自我循环和膨胀，防止出现产业空心化现象。

温家宝特别指出，要积极探索为"三农"服务的模式，加大对"三农"的支持力度。培育发展新型农村金融机构，支持民间资本参与设立村镇银行，规范发展农村合作金融和贷款公司。支持符合条件的现代农业企业通过股票、债券市场发展壮大。

这是温家宝第一次提出"支持符合条件的现代农业企业通过股票"。

温家宝指出，加强适合小型微型企业融资的资本市场建设，加大中小企业板、创业板对小型微型企业的支持力度，鼓励创业投资机构和股权投资机构投资小型微型企业，发展小企业集合债券等融资工具，拓宽融资渠道。深化邮政储蓄银行改革，增强支农和服务小型微型企业功能。

温家宝指出，进一步完善金融机构公司治理。形成有效的决策、执行、制衡机制。进一步厘清股东大会、董事会、监事会和高管层的职责边界，完善重大事项的决策机制和程序，加强信息披露，提高透明度，防止内部人控制，把公司治理的要求真正落实于日常经营管理和风险控制中。放宽准入，鼓励、引导和规范民间资本进入金融服务领域，参与银行、证券、保险等金融机构改制和增资扩股。要把加强金融监管作为金融工作的重中之重，守住不发生系统性、区域性金融风险底线。证券业要完善市场制度，强化行为监管，加强投资者合法权益保护……严厉打击高利贷活动和非法集资、地下钱庄、非法证券等非法金融活动。

温家宝指出，促进股票期货市场稳定健康发展。加快完善多层次资本市场体系，为不同规模、不同类型、不同成长阶段的企业提供差异化服务。继续完善主板、中小企业板和创业板市场，积极探索发展场外交易市场。上市公司质量是股票市场发展的基石。要稳步提高上市公司治理水平和透明度，完善现代企业制度，发挥资本市场并购重组功能，推动上市公司做大做强和产业优化升级。深化新股发行制度市场化改革，进一步弱化行政审批，强化资本约束、市场约束和诚信约束，完善上市公司投资者回报机制，引导和鼓励增加现金分红；健全退市制度，坚持优胜劣汰，不断提高上市公司质量，促进一级市场和二级市场协调健康发展。稳妥推出原油等大宗商品期货品种和相关金融衍生品。促进创业投资和私募股权投资规范健康发展。严惩内幕交易、操纵市场、欺诈上市、虚假披露等违法违规行为。

温家宝指出，加快制定……上市公司监管、信用评级以及征信等方面的法律法规……制定规范和引导民间借贷、打击非法金融活动的法规和规章。

温家宝特别强调，要深化新股发行制度市场化改革，抓紧完善发行、退市和分红制度，加强股市监管，促进一级市场和二级市场协调健康发展，提振股市信心。

温家宝总理在会上提出"提振股市信心"后，股市探底结束，由此展开了2012年年初的上升行情。

全国金融工作会议分别在 1997 年、2002 年和 2007 年举行过三次，第四次全国金融工作会议的召开意义重大。

一号文件支持股市为"三农"服务

2012年的中央一号文件依然是关于农村的。2月1日，媒体刊出中共中央、国务院印发的《关于加快推进农业科技创新持续增强农产品供给保障能力的若干意见》。

有关"三农"和证券市场如何结合，该意见指出，鼓励民间资本进入农村金融服务领域……支持鼓励符合条件的涉农企业开展直接融资……鼓励有条件的地方通过投资入股、产权置换、公建配套、回购回租等方式，建设一批非营利性农产品批发、零售市场。

3月上旬，国务院办公厅发布了《国务院关于支持农业产业化龙头企业发展的意见》。该意见明确规定，支持龙头企业通过兼并、重组、收购、控股等方式，组建大型企业集团。支持符合条件的国家重点龙头企业上市融资、发行债券、在境外发行股票并上市。

国务院和各部委支持各种企业上市融资

2月1日，温家宝主持召开国务院常务会议，研究部署进一步支持小型微型企业发展。会议确定了进一步支持小型微型企业健康发展的政策措施，其中有：适当放宽民间资本、外资和国际组织资金参股设立小金融机构的条件，放宽小额贷款公司单一投资者持股比例限制，支持小型微型企业上市融资。

2月初，国务院办公厅下发了《关于加快发展海水淡化产业的意见》。该意见提出："支持符合条件的海水淡化企业采取发行股票、债券等多种方式筹集资金，拓展融资渠道，引导民间资本合理、规范地进入海水淡化产业。"

2月15日，中共中央办公厅、国务院办公厅印发了《国家"十二五"时期文化改革发展规划纲要》。该规划纲要指出，在国家许可范围内，引导社会资本以多种形式投资文化产业，参与国有经营性文化单位转企改制，参与重大文化产业项目实施和文化产业园区建设，在投资核准、信用贷款、土地使用、税收优惠、上市融资、发行债券、对外贸易和申请专项资金等方面给予支持，营造公平参与市场竞争、同等受到法律保护的体制和法制环境。建立健全文化产业投融资体系，鼓励和引导文化企业面向资本市场融资，促进金融资本、社会资本和文化资源的对接。推动条件成熟的文化企业上市融资，鼓励已上市公司通过并购重组做大做强……完成一般国有文艺院团、非时政类报刊社、新闻网站转企改制，拓展出版、发行、影视企业改革成果，加快公司制股份制改造，完善法人治理结构，形成符合现代企业制度要求、体现文化企业特点的资产组织形式和经营管理模式。

新闻出版总署副署长邬书林在《国家"十二五"时期文化改革发展规划纲要》的记者会上表示，"十二五"期间将会采取相应的措施进一步推进，用好上市这个工具来保证文化产业的发展，保证文化企业在股票市场上有一个好的表现。"十二五"期间有中国出版集团、中国科技出版集团、中国教育出版传媒集团等一大批最重要的企业上市。同时，广东、上海等地的出版集团也已经准备上市，按程序正在申报。此外，还将把一批有潜力、有创新点的重要的国有、民营企业推动上市。有计划地把好的企业上市，增强企业竞争力，保证文化产业在股票市场有出色的表现。

2月15日，国务院总理温家宝主持召开国务院常务会议，研究部署2012年深化经济体制改革重点工作。会议总结说，2003年党的十六届三中全会做出关于完善社会主义市场经济体制若干问题的决定，全面部署了新时期深化经济体制改革的目标、任务。近十年来，大型金融机构股份制改革、股权分置改革取得突破性进展，多层次资本市场加快发展，现代金融体系逐步健全。会议明确了2012年改革的重点工作，其中包括深入推进国有经济战略性调整和国有企业公司制股份制改革；促进多层次资本市场健康发展。

2月中旬，中国人民银行、发展改革委、旅游局、银监会、证监会、保监会、外汇局联合发布了《关于金融支持旅游业加快发展的若干意见》。该意见强调，支持旅游资源丰富、管理体制清晰、符合国家旅游发展战略和发行上市条件的旅游企业上市融资。积极支持已上市旅游企业通过合适的方式进行再融资或者利用资本市场进行并购重组做大做强。加强证券交易所、保荐机构等相关机构对旅游企业进行发行上市的辅导培育等工作。通过企业债、公司债、短期融资券、中期票据、中小企业集合票据等债务融资工具，进一步加强债券市场对旅游企业的支持力度。

2月24日，新闻出版总署发布了《关于加快出版传媒集团改革发展的指导意见》。该意见指出，指导和推动一批具备条件的出版传媒集团进行股份制改造，引入其他行业大型国有企业作为战略投资者，在国家政策许可范围内允许有序引入非公有制资本；鼓励出版传媒集团之间通过联合重组、参股等方式进行股份制改造，实现股权多元化……探索建立激励出版传媒集团经营者、管理层的长效机制，允许条件成熟的出版传媒集团经过批准，探索试行经营管理层股权激励机制。

2月28日，文化部发布了《文化部"十二五"时期文化产业倍增计划》。该计划提出，"十二五"时期，培育一批核心竞争力强的国有或国有控股大型文化企业或企业集团等。

3月22日，国务院批转了《关于2012年深化经济体制改革重点工作的意见》。该意见提出，要促进多层次资本市场健康发展，健全新股发行制度和退市制度，强化投资者回报和权益保护；继续推进国有企业公司制股份制改革，加快建立现代企业制度。

5月4日，财政部公布了修订后的《文化产业发展专项资金管理暂行办法》。新办法明确专项资金将被用于支持七个方面，其中包括对中央确定组建的大型文化企业集团公司重点发展项目予以支持；对文化企业跨地区、跨行业、跨所有制联合兼并重组和股改等经济活动予以支持；在促进金融资本和文化资源对接方面，重点对文化企业利用银行、非银行金融机构等渠道融资发展予以支持；对文化企业上市融资、发行企业债等活动予以支持等。

5月4日，工信部出台了《通信业"十二五"发展规划》。该规划明确，支持互联网企业发行公司债券、短期融资债券等。推动完善国内资本市场环境，促进风险投资机制建设，鼓励互联网优质上市企业回归。

5月7日，文化部发布了《"十二五"时期文化改革发展规划》。该规划指出，发挥资本市场作用，形成文化企业上市梯次推进格局，推动上市融资，扩大直接融资规模。支持文化企业通过债券市场融资。通过深化改革、调整结构、整合资源，鼓励有实力的文化企业进行跨地区、跨行业、跨所有制的经营和重组，形成一批有较强竞争力和自主创新能力的国有或国有控股文化企业集团。

12月12日，国务院发布了《服务业发展"十二五"规划》。该规划明确提出，到2015年，发挥信用融资、证券、保险、信托、理财、担保等服务的资产配置和融资服务功能；大力发展资本市场，完善多层次资本市场体系，推进建立全国性场外交易市场。

春节前夕、年底前胡锦涛视察上市公司

1月22日是农历除夕，中共中央总书记、国家主席、中央军委主席胡锦涛到北京城乡看望慰问基层干部群众，同大家共迎新春佳节。胡锦涛视察了前

门商业街后，来到了北京顺鑫农业股份有限公司创新食品分公司。

顺鑫农业于1998年上市，下设6家分公司和16家控股子公司。该公司以农产品加工为载体，农产品物流配送为平台，打造集生产、加工、物流、销售于一体的农产品加工物流配送产业链。

胡锦涛总书记对节日市场供应十分关心，专门考察了这家公司，向为保障首都节日市场供应坚守工作岗位的员工们表示诚挚问候。

在公司生鲜加工配送中心，胡锦涛看样品、听介绍，了解原料采购、产品价格、市场销售等情况，希望这家企业进一步促进农超对接，让农民群众和消费者都能得到实惠。

2012年12月26～29日，国家主席胡锦涛来到江苏考察工作，胡锦涛来到上市公司晨光集团控股的航天晨光、华西村视察。胡锦涛指出，科技创新是提高社会生产力和综合国力的战略支撑，加强自主创新，掌握更多核心关键技术，提高科技成果转化率，充分发挥科技引领、创新驱动对经济发展的重要作用。胡锦涛希望华西村为促进城乡共同繁荣探索新经验、做出新贡献。

银行业赚钱太容易　中央决心打破垄断

2011年，中国工商银行、中国建设银行、中国银行、中国农业银行、交通银行、招商银行、中信银行的净利润总额达到18004.62亿元。

中国工商银行净利润首次突破2000亿元，达到2082.65亿元，绝对值位居第一。各银行均保持了18%以上的净利润增幅。从净利润同比增幅看，深圳发展银行净利润同比增长64.55%；民生银行净利润同比增长58.81%；招商银行净利润同比增长40%；兴业银行净利润同比增长37.71%；浦发银行净利润同比增长42%；光大银行净利润同比增长42.08%。

2011年，银行业获得暴利，主要原因是，央行加息导致的利差收入增加和银行手续费收入大幅增长。

特别是银行收费遭到民众的诟病，银行手续费包括代理业务手续费、信用承诺手续费及佣金、银行卡手续费、结算与清算手续费、外汇买卖价差收入、顾问和咨询费、托管和其他受托业务佣金。2011年银行的手续费收入同比增幅均超过30%，增幅最大的是中国农业银行，其手续费收入增幅为49.04%。而银行净利润增幅均为18%。可见，手续费收入增幅超过了净利润增幅。

4月1～3日，国务院总理温家宝在广西钦州，福建泉州、莆田、福州等地就经济运行情况进行调研时指出，我这里坦率地讲，我说我们银行获得利润太容易了。为什么呢？就是少数几家大银行处于垄断地位，只能到它那儿贷款才贷得来，别的地方很困难。我们现在之所以解决民营资本进入金融，根本来讲，还是要打破垄断。中央已经统一了这个思想，温州试点成功的话，要在全国推广，有些可以立即在全国进行。

温家宝视察上市公司 对企业的发展抱有信心

4月1～3日，中共中央政治局常委、国务院总理温家宝在广西钦州，福建泉州、莆田、福州等地就经济运行情况进行调研。温家宝到上市公司福建七匹狼、福耀玻璃、龙工控股有限公司等企业了解情况，并召开了企业家座谈会。

温家宝在座谈会上表示，民营资本进入金融领域就是要打破垄断，温州试点的有些成功经验要在全国推广。处理当前宏观经济形势，克服我们面临的困难，依然是要处理好经济平稳较快发展、结构调整和管好通胀预期三者之间的关系，这不是空话。尽管我们遇到困难，但是我们还是应该抱有信心：对中国的经济抱有信心，对企业的发展抱有信心。

此外，5月18～20日，温家宝总理在武汉市进行调研，并考察了武钢、东风汽车等上市公司，他鼓励说，应把眼光聚焦在科技创新上，这是发展的根本。要大胆地想、大胆地试，独立思考、勇于突破、敢于创新，创造具有自主知识产权的品牌，提高企业竞争力。

王岐山强调防风险是金融业永恒的主题

2月24～25日，中共中央政治局委员、国务院副总理王岐山在河南省郑州市、许昌市考察金融工作，并主持召开中小金融机构座谈会。

王岐山强调，防风险是金融业永恒的主题。人民银行、银监会、证监会、保监会要会同各级地方政府确保金融市场稳定，对各类金融风险隐患，要早发现、早报告、早处置。"信任不能代替监督。"要明确责任，加强监管，严厉打击非法集资、金融传销等违法金融活动，切实守住不发生系统性、区域性金融风险的底线。

9月14日，国务院副总理王岐山在中南海分别会见前英国金融服务局主席霍华德·戴维斯等20位中国证监会国际顾问委员会委员和加拿大联邦理事会轮值主席、新斯科舍省省长达雷尔·德克斯特等七省区省长联合访华团。

在会见中国证监会国际顾问委员会委员时，王岐山表示，要借鉴国际资本市场发展的成功经验，进一步深化体制机制改革，加快组织制度创新，加强市场监管，积极稳妥地扩大对外开放，切实保护广大投资者的利益，促进资本市场健康稳定发展。

王岐山副总理考察中关村三板市场　新三板启动

2月29日下午，中国证监会主席郭树清在北京市市长郭金龙等陪同下，来到中关村国家自主创新示范区展示中心、深圳证券信息公司、车库咖啡等地进行实地调查研究。郭树清表示，在调研中，深深感受到北京市的科技创新企业、文化创意企业很有活力。北京市发展现代服务业前景广阔，大有可为。

中国证监会之后向国务院汇报了中关村发展新三板市场的情况。3月27日，中共中央政治局委员、国务院副总理王岐山调研中关村非上市公司股份转让试点（新三板）工作，陪同的领导有人民银行行长周小川、证监会主席郭树清、北京市市长郭金龙。

王岐山副总理来到了北京市海淀科技大厦的深圳证券信息公司北京路演中心。他仔细观看了大厅里新三板发展情况的展板，展板上的文字、图片、表格、数字等信息，展示了新三板的发展历程、运行状况、成绩与规划。

截至2012年3月，新三板挂牌公司已达119家，公司业绩总体表现优良。2011年上半年挂牌公司收入同比增长30%，其中增速超过100%的11家，超过50%的10家。累计有38家企业完成或启动了45次定向增资，融资额合计19.5亿元。民生银行为55家企业提供授信额度5.36亿元。

从2006年开始，深圳证券信息公司为新三板提供信息披露服务，累计披露信息公告6244份。公司总经理郑颂表示，我们目前拥有400台服务器，分布在北京、上海等地。我们已经做好新三板随时扩容的准备。

王岐山副总理在路演现场视察时，京鹏科技、首都在线、天一众合三家挂牌公司有关负责人正在和投资者进行网上交流。王岐山笑问首都在线副总经理曲宁：有没有一些很难回答的问题？曲宁回应说，尽可能满足每一个投资者的要求，尽可能回答所有问题。

之后，王岐山副总理一行视察了中关村管委会，并就新三板建设问题召开座谈会。中国证监会和中关村管委会向王岐山汇报新三板发展情况并提出了相关建议。

王岐山指出，我国资本市场诞生20多年来，成绩显著，特别是近几年相继推出创业板、股指期货和融资融券业务等，为促进经济社会全面发展发挥了重要作用。但要清醒地看到，我国资本市场发育还比较稚嫩，发展方式比较粗放，市场结构不合理，金融创新不足，直接金融发展滞后。当前，我国正处于工业化、城镇化加速期，为资本市场发育成长创造了难得的机遇。要着力转变金融发展方式，优化金融结构，充分发挥市场配置资源的基础性作用，更好地促进资本市场又好又快发展。

王岐山强调，场外交易市场是多层次资本市场的重要组成部分。要按照"十二五"规划和全国金融工作会议的要求，把握好稳中求进的总基调，认真总结试点经验，加快推进体制机制改革和组织制度创新，探索建设场外交易市场，努力提高直接融资比重，优化金融结构，满足多元化投融资需求，更好地服务实体经济。中关村非上市公司股份转让试点以来，总体运行平稳。在试点过程中，主要面向广大中小企业特别是创新型、成长型中小企业，透明度高，准入门槛较低，同时坚持市场化原则，充分发挥行业自律组织、主办券商等各类市场主体的作用，积累了宝贵经验。要认真总结这些成功经验，继续完善市场监管、准入与退出、信息披露等基础性制度建设，为探索建立全国统一的场外交易市场创造条件。

王岐山强调，防范风险对于资本市场健康发展至关重要。要处理好政府与市场、创新与监管的关系，不断完善市场规则，明确监管职责，加强金融监管部门与地方政府的协调配合，打击违法和纠正违规行为，守住不发生系统性区域性金融风险的底线。

对于新三板冲击沪深两市的担心，4月5日，中国证监会召开媒体通气会，有关部门负责人指出，不用担心场外市场发展会对场内市场产生冲击。首先，场外市场不是以融资而是以交易为主要目的，市场扩容效应很低。中关村试点6年来，企业定向增资金额仅有17.1亿元，且企业单次融资规模只有几千万元。其次，场外市场活跃度远不及场内市场。由于场外市场挂牌公司没有经过公开发行，股本集中度较高，交易涉及的资金量非常有限。从中关村公司股份转让试点情况看，2011年以来成交金额只有7.32亿元，平均换手率3.4%，而同期场内市场换手率超过230%。最后，场外市场与场内市场投资者群体不尽相同。由于场外市场实行严格的投资者适当性管理，并且采用议价转让方式，公司更希望与企业具有产业和市场关联的产业资本和股权投资基金进入。中关村试点时，参与人主要为机构投资者，自然人主要是公司高管、核心技术人员和发起人股东。

对新三板的崛起，各大高新技术园区积极备战，常州国家高新区科技金融服务中心还向 3 家拟上新三板公司分别颁发了股改完成奖 50 万元。常州高新区的做法实属罕见。

此外，武汉东湖高新区、济南高新区、苏州高新区等也在跃跃欲试，希望早日加入新三板。

8 月 3 日，中国证监会表示，经国务院批准决定扩大非上市股份公司，首批扩大试点除中关村科技园区外，新增上海张江高新产业开发区、东湖新技术产业开发区和天津滨海高新区。

8 月底，经国务院批准，国家发展改革委、科技部、财政部、人民银行、税务总局、证监会、银监会、保监会、外汇管理局九部委会同北京市政府联合出台了《关于中关村国家自主创新示范区建设国家科技金融创新中心的意见》。该意见要求，到 2020 年，要把中关村建设成为与具有全球影响力国家科技金融创新中心，包括科技金融发展环境显著改善、资源聚集规模效应显著增强、科技与金融对接机制显著优化、资本市场服务效能显著提升、辐射带动功能显著发挥等。该意见提出，完善多层次资本市场，一是积极参与建设统一监管下的全国场外股权交易市场，拓宽科技企业直接融资渠道，扩大直接融资规模。二是支持符合条件的优秀科技企业发行上市，建立科技企业上市联动机制，形成"培育一批、改制一批、辅导一批、送审一批、上市一批"的工作体系。三是支持科技企业利用资本市场进行兼并重组，支持其借助并购贷款、并购基金等多种并购融资工具开展兼并收购。四是不断完善中小科技企业债务融资市场，支持其发行集合融资工具、企业债券、公司债、短期融资券、中期票据及其他新型债务融资工具，并开辟绿色通道，简化审批手续。五是推动股权投资基金发展，积极支持在中关村设立和发展股权投资基金，积极推进中关村股权投资企业的备案工作。六是完善非上市科技企业股权交易市场，完善非上市科技公司股份转让途径，以及未上市股份公司股权集中托管、转让、市场监管等配套制度。七是开展战略性新兴产业孵化器信托投资基金试点，搭建专业机构管理的金融平台，投资发展长期持有型的科技物业，实现科技物业建设模式创新与金融创新的有效结合。

中国证监会主席郭树清表示，证监会将帮助北京建设多层次资本市场体系，进一步推动区域性股本转让市场建设，服务中小微型企业融资，加快北京转变经济发展方式、调整产业结构步伐；帮助北京与国际金融组织、金融机构加强交流与合作，提升首都金融的国际影响力。

代码	名称	涨幅%↓	现价	涨跌
430141	久日化学	800.00	9.00	8.00
430144	煦联得	799.00	8.99	7.99
430142	锐新昌	700.00	8.00	7.00
430143	武大科技	600.00	7.00	6.00
430139	华岭股份	490.00	5.90	4.90
430138	国电武仪	425.00	5.25	4.25

新三板扩大试点合作备忘录签署后
部分股票大涨（李几招提供）

9月7日，中国证监会副主席姚刚与北京、天津、上海、湖北有关负责人签署新三板扩大试点合作备忘录。接着，上海张江、武汉东湖、天津滨海及北京中关村园区的8家企业在京集体登陆"新三板"市场。其中，久日化学当日大涨800%、煦联得涨799%、锐新昌涨700%、武大科技涨600%。

"新三板"市场，特指中关村科技园区非上市股份有限公司进入代办股份系统进行转让的股票，因为挂牌企业均为高科技企业，而不同于原转让系统内的退市股票及原STAQ、NET系统挂牌公司，故俗称"新三板"。

截至12月，中关村科技园区在代办转让系统挂牌的企业已经有135家，涵盖了电

新三板股票上市负责人敲钟
（欧阳红摄影）

子信息、生物制药、新能源、文化媒体等领域，44家企业启动或完成52次定向增资，融资达22亿元，其中6家企业成功在主板或创业板上市。

国务院力主发展机构投资者

对散户过多、机构投资者不强大的问题，6月下旬，国务院有关领导批示"必须以最大的决心和最艰苦的努力来改变这种局面"。

中国证监会有关人士表示，无论什么样的投资者进入资本市场，监管层都是欢迎的，但是以什么方式进入资本市场却有很大差别。特别是随着市场发展，对股市风险、价格判断分析越来越需要专业知识的时候，机构投资者更胜一筹。

该人士说，在英国，个人投资者数量占全部投资者的比重只有不到10%，美国这一数据为15%，法国和日本比例也很低，甚至和中国类似的发展中国

家印度个人持股占比也才 12%。而在我国 A 股市场，个人投资者持股将近 30%，交易额 85% 以上都是由散户贡献的。2011 年 77.94% 的个人投资者亏损，亏损的一个重要原因是交易频繁，因为超过 80% 的手续费和印花税都是个人投资者贡献的。机构可以做到不频繁进出，也不追涨杀跌，这和散户操作手法差别非常大。因此，下一步必须贯彻"坚持不懈，狠下工夫，多管齐下"的方针，发展机构投资者队伍。

《金融业发展和改革"十二五"规划》发布

9 月 17 日，由中国人民银行、中国银行业监督管理委员会、中国证券监督管理委员会、中国保险监督管理委员会、国家外汇管理局联合制定的《金融业发展和改革"十二五"规划》，经国务院批准颁布。

该规划总结指出，2010 年末，银行、证券、保险业金融机构总资产达到 101.36 万亿元，较 2005 年末累计增长 158%。其中，银行业金融机构总资产达到 94.26 万亿元，比 2005 年末增长 152%，平均资本充足率为 12.2%，商业银行拨备覆盖率达到 217.7%，整体实力显著增强。证券业机构总资产达 2.05 万亿元，比 2005 年末增长，抗风险能力明显提升。保险业机构总资产达到 5.05 万亿元，比 2005 年末增长 230%，机构体系不断完善。股票市场不断壮大，2010 年末，沪深股市上市公司达 2063 家，总市值 26.54 万亿元，分别较 2005 年末增长 50% 和 719%。资本市场股权分置改革顺利完成，股票发行体制改革进一步深化，证券机构综合治理全面完成并转入常规。

该规划指出，"十二五"时期，金融服务业增加值占国内生产总值比重保持在 5% 左右，社会融资规模保持适度增长。到"十二五"期末，非金融企业直接融资占社会融资规模比重提高至 15% 以上。银行、证券、保险等主要金融行业的行业结构和组织体系更为合理。

有关股市债券、证券、期货市场，该规划指出，证券业风险防范机制进一步完善……积极拓展股票、债券和期货市场服务"三农"的渠道和模式……加大中小企业板、创业板、场外市场对小微企业的支持力度，鼓励创业投资机构和股权投资机构投资小微企业……大力完善证券期货经营机构、服务机构和资产管理机构的治理结构与内控机制，鼓励组织创新、业务创新和产品创新，不断提升证券业机构规范发展能力和专业服务水平。积极支持证券公司做优做强。鼓励证券公司以合规经营和控制风险为前提、以市场需求为导向开展创新活动，提高核心竞争力。完善证券公司融资融券管理办法和配套规则，逐步扩大标的证券范围，适时推出并规范发展转融通业务。鼓励证券公司通过上市增强实力，提升竞争力。支持证券公司为企业并购重组提供优质服务。健全证券期货市场中介组织，推动中介机构归位尽责，规范发展，发挥中介机构对市场健康发展的监督约束作用。促进创业投资和股权投资机构健康发展，规范发展私募基金机构。鼓励证券公司、基金管理公司等金融机构不断扩大资产管理业务，继续推动社会保障基金、企业年金等中长期资金参与资本市场。规范发展主板和中小板市场，支持中小企业运用资本市场发展壮大。推进创业板市场建设，提高运行质量和效率，支持创新型经济发展。扩大代办股份转让系统试点，加快建设覆盖全国的统一监管的场外交易市场。探索建立国际板市场。完善不同层次市场间的转板机制和市场退出机制，逐步建立各层次市场间的有机联系，形成优胜劣汰的市场环境。继续深化股票发行制度市场化改革，积极探索发行方式创新，进一步弱化行政审批，强化资本约束、市场约束和诚信约束，完善新股发行询价制度，提高发行定价的合理性。探索建立优先股制度。健全退市制度，坚持优胜劣汰，不断提高上市公司质量，促进一级市场和二级市场协调健康发展。进一步完善上市公司再融资制度和投资者回报机制，引导和鼓励上市公司增加现金分红。加强证券期货公司净资本监管，完善以净资本为核心的风险控制指标体系。强化动态的风险控制指标监控和净资本补充机制，完善证券期货公司分类监管制度。推动证券期货机构完善公司治理与合规管理，提高风险管理能力。继续推动上市公司完善公司治理。加强证券期货市场运行监管和风险防范，严厉打击市场操纵等违法违规行为。进一步完善证券投资者保护基金、期货投资者保障基金、保险保障基金管理制度，制定《证券投资者保护基金条例》。

第二章 股市面具体政策

中国证监会布置全年工作

1月8日，全国证券期货监管工作会议在北京召开。会议对2012年证券期货监管重点工作做出了具体部署。

关于当前及今后一个时期的资本市场改革和监管工作，郭树清说：

第一，积极稳妥地推进证券期货领域的改革开放。继续深化发行体制改革，以充分、完整、准确的信息披露为中心，强化资本约束、市场约束和诚信约束。完善新股价格形成机制，改革股票承销办法，使新股定价与发行人基本面密切关联。完善预先披露和发行审核信息公开制度，落实和强化保荐机构、律师和会计师事务所等中介机构的责任。按照统一准入条件、信息披露标准、资信评级要求、投资者适当性制度和投资者保护制度的要求，大力推进债券市场改革，进一步促进场内、场外市

全国证券期货监管工作会议召开（郑建摄影）

郭树清上任后首次部署工作（郑建摄影）

场互联互通，建设规范统一的债券市场。以柜台交易为基础，加快建立统一监管的场外交易市场，为非上市股份公司提供阳光化、规范化的股份转让平台。以优化市场优胜劣汰机制为导向，积极推进退市制度改革，逐步形成市场化和多元化的退市标准体系。大力推进行政审批制度改革，坚持市场优先和社会自

治的原则，主动改变监管理念和方式，大幅减少事前准入和审批。加快培育和发展市场中介机构，进一步扩大对外开放，引进成熟市场的机构、人才、产品和技术，有效提升境内机构的专业服务水平。抓紧建设原油等大宗商品期货市场，逐步增强我国在国际市场上的定价能力。

第二，努力推动资本市场的结构调整和服务能力提升。显著提高公司类债券融资在直接融资中的比重，研究探索和试点推出高收益企业债、市政债、机构债等债券新品种。进一步优化股本和期货市场的层次结构。进一步改善股票市场价格结构不合理状况，切实解决新股发行价格过高和恶炒绩差公司股票问题。积极研究开发股票、债券、基金相关的新品种，稳妥推出国债、白银等期货品种以及期权等金融工具。推动基金公司向现代资产管理机构转型。鼓励社保基金、企业年金、保险公司等机构投资者增加对资本市场的投资比重，积极推动全国养老保险基金、住房公积金等长期资金入市。适当加快引进合格境外机构投资者（QFII）的步伐，增加其投资额度。逐步扩大人民币合格境外机构投资者（RQFII）试点范围和投资额度。适时推出双向跨境的交易所交易基金（ETF）。

第三，以公开透明为核心加强市场制度建设。推动《基金法》、《期货交易管理条例》、《上市公司监督管理条例》等的修订或制定工作。主动公开行政许可、常规监管、稽查执法和复议诉讼等政务信息。出台诚信监督管理办法，扎实推进资本市场电子化信息披露体系建设，促进上市公司、中介机构提升商务诚信水平。督促上市公司明确对股东的回报，切实加强对其红利分配决策过程和执行情况的监管，强化对未按承诺比例分红、长期不履行分红义务公司的监管约束。推行上市公司分类管理制度。加强和改进新闻宣传工作，通过广泛、深入的执法宣传，警示各种违法违规行为。按照"贴近大众，贴近市场，深入浅出，注重效果"的原则，坚持不懈地抓好投资者教育工作。

第四，以防范系统性区域性风险为重点加强市场监管。大力提高常规监管的规范化、精细化水平。有效落实相关市场主体的基础管理和内部控制，逐步健全市场化的监管机制。尽快推出《非上市公众公司管理办法》，将非上市公众公司监管纳入法制轨道。加大对内幕交易、市场操纵、欺诈上市、虚假披露等行为的打击力度。认真做好各类交易场所清理整顿工作。深入推进打击非法证券活动。切实加强行业信息安全管理。加强对国际资本流动和跨境风险的监控和防范，牢牢守住不发生系统性风险的底线。

第五，加强组织领导和干部队伍建设。充分发挥各级党委的领导作用，认真做好迎接党的十八大召开的各项工作。继续深入开展"为民服务创先争优"活动。继续抓好思想和作风建设，严格规范行政执法，坚决杜绝有法不依、执法不严、粗暴执法、失职渎职等行为。注意改进工作方法，注重在精细化上下工夫。继续做好人才和干部队伍建设工作，以改革创新精神推动人才引进、培养和使用工作。切实加强廉政建设，加强对重点领域、重点岗位和重要环节的监督，完善预防腐败机制。厘清会机关与派出机构、自律组织的职责边界，完善协作体系，增强系统合力。

郭树清连续发表对股市的看法 中国股市要成为世界第一

郭树清主席上任后，可谓语出惊人，大胆股评，一语中的，这是历届证监会主席没有的。

郭树清在不同场合说：上市公司不能无偿占用股民一分钱；低收入人群不太适宜参与中国股票市场；内幕交易和偷白菜一样都是盗窃；每年有两三百万的新股民进入市场，同时也有数以百万计的投资者损失惨重，因而决定退出市场或不再交易，这种情形绝不是监管机构所愿意看到的；千万不能以买彩票的心态来买股票，天上不会掉馅饼；沪深300等蓝筹股的静态市盈率不足13倍，动态市盈率为11.2倍，显示出罕见的投资价值，这意味即时投资的年收益率平均可以达到8％左右；把投资者当傻瓜的时代一去不复返了；十年股指零涨幅不是十年无收益；切实解决新股发行价格过高和恶炒绩差股问题；抓紧完善退市和分红制度；切实加强风险提示和投资者保护，培育理性投资和长期投资的市场文化；等等。

2月中旬，郭树清主持召开了经济学家座谈会，听取了他们对当前国内外经济形势的分析和对资本市场发展的意见和建议。在认真听取了大家的发言后，郭树清指出，积极研究为处于不同发展阶段，特别是处于早期创业阶段的高新技术企业、小型微型企业提供股本和债券融资。要加快完善多层次资本市场体系，切实解决新股发行价格过高和恶炒绩差股问题。

3月1日，《人民日报》对郭树清进行了专访。郭树清指出，到证监会工作

《人民日报》发表对郭树清的专访（李几招提供）

以来，我更加深切地感受到资本市场与实体经济之间紧密的相互依存关系……股票市场自身的结构有些方面也令人忧虑，集中表现在三个方面：一是一级市场价格大大高于二级市场。2011年新股平均发行市盈率为47倍，而沪深市场的全年平均市盈率只有17.76倍。二是蓝筹股价格显著低于非蓝筹公司，"优质不优价"，而成熟市场蓝筹股的市盈率就是平均的市盈率。三是绩差股价格畸高，一些ST公司在重组题材和"壳资源"概念的助推下，股价严重背离企业内在价值。

郭树清指出，我们倡导理性投资理念，就是要鲜明地反对赚快钱、赚大钱、"一夜暴富"的投资心态，深入推广长期投资、价值投资和"买者自负"的理念。

郭树清对"新官上任三把火"不以为然。他解释说，我很不赞成新官上任就要烧几把火的说法和做法，这些事都是证监会正在做和将要做的，每一件都没法拖延。

对于上证指数"十年股指归零"的说法，3月1日，郭树清接受新华社记者采访时指出，这不意味着投资者十年无收益，上证指数的成分和权重期间有很大调整，相同指数水平反映的上市公司估值水平完全不同。2001年6月平均市盈率接近60倍，而2011年12月只有约13倍。至于现金分红收益，那就更无法相比，现在的总量比十年前增加12倍。

6月28～30日，2012陆家嘴论坛在上海举行。中国证监会主席郭树清出席会议并发表讲话。郭树清表示，中国的资本市场没有理由不成为世界第一，但是我们不可能轻轻松松地实现这个目标，相反必须要脚踏实地地实现这个目标。

对郭树清中国股市要争世界第一的豪言壮语，作者和一些股民认为完全可以实现。也有股民认为，中国股市已经成世界第一了：制度混乱第一，圈钱无度第一，投资回报差第一，管理水平差第一……

郭树清与普通股民面对面对话　创造股史

2012年初，各地展开了与中小股民互动的活动。

2月9日，山西省证监局首次举办了与辖区内20多位股民见面座谈会。山西省证监局局长孙才仁在听取投资者的发言后说，今后将以多种形式持续开展，有效构建一座连接山西省证监局和投资者的沟通桥梁，共同努力建设一个诚信、规范、透明、干净的资本市场。最后他说了三句话：一是要有信心；尽管现在资本市场存在种种问题，但中国经济的未来在资本市场，前景无限。二是要改变投资观念。资本市场不只是股票，而是有越来越多的投资产品和渠道；三是要多关注山西省的资本市场和上市公司。

2月26日，云南省证监局在昆明举办了投资者保护集中宣传活动启动仪式。云南省证监局表示，上市公司要切实提升信息披露质量，广泛宣传价值投资理念，积极引导投资者深入、理性认识投资对象，帮助投资者理性判断公司价值，提高投资者决策的科学性。

3月15日，吉林省证监局副局长王子军到东北证券西安大路营业部走访投资者，举办座谈会，倾听股民声音。座谈会上，股民们踊跃发言，畅谈心声。一位投资者系统地对新股发行、配售、限售等几方面问题发表了意见，着重建议增加新股限售时限和条件。另一位投资者建议努力建设股市诚信文化，鼓励上市公司回报投资者，评选上市公司中的"铁公鸡"。大家普遍关注新股发行的问题，建议继续实行结合持股市值进行新股配售的政策，增加股民购买新股的概率。投资者还表示对股市风险有充分的认识，希望降低融资融券、股指期货等业务门槛，增加小股民的参与度。

最值得称赞的是郭树清了。历任的中国证监会主席都没有走进证券营业部与中小股民面对面对话，因为中小股民的怨气一直很大而且无处发泄。郭主席大胆与普通股民面对面对话，创造了股史，开创了证监会主席与中小股民直接对话的先河。

郭树清让股民发言（郑健摄影）

3月18~20日，郭树清一行到浙江调研，并在杭州财通证券的网点与部分个人和机构投资者代表座谈交流。

座谈会开始，郭主席首先发表了开场白，笑着说："我们调研是来学习的，大家可以畅所欲言，批评我也没关系。"中小股民知道这个机会来之不易，于是争先恐后踊跃发言。

有20年投资经验的退休女股民说，现在媒体特别是电视台有荐股节目，利用虚假信息误导中小投资者，尤其是新入市投资者，建议加大对非法咨询和"股市黑嘴"的打击力度。

有10多年炒股经历的股民发言说，目前许多上市公司服务中小投资者不到位，上市公司电话打不通，打通了也是敷衍了事；中小投资者没有享受到股东应有的权利，去上市公司调研不受重视，见不到公司高管；想实地参观考察上市公司，公司就用各种理由推托；股东大会形式化，有的股东大会只给股东留出半个小时提问时间，中小投资者根本轮不上提问就结束了；有的上市公司股东大会就开半个小时；等等。股民建议上市公司建立专门的中小投资者接待日，定期接待中小投资者参观公司，认真解答中小投资者的咨询，平等对待中小投资者。

一位职业为医生的股民说，经常感到中小股民权益受损没有维权途径，咨询、投诉渠道不畅通，遇到问题一直无法得到解决，建议证监会推动建立依法维权机制，畅通维权途径，依法保护中小投资者的利益。

许多股民一致认为，现在证券市场税负重，中小投资者投资成本高，建议免除红利税或将目前征收的流转税改为资本利得税。

此外，投资者还就分红除权除息、允许从业人员投资股票、建议加大对市场中介机构和机构投资者的教育与监管力度等方面提出了建议。

郭主席认真听取了每一位股民的发言，并不断与股民互动，询问股民：怎么买卖股票？有什么心得？参加股东大会是否方便？有概念的股票做不做？打不打新股？等等。此外，还就投资品种创新、发行企业质量、上市公司服务等问题进行了深入交流。

当听到投资者反映一些电视台资讯节目带有欺骗诱导性地推荐股票、上市公司电话打不通、中小股东无法参观上市公司时，郭主席当即责成随行人员记录下来，尽快核实情况研究处理。同时，他强调，监管部门非常重视投资者保护工作，所以不断重复提醒大家不要炒新、炒小、炒差。同时，投资者也要明白"保护不是担保一定赚钱"，投资者心里也要清楚地认识亏在哪里，要有自己的风险判断，要树立价值投资理念，养成健康的投资习惯。

郭树清主席表示，证监会有承受力，不怕批评，就是要多听投资者的建议，要关心保护投资者的合法权益。对于投资者反映的问题，他指出，证监会正在积极研究国债期货、中小企业私募债等产品，增加市场投资品种；上市公司分红是由公司自主决策的，监管部门在尊重公司自主经营的基础上，鼓励引导上市公司建立持续、清晰、透明的决策机制和分红政策，不分红也要向投资者说清楚原因；证券市场税收问题正与有关部门积极沟通。

座谈会结束时，郭主席嘱咐随行人员，要将证监会的电话、网站等联系方式、渠道告诉与会投资者，保持联络，经常沟通。

与会的中小股民表示，郭主席如此重视投资者，能在"两会"一结束就来到投资者中间，与投资者面对面交流，他们很受感动。参加会议的其他机构代表也认为，证监会的领导同志一行，与基层群众接触，很亲切、没架子、不空谈、不回避问题，他们深受鼓舞。

4月下旬，郭树清一行到广东调研，再次大胆走进广州证券珠江西路营业部与股民代表进行了面对面的交流。在座谈会开始前，郭树清首先肯定说，20多年来我国证券市场发展迅速，投资者与证券市场一起成长，做出了巨大的贡献。

郭树清坦言说，现阶段我国证券市场仍然处于"新兴加转轨"阶段，证券市场上还存在各种不规范行为，其中炒新、炒小、炒差现象非常严重，不仅使股价结构不合理，而且对投资者的利益造成了严重的损害。一是新股价格过高。2010年、2011年新股发行平均市盈率分别为58倍和47倍，新股上市后经过"击鼓传花"式的炒作，参与炒新的投资者遭受较大损失。二是小盘股价格畸高。到2011年底2012年初，小盘股市盈率平均是大盘蓝筹股的2.8倍。三是炒作绩差股问题比较严重。一些绩差股上市公司的净资产已经为负数，丧失了基本价值，但市场上炒作重组题材的现象依然经常可见。每年有二三百万的新股民进入市场，同时也有数以百万计的投资者损失惨重，因而决定退出市场或不再交易，这种情形绝不是监管机构所愿意看到的，我们必须如实地向社会公众报告。

郭树清指出，证监会综合运用法律、行政、经济等手段，采取了一系列的监管措施，包括加强投资者教育，规范各类市场主体行为，及时查处操纵市场、内幕交易等违法违规行为，并出手抑制过度的炒作现象。近期，为进一步完善新股发行体制，沪、深交易所采取了一系列措施，目的都是为了保护投资者的利益，希望大家能够理解。我们注意到一、二级市场价格正趋向协调，一季度新股发行平均市盈率回落至30余倍，4月上旬以来更是降至20倍左右。目前，证监会正在就《关于进一步深化新股发行体制改革的指导意见》向社会公开征求意见，欢迎大家就新股发行体制改革等问题提出宝贵意见，群策群力，共同推动我国证券市场规范健康发展，努力为投资者创造更好的回报。

郭树清说完后，8位股民争先恐后发言，他们围绕证券市场信息传播、私募基金发展、打击"老鼠仓"、公募基金管理、投资蓝筹股等问题畅所欲言，坦诚发表了自己的意见和建议。郭树清一行边听边记，不时提问和评论，与投资者互动交流。

一位个人投资者提出，广播电视等媒体上依然常见推荐个股、不实信息传播等现象，网络的运用加速了传言的流转，希望监管部门并督促上市公司通过网站、微博等渠道及时澄清相关报道或消息，使市场有明确的预期。

一位机构投资者代表提出，目前私募基金领域迫切期待主管部门具体明确规范，特别是阳光私募，因为主要的投资方向是二级市场，所以证监会应当有明确的规范和指引。

几位投资者还一致提出，这几年退市制度好像不再实行了，一些业绩很差的公司既不破产也不摘牌，还在那里挂着，中小投资者又不了解情况，特别容易上当受骗。

与会的证监会有关部门负责人解释说，退市制度一直都存在，截至目前共有40多家上市公司退市，其中2008年还有一家退市。但由于2007年实行新的会计制度后，出现了新的情况，一次性收入也可以算做盈利，有的企业通过政府补贴或非经常性收入等措施使公司账面盈利，规避了退市标准。目前，证监会正在研究是否可以剔除这些非经常因素，确保退市制度得到有效执行。

郭树清反复提醒投资者说，2012年一季度蓝筹股普遍上涨，非蓝筹股普遍下跌，两者之间的变化相差近12个百分点，说明价值投资理念正在回归。中小股民投资新股、绩差股要小心，因为不确定性更强，只有经验较丰富的投资者才适合风险较大的投资选择。

郭树清说，证监会正在着手进行新股发行体制改革，改革的思路将从以往的价值判断为主转向以信息披露为核心，把需要披露的信息如实告诉投资者，解决新股估值过高、脱离公司基本面等问题。要落实信息披露责任，明确第一责任人是上市公司，证券公司、会计师事务所、律师事务所等中介机构也必须完全承担各自的责任，确保新股发行信息披露真实、准确、完整，让投资者有更充分的信息来做出决策。

在谈到"老鼠仓"问题时，证监会行政处罚委负责人焦津洪和基金部负责人洪磊分别介绍了查处案件和加强基金从业人员监管的具体情况，他们强调，打击"老鼠仓"一直是证监会维护市场公平的重点举措。

对于投资者质疑基金管理公司"旱涝保收"收费模式的合理性问题，证监会也十分重视，正研究如何进一步完善市场竞争机制，加强对公募基金和基金经理的约束。洪磊还介绍了建立基金业绩比较基准约束机制的基本思路。

7月5~6日，郭树清一行到重庆调研。7月6日上午，郭树清在西南证券重庆嘉陵桥西村营业部，与部分个人和机构投资者代表面对面交流。

一位 60 岁已退休的投资者提出，散户最痛恨不公平和虚假信息，希望加强监管，持续打击违法违规行为。

一位在国企工作的业余投资者提出，当前市场上各类炒股软件良莠不齐，希望监管机构加大整治力度。

还有一位投资者提议，要允许中小股东对分红政策发表意见，且上市公司分红率应不低于银行存款利率。郭树清对此回应说，分红事项是公司股东大会、董事会的权利，中小股东可以通过股东大会等治理机构发表意见，监管部门应该对分红政策的决议是否充分反映各方面意见进行核查。

一位从事房地产的私营业主有 15 年的股市投资经验，他说，一到市场低迷时，就会有停发新股的声音出来，其实并不正确——有的人套在市场里，想通过停发 IPO 来解套，可还有别的人想获得新的投资机会。美国 6 月 IPO 为零，是市场决定的，而不是政府决定的。这个观点得到了与会者的普遍赞同，认为资本市场的改革不能在市场停止运行的情况下进行。

一位从事服装生意的私营业主介绍了自身的股票投资经验，之所以几年经历了股市的高峰与波谷后还是有所盈利，其经验与身边大多数人采取的追涨杀跌、频繁买卖不一样，而是坚持了低买高卖、长期持有、不频繁进出。

郭树清希望他们坚持长期投资、价值投资的理念，逐步发展壮大自己的私募投资基金或公司，鼓励他们有朝一日争取成为中国的巴菲特。

7 月 19～20 日，郭树清率调研组赴吉林省、辽宁省调研。郭树清在调研中指出，检验我们工作做得好坏的标准，是投资者的权益是否得到尊重，投资者保护是否充分。郭树清再次与投资者代表分别举行了两场座谈会，听取了大家对证券市场改革发展的意见和建议。

座谈会上，有个人投资者建议，现在违法违规成本太低，应加大处罚力度，并在处罚后优先考虑对投资者的补偿；上市公司不分红或分红很少，致使股民只能博取交易差价，应加大分红力度；基金行业"大块吃肉，大碗喝酒，大把亏钱"，难以为继，应建立基金管理人员与投资者的利益共享机制。其他投资者也就保护投资者利益、控制新股发行节奏、上市公司分红、非法证券咨询等提出了自己的看法。

对股民的问题，证监会首席稽查兼稽查局局长张慎峰、中国基金业协会会长孙杰、中国上市公司协会副会长范辉、证监会机构部副主任邢力红分别做了回答。

与会各方对几家上市公司负责人购买自家公司股票的做法表现出浓厚的兴趣。郭树清提醒大家，上市公司员工购买持有自己公司的股票，还要考虑风险分散问题，不能把自己全部或大部分财产都投进去，因为就业风险也和这家企业高度相关。

当听到沈阳机床每年至少召开两次投资者见面会，让投资者充分了解公司发展战略时，郭树清说，上市公司要十分注意投资者关系管理，关键是要沟通，要让投资者充分了解企业的情况，才能准确研判公司的风险和价值，这是对投资者应有的负责态度。

12月6~8日，郭树清率调研组赴江苏、上海调研，与江苏、上海的上市公司、证券公司、投资者代表分别举行了三场座谈会。郭树清开诚布公地说，请大家敞开思想，坦率地提出来，大家一起研究和解决，对证监会有什么意见、要求甚至批评，也请不要客气。

座谈会上，股民代表毛慧鹏和郝要红异口同声说，虽然证监会制定了很多规定，但个人投资者参与公司治理实际是很难的，能不能建立一种代理人机制。郭树清说，我们是英雄所见略同呀。证监会正在研究，能不能成立一家或几家机构，由其出面购买上市公司的股份，数量不一定多，但是可以代理投资者参加股东大会、提起诉讼、参与治理。

还有股民说，现在有些上市公司的"董监高"缺乏公益心和社会责任心，不顾市场环境密集地减持，也导致市场缺乏信心；还有一些基金公司无论基金表现如何，手续费照收不误，这些现象都应当给予必要的限制。

郭树清表示，党的十八大要求，加快发展多层次资本市场，我们将认真加以研究，条件成熟的抓紧实施。我们对中国资本市场充满信心，不是空洞的口号，更不是说教，有着多个方面的根据和理由。无论从经济、政治、社会、法制等宏观领域来看，还是从市场的结构、基础、技术条件和监管环境来看，所有方面都在持续向好，各种问题都趋于改善和化解。相信各种积极因素的能量会持续长久地释放出来。

此外，郭树清和前几任证监会主席不同的地方是：他还经常阅读股民来信，并做出必要的回复。

9月7日，郭树清召开了一次内部座谈会，几家私募基金应邀到会，这也是郭树清一次大胆的行动，在此之前，没有一个证监会主席敢于会见私募基金。

新股如何发行 十个环节透明披露

中国证监会如何审核新股发行，一直受到外界质疑，为此，中国证监会发行监管部2月1日首次公开发行股票审核工作流程。

中国证监会有关负责人介绍说，一家公司从受理材料到最终核准发行时间有长有短，短的3个月，长的6个月，也有一些公司超过1年。公司能否尽快通过审核取决于企业改制、材料制作瑕疵的多少以及中介机构和发行人的诚信度。

中国证监会有关负责人澄清说，在IPO发审过程中，发行部不可能在初审会上否决一家企业，未能走到发审会流程就主动撤回的企业有多种原因。截至目前，有88家创业板企业在发审会前主动撤回材料。这些企业大都是知难而退，通常存在走不下去的问题。

对于IPO公司二次上会问题，该负责人表示，通常情况下，原则上会安排原来的发审委委员进行审核。当然，中间也会出现很多因素，如发审委换届、审核期间出现回避事项等，此时发审委委员会有更改。

9月28日，中国证监会发行监管部经过修改，正式公开了发行股票审核工作流程，具体分为：材料受理、分发环节；见面会环节；问核环节；反馈会环节；预先披露环节；初审会环节；发审会环节；封卷环节；会后事项环节；核准发行环节。

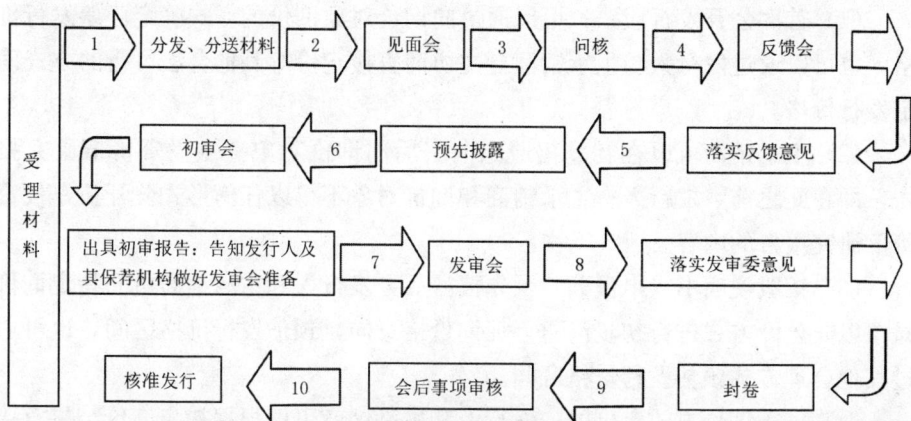

发行股票审核流程

深化新股发行体制改革 证监会阐述意见

4月28日，中国证监会发布了《关于进一步深化新股发行体制改革的指导意见》。该意见主要内容是：

（1）主承销商可以自主推荐5～10名投资经验比较丰富的个人投资者参与网下询价配售。

（2）提高向网下投资者配售股份的比例，建立网下向网上回拨机制。向网下投资者配售股份的比例原则上不低于本次公开发行与转让股份的50％。网下中签率高于网上中签率的2～4倍时，发行人和承销商应将本次发售股份中的10％从网下向网上回拨；超过4倍时应将本次发售股份中的20％从网下向网上回拨。

（3）促进询价机构审慎定价。发行人盈利水平与行业相比存在异常等，询价机构应采取调研、核查等方式进一步核实研判。

（4）取消现行网下配售股份3个月的锁定期，提高新上市公司股票的流通性。发行人、承销商与投资者自主约定的锁定期，不受此限。

（5）在首次公开发行新股时，推动部分老股向网下投资者转让，增加新上市公司可流通股数量。

5月18日，证券发行与承销开始执行修改后的《证券发行与承销管理办法》。该办法修改的主要内容是：

（1）首次公开发行股票，可以通过向询价对象询价的方式确定股票发行价格，也可以通过发行人与主承销商自主协商直接定价等其他合法可行的方式确定发行价格。

（2）主承销商可以在刊登招股意向书后向询价对象提供投资价值研究报告，即在此之前，发行人、主承销商和询价对象不得以任何形式公开披露投资价值研究报告的内容。

（3）招股说明书（申报稿）预先披露后，发行人和主承销商可向特定询价对象以非公开方式进行初步沟通，征询价格意向，预估发行价格区间，也可通过其他合理方式预估发行价格区间。

（4）采用询价方式定价的，发行人和主承销商可以根据初步询价结果直接确定发行价格，也可以通过初步询价确定发行价格区间，在发行价格区间内通过累计投标询价确定发行价格。

（5）首次公开发行股票招股意向书刊登后，发行人及其主承销商可以向询价对象进行推介和询价，并通过互联网等方式向公众投资者进行推介。推介资料不得存在虚假记载、误导性陈述或者重大遗漏。

（6）采用询价方式确定发行价格的，询价对象可以自主决定是否参与初步询价，询价对象申请参与初步询价的，主承销商无正当理由不得拒绝。

（7）发行人及其主承销商应当向参与网下配售的询价对象配售股票。发行人及其主承销商向询价对象配售股票的数量原则上不低于本次公开发行新股及转让老股（以下简称"本次发行"）总量的50%。询价对象与发行人、承销商可自主约定网下配售股票的持有期限。

（8）股票配售对象限于：经批准募集的证券投资基金；全国社会保障基金；证券公司证券自营账户；经批准设立的证券公司集合资产管理计划；等等。

（9）机构投资者管理的证券投资产品在招募说明书、投资协议等文件中以直接或间接方式载明以博取一、二级市场价差为目的申购新股的，相关证券投资账户不得作为股票配售对象。

（10）主承销商应当对询价对象和股票配售对象的登记备案情况进行核查。

（11）首次公开发行股票的发行人及其主承销商应当在网下配售和网上发行之间建立双向回拨机制，网下中签率为网上中签率的2～4倍时，发行人和承销商应将本次发售股份中的10%从网下向网上回拨；4倍以上的应将本次发售股份中的20%从网下向网上回拨。

（12）首次公开发行股票申请文件受理后至发行人发行申请经中国证监会核准、依法刊登招股意向书前，发行人及与本次发行有关的当事人不得采取任何公开方式或变相公开方式进行与股票发行相关的推介活动，也不得通过其他利益关联方或委托他人等方式进行相关活动。

5月23日，中国证监会发布了《关于进一步提高首次公开发行股票公司财务信息披露质量有关问题的意见》。该意见提出，发行人应依法承担财务报告的会计责任、财务信息的披露责任，确保招股说明书财务信息披露真实、准确、完整。

5月底，中国证监会发行监管部和创业板发行监管部向各保荐机构下发了《关于新股发行定价相关问题的通知》。该通知特别明确了发行市盈率超过同行业上市公司平均市盈率25%的公司，如果存在募集资金量大幅超过募投项目拟以本次募集资金投入的资金需要量的、募集资金量大幅超过按预估发行价计算的募集资金量的,原则上发行人需补充盈利预测并重新询价。

企业首次公开发行股票涉及面广、影响大,关系到股民的切身利益,在监管实践中,中国证监会发现会计师事务所在从事首次公开发行股票公司审计业务中存在一些共性问题,对首次公开发行股票公司信息披露质量产生了不利影响。为此,10 月 18 日,中国证监会印发了《会计监管风险提示第 4 号——首次公开发行股票公司审计》的通知。该通知要求,会计师事务所在承接 IPO 审计业务时,应当对发行人上市动机、所处行业的基本情况及其行业地位、可能存在的高风险领域、公司治理情况及申报期基本财务指标等进行调查。对于发行人存在欺诈上市嫌疑或者注册会计师无法应对重大审计风险的情况,会计师事务所应坚决拒绝接受委托。会计师事务所总所应加强对其分所 IPO 审计业务执业质量的管理,定期对各分所进行执业质量培训和质量控制检查,提高分所审计业务执业质量。

沪深两所抑制暴炒新股　深交所朝令夕改放宽新股炒作

新股炒作一直是市场关注的。2010 年初到 2012 年 2 月底,深市 583 只新股已有 497 只跌破首日收盘价;34 只首日收盘涨幅超过 100％的新股中,已有 33 只跌破首日收盘价,平均跌幅 23.15％,最大跌幅达 64.4％,炒得越高,跌得越狠。新股上市首日买入的主要是个人投资者且大都亏损,其中 10 万元以下的个人投资者亏损比例 60.75％。

3 月 7 日,瞿某的账户就被深交所采取为期 3 个月的限制交易措施,并首次公布该账户在吴通通讯上市首日的异常交易行为。

深交所披露,瞿某分别以一代和二代身份证开立了两个深市股东账号,托管在上海地区四家券商营业部。该账户频繁在吴通通讯等新股上市首日开盘集合竞价允许撤单期间,通过大笔申报、高价申报、频繁申报和撤销申报等方式影响虚拟开盘价,吸引其他投资者跟风买入,同时其本人及关联账户申报卖出其中签新股,借此牟取不正当利益。2 月 29 日吴通通讯上市首日,该账户在 9 时 15～19 分共申报买入 17 笔合计 145.9 万股,特别是在 9 时 16～18 分,分别以 30 元、40 元、50 元、45 元的价格申报买入,每笔申报 20～30 秒后撤销申报,然后再次申报与撤销申报,最高申报价格较发行价 12 元高出 316.67％,导致该股虚拟成交价涨幅一度达 233.3％,同时其关联账户以 21 元申报卖出该股 500 股,全部成交获利,至 9 点 30 分,该账户将其余买入申报全部撤销,无一股成交。

2011 年以来，瞿某所持两个账户在吴通通讯、开能环保、围海股份等新股上市首日多次发生上述异常交易行为，累计申报买入 137 笔，合计 792.8 万股，全部撤单，同时其本人及关联账户共卖出相应的新股 20 笔，合计 0.95 万股。

3 月 8 日开始，沪深两所对新股炒作采取新的举措。

3 月 8 日，上交所发布了《关于加强新股上市初期交易监管的通知》。上交所规定，新股上市首日出现下列异常波动情形之一的，可以对其实施盘中临时停牌：盘中成交价格较当日开盘价首次上涨或下跌 10％以上（含）；盘中成交价格较当日开盘价上涨或下跌 20％以上（含）；盘中换手率（成交量除以当日实际上市流通量）达到 80％以上（含）。

同日，深交所也发布了《关于完善首次公开发行股票上市首日盘中临时停牌制度的通知》。

3 月 8 日，蓝英装备和博雅生物首日上市，2 只股都因盘中换手率超过 50％，深交所于 9 时 51 分 34 秒对博雅生物实施临时停牌；9 时 57 分 21 秒起对蓝英装备实施临时停牌；2 只股票于 14 时 57 分同时复牌。

3 月 8 日后，先后又有雪迪龙、中泰桥梁、蓝盾股份、三六五网、利亚德、信质电机、茂硕电源、克明面业、普邦园林等因股价较开盘价涨幅或跌幅超 10％或换手率超过 50％而遭到临时停牌处理。

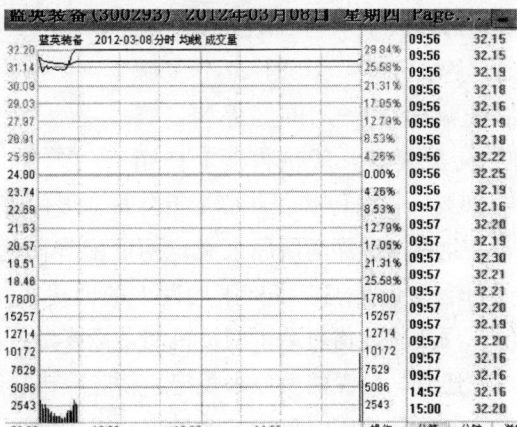

蓝英装备首日上市遭临时停牌处理（李几招提供）

总体来看，限令实施后上市的新股炒作降温，但是震荡很大。比如，博雅生物上市第二天涨停，蓝银装备亦涨近 5％，中泰桥梁涨逾 5 成后接着涨停。之后，它们就一路下跌。

4 月 28 日，中国证监会发布了《关于进一步深化新股发行体制改革的指导意见》后，沪深两所根据此意见修订了部分规则，即提高网下配售比例、网下配售股全流通、提高网下配售比例和老股转让等。

同时，深交所借机修订了抑制新股暴炒过于严格举措，可谓朝令夕改。从

2012年5月23日起，深交所规定：当盘中成交价（不是发行价）较开盘价首次上涨或下跌达到或超过10％时，临时停牌1小时（不再临时停牌至14时57分）；当盘中成交价较开盘价首次上涨或下跌达到或超过20％时，临时停牌至14时57分；当盘中换手率达到或超过50％时，临时停牌1小时后继续交易（不再临时停牌至14时57分）。

5月25日，东诚生化、浙江美大、顺威股份3家公司在中小企业板上市，结果东诚生化因盘中换手率达到50％红线，自9时52分10秒起对该股实施临时停牌，10时53分复牌。复牌后，该股又因成交价较开盘价首次上涨达到了10％红线，于11时16分59秒起再次实施临时停牌，于13时47分复牌。收盘该股上升10％。浙江美大因换手率达到了50％红线，于9时59分04秒起实施临时停牌，11时复牌。收盘该股上升16.87％。

顺威股份没有触及任何红线，所以首日上市，没有临时停牌，不过该股却下跌了2.72％。

7月3日，亿利达上市，半小时后因换手率达50％，而被临时停牌1小时；10时59分复牌后涨幅达10％，再度停牌；13时54分复牌，股价再度上扬超过20％，再次停牌。新股上市首日3度停牌，亿利达属首例。

东诚生化两次触及红线被停牌（李几招提供）

此外，沪深两所原来规定网下配售比例是20％，此次新规定是最多可以到50％，但是规定了网下向网上的回拨机制。东诚生化、浙江美大、顺威股份3只新股，均启动了回拨机制，最终发行比例确定为网上70％和网下30％。

还有，沪深两所原来规定，新股上市日起3个月，网下配售股票才可以上市流通。从2012年5月23日起，规定网下配售的股票当天就可以上市流通，此举意在增加流通量抑制暴炒新股。浙江美大网下累计发行1500万股，东诚生化网下发行810万股，顺威股份网下发行1200万股。2012年5月25日，浙江美大、东诚生化、顺威股份3只新股上市当天；5月29日，沪市华贸物流上市当天，它们的配售股就不受限制全部可以上市流通了，由此成为全流通的首批股票。

对抑制新股炒作，郭树清主席在"两会"期间表示，我们首先提倡大家自

觉地规避新股风险，过去两年新股上市首日买入的投资者绝大部分都亏钱了，而且新发行的股票，隔了一年以后，几乎都跌破发行价。拿到新股的股民第一天大部分人都卖了，第二个接手的过几天再卖，有可能赚一点点钱，也有可能就卖不出去了，所以风险很大，一般的中小投资者最好不要去炒作新股。再好的公司，如果价格太高，那都是危险的。

中国证监会要求券商在投资者教育、承销、投资和咨询环节四管齐下，全面防范炒新。要求券商自营和资管业务不要跟风炒新；保荐承销收入、投行部门、保荐代表人提成和奖励不得与超募资金直接挂钩。

3月12日，证监会向各家证券公司下发了《关于证券公司切实履行职责防范和抑制新股炒作行为的通知》。该通知指出，证券公司从承销、投资、咨询和投资者教育四管齐下全面防范炒新。证券公司需加强投资者风险教育，讲清、讲透盲目炒新的风险和危害；要通过多种途径向客户讲清、讲透新股"三高"、"新股热"的严重危害；帮助投资者充分认识盲目跟风炒作新股的风险，可能造成的损失；对违反交

> **中国证券监督管理委员会**
>
> 机构部部函 [2012] 116 号
>
> **关于证券公司切实履行职责防范和抑制新股炒作行为的通知**
>
> 各证券公司：
>
> 　　我国证券市场一段时间来存在着新股发行高价格、高市盈率、高超募资金的"三高"现象，不少投资者盲目跟风、偏信新股、炒作新股，形成了所谓"新股热"。"新股热"是市场非理性现象，不利于股市健康发展，也将影响新股发行体制的深化改革，

证监会发通知要求证券公司防范和抑制新股炒作行为（李几招提供）

易规则的新股异常交易行为，要依法依规及时采取相应措施；引导客户纠正在参与买卖新股时存在的"短平快"、"一夜暴富"等投机心态，逐步形成理性投资、长期投资、价值投资的投资理念和市场文化。

6月11日，深交所发布了《深圳证券交易所新股上市初期异常交易行为监控指引》，该指引对开盘集合竞价、连续竞价异常交易行为做出了定性，如果出现异常交易行为的，深交所可以采取口头或书面警示、约见谈话、要求提交书面承诺等监管措施；情节严重的，深交所可以采取限制证券账户交易、上报证监会调查等监管措施。

股民可以参与股票发行询价　沪深两所邀请股民模拟询价

为使新股询价合理，4月12日，上交所举行中小投资者模拟首次公开募股（IPO）询价活动，模拟询价对象为翠微大厦和奥康国际，分别吸引了1806名和1731名中小股民参与询价。

4月12日，在深交所发行的龙泉股份也邀请了中小股民参与该股模拟询价。到下午3时，参与龙泉股份模拟询价的中小投资者总数量为1200多位，绝大多数中小投资者的报价在15~16元，低于申银万国证券公司对龙泉股份的建议询价区间——18~26元。但是也有不理性的报价，有股民最高报出了180元/股，有股民最低报价则为1元/股。可见带有明显情绪化的询价行为。

7月上旬，中国证券业协会下发了《关于首次公开发行股票询价对象及配售对象备案工作有关事项的通知》。该通知明确，主承销商可推荐不多于20名机构投资者、10名个人投资者成为推荐类询价对象；承销项目的发行数量超过4亿股的，可推荐不多于40名机构投资者成为推荐类询价对象。每个询价对象应指定1个配售对象，每个配售对象应指定深圳、上海各1个证券账户和1个银行资金账户，询价对象为个人投资者的，其银行资金账户应为本人自有银行资金账户。

到8月底，深市已有61只新股开展中小投资者IPO模拟询价活动，累计超过45000人次参与，散户报价水平比较理性，模拟询价报价结果与实际发行价格比较接近，61只新股模拟报价的中位数较实际发行价格平均高出8%。个人投资者模拟报价中位数与实际发行价格偏差在10%、20%以内的股票分别有25只、41只，占61只股票的比例分别为41%、67%；6只股票的模拟报价中位数与实际发行价格基本一致，占61只股票的比例约为10%，其中戴维医疗、苏大维格2只股票的模拟报价中位数与实际发行价格完全一致。

按照深市安排，活动初期具有经纪业务资格的券商每家可以推荐20名投资者参加模拟询价，合计总数约为2000名。61只新股个人投资者参与人数基本保持在740人左右，个人投资者参与IPO模拟询价活动热情较高。

9月5日，首例个人报价开始，陈学东、徐倩两位自然人率先参与新股美盛文化报价，陈学东对美盛文化给予了两档申报价格，第一档报价为20.58元/股，对应拟申购股份数为428万股；第二档报价为19.08元/股，拟申购股份数为535万股。徐倩则只给出一档报价，申报价格为15.11元/股，对应拟申购股份数达1177万股。经初步询价后，美盛文化最终确定的发行价为20.19元/股。陈学东还是苏州固锝、联信永益、智云股份、天晟新材的前十大股东。

分解国内上市压力　鼓励国内公司境外上市

为缓解内地 A 股市场融资压力，12 月 20 日，中国证监会公布了《关于股份有限公司境外发行股票和上市申报文件及审核程序的监管指引》。该指引降低了境内企业境外上市发行门槛，不再设定关于企业规模、盈利、筹资额方面的条件，取消了"净资产不少于 4 亿元"、"筹资额不少于 5000 万美元"、"过去一年税后利润不少于 6000 万元"等相关要求，只要求拟赴境外上市的企业符合境外上市地的相关要求即可。申报的文件精简为 13 项，并简化审核流程，取消了原有的申请前置程序，明确在符合境外上市地上市条件的基础上，企业可自主向证监会提出境外上市申请。

股息红利税实行差异化征收

11 月 16 日，股息红利税实行差别化政策公布，经国务院批准，自 2013 年 1 月 1 日起，对个人从公开发行和转让市场取得的上市公司股票，股息红利所得按持股时间长短实行差别化个人所得税政策。持股超过 1 年的，税负为 5%；持股 1 个月至 1 年的，税负为 10%；持股 1 个月以内的，税负为 20%。这样，股民持股时间越长，税负越低，以鼓励长期投资，抑制短期炒作。

在差异化股息红利税政策实施前，个人因持有中国的债券、股票、股权而从中国境内公司、企业或其他经济组织取得的利息、股息、红利所得，需按 20% 的比例缴纳个人所得税。2005 年 6 月 13 日，财政部、国家税务总局又发布了《关于股息红利个人所得税有关政策的通知》，规定对个人投资者从上市公司取得的股息红利所得，暂减为按 50% 计入个人应纳税所得额，依照现行税法规定计征个人所得税。即自 2005 年 6 月 13 日起，现金红利暂减为按所得的 50% 计征 10% 个税。而对于所送红股，则依然按 10% 税率缴纳个税，以派发红股的股票票面金额为收入额计征。以资本公积金转增的股本，则不征个税。

科技部、证监会出台支持科技成果入股的指导意见

11 月 16 日，中国证监会和科技部发布了《关于支持科技成果出资入股确认股权的指导意见》。该意见指出，鼓励企业明确科技人员在科技成果中享有

的权益，依法确认股权。支持企业根据法律法规的规定，在职务发明合同中约定科技人员在职务发明中享有的权益，并依法确认科技人员在企业中的股权。要落实北京中关村自主创新示范区先行先试政策，采取多种方式合理确认股权。支持园区内的企业、高等院校及科研院所按照依据国家法律法规制定的先行先试政策开展股权和分红权激励，对做出突出贡献的科技人员和经营管理人员所实施的技术入股、股权奖励、分红权等，以合理的方式确认其在企业中的股权。进一步深化发行审核机制改革，对科技成果形成的股权予以审核确认。对于在科技成果出资程序上有瑕疵，但占比小，不影响公司控制权稳定且没有重大风险隐患的，按照充分信息披露的原则揭示该部分股权存在的不确定风险，并说明出现股权纠纷问题时的解决机制后，不再要求企业上市前必须完成国有股权确认手续。

创业板退市制度 5 月 1 日开始施行

4 月 20 日，深交所发布了《深圳证券交易所创业板股票上市规则》（2012年修订，以下简称《创业板上市规则》），该规则对创业板上市公司退市做了有关规定，并自 2012 年 5 月 1 日起施行。

2011 年 11 月 28 日，深交所《关于完善创业板退市制度的方案》（以下简称《方案》）向社会公开征求意见，深交所根据各界反馈意见进行修改完善，《方案》于 2012 年 2 月 24 日正式发布。此次修订《创业板上市规则》，主要是将《方案》内容落实到《创业板上市规则》的具体条款，包括以下六个方面：

一是丰富了创业板退市标准体系。在暂停上市情形的规定中，将原"连续两年净资产为负"改为"最近一个年度的财务会计报告显示当年年末经审计净资产为负"，新增"因财务会计报告存在重要的前期差错或者虚假记载，对以前年度财务会计报告进行追溯调整，导致最近一年年末净资产为负"的情形；在终止上市情形的规定中，新增"公司最近 36 个月内累计受到本所三次公开谴责"、"公司股票连续 20 个交易日每日收盘价均低于每股面值"和"因财务会计报告存在重要的前期差错或者虚假记载，对以前年度财务会计报告进行追溯调整，导致最近两年年末净资产为负"。

二是完善了恢复上市的审核标准，充分体现不支持通过"借壳"恢复上市。第一，新增一条"暂停上市公司申请恢复上市的条件"，要求公司在暂停上市期间主营业务没有发生重大变化，并具有可持续的盈利能力。第二，针对目前通过"借壳"实现恢复上市的暂停上市公司大多数以补充材料为由，拖延时间维持上市地位并重组的情况，《创业板上市规则》对申请恢复上市过程中公司补充材料的期限做出明确限制，要求公司必须在 30 个交易日内提供补充材料，期限届满后，深交所将不再受理新增材料的申请。第三，明确因连续 3 年亏损或追溯调整导致连续 3 年亏损而暂停上市的公司，应以扣除非经常性损益前后的净利润孰低作为恢复上市的盈利判断依据，杜绝以非经常收益调节利润规避退市。第四，明确因连续 3 年亏损和因年末净资产为负而暂停上市的公司，在暂停上市后披露的年度报告必须经注册会计师出具标准无保留意见的审计报告，才可以提出恢复上市的申请。

三是明确了财务报告明显违反会计准则又不予以纠正的公司将快速退市。为杜绝公司通过财务会计报告被出具非标准无保留审计意见来规避暂停或终止上市条件，规定非标意见涉及事项属于明显违反企业会计准则、制度及相关信息披露规范性规定的，应当在规定的期限内披露纠正后的财务会计报告和有关审计报告。在规定期限届满之日起 4 个月内仍未改正的，将被暂停上市；在规定期限届满之日起 6 个月内仍未改正的，将被终止上市。

四是强化了退市风险信息披露，删除原规则中不再适用的"退市风险警示处理"章节。在取消"退市风险警示处理"制度的同时，为及时揭示公司的退市风险，《创业板上市规则》全面考虑可能的退市风险出现时点，针对不同的暂停上市和终止上市情形，明确规定首次风险披露时点及后续风险披露的频率，要求公司每 5 个交易日披露一次风险提示公告，强化退市风险信息披露要求。

五是增加了退市整理期的相关规定。根据《方案》，创业板实施"退市整理期"制度，设立退市整理板。在《创业板上市规则》中，对退市整理期的起始时点、期限、日涨跌幅限制、行情另板揭示及风险提示做出了明确规定。

六是明确了创业板公司退市后统一平移到代办股份转让系统挂牌。为保护投资者权益，给予退市公司股票合适的转让场所，《创业板上市规则》明确规定，创业板公司退市后，统一平移到代办股份转让系统挂牌。

4 月 23 日，受创业板退市制度将于 5 月 1 日起正式实施的影响，创业板暴跌重挫近 5%，创业板仅有 5 只股票上升，其余都暴跌，跌停的为 35 个。主板市场也受到拖累震荡盘跌，沪指失守 2400 点。

沪深两所完善退市制度改革

2001 年，水仙电器率先成为首家退市公司，之后陆续有猴王、北方五环、粤金曼、深金田等退市。2007 年，大庆联谊退市后，沪深两所就比较谨慎，因为退市毕竟对中小股民损伤最大。因此，到 2011 年，就没有退市的上市公司。

到 2011 年，已经暂停上市的有 22 家公司，其中有 3 家公司暂停时间超过 6 年，10 家公司超过 5 年，个别上市公司连初步的重组方案都没有。由于有"补充恢复上市材料"这个条件，有些暂停上市公司就可以久拖不决。

为扭转这种情况，2012 年 4 月 29 日，沪深两所对如何完善上市公司退市制度公开征求意见。5 月 2 日股市开盘，74 只 ST 股票集体暴跌。

6 月 28 日晚，沪深两所同期发布了退市制度方案。7 月 27 日，上交所就《上海证券交易所风险警示股票交易实施细则》（征求意见稿）公开征求意见，其中规定"风险警示股票价格的涨幅限制为 1%，跌幅限制为 5%"。结果市场*ST 和 ST 股票连续暴跌。市场调查结果表明，73.40% 的股民认为，只许跌，不许涨，逻辑荒唐，表示反对。

11 月 30 日，深交所发布了《深圳证券交易所交易规则》（2012 年修订），自 2012 年 12 月 17 日起施行。主要修订内容有：一是增加"退市整理期间交易事项"章节；二是取消股票交易异常波动公告的例行临时停牌；三是将新股首日价格稳定机制等现行规定纳入《深圳证券交易所交易规则》。

12 月 16 日，上交所正式发布了《风险警示板股票交易暂行办法》、《退市整理期业务实施细则》、《退市公司股份转让系统股份转让暂行办法》和《退市公司重新上市实施办法》。同日，深交所发布了《深圳证券交易所退市公司重新上市实施办法》和《深圳证券交易所退市整理期业务特别规定》。

引人注目的是，上交所对于原征求意见稿中拟对风险警示股票做出的不对称涨跌幅限制，仍维持原有的 ±5% 涨跌幅限制。其他主要规定是：一是进入风险警示板交易的股票将包括 ST 公司、*ST 公司以及进入退市整理期公司的股票。风险警示股票和退市整理股票投资者只能使用限价委托，而不能使用市价委托。二是风险警示股票涨跌幅限制设置为 ±5%，退市整理股票为 ±10%。

深交所的主要规定与上交所差不多，其特殊规定是：进一步明确《深圳证券交易所退市公司重新上市实施办法》和《深圳证券交易所退市整理期业务特别规定》适用所有退市公司，包括"老三板"公司。鉴于退市整理期公司不得筹划、实施重大资产重组，已处于重组中的公司，可选择其股票进入退市整理期交易并终止重大资产重组，或者选择不进入退市整理期交易而继续筹划或推进重组进程。

12 月 24 日，深交所发公告称，*ST 创智、*ST 炎黄恢复上市申请未获通过，由此成为退市新政的第一批公司（2001 年 4 月，PT 水仙第一家退市后，先后有退市公司 75 家）。

*ST 创智 2004 年、2005 年、2006 年连续 3 年亏损，自 2007 年 5 月 24 日起暂停上市。*ST 创智资产重组方案 2012 年 1 月和 9 月 13 日都未能获股东大会通过。*ST 创智董事会秘书陈龙无奈说，我们的团队已经尽力了，从重组失败到最终退市，是因为部分 ST 炒家对中小散户进行诱导所致。重组方经常会遇到少数股东的"过分要求"，还有一些人希望树立"股市维权名人"的形象，自己虽然股份不多，但呼风唤雨的能力却很强，忽悠中小股民反对资产重组方案，结果只能是自己"埋单"。

*ST 炎黄前身为常州金狮股份有限公司，因违规担保造成巨额损失而连续 3 年亏损，公司股票于 2006 年 5 月被深交所暂停上市。此后*ST 炎黄与山东鲁地投资控股资产重组以失败告终。

深交所公布了这两家退市公司的消息后，12 月 25 日，中央电视台《新闻联播》首次播出了此消息，可见社会各界对退市关注度极高。

中央电视台首次播出退市的消息
（李几招摄影）

12 月 27 日，深交所经过严格审核，批准了*ST 关铝、S*ST 天发、*ST 朝华、*ST 金城、*ST 远东、*ST 武锅 B、*ST 中钨、S*ST 生化、*ST 大通 9 家公司的恢复上市申请，这充分体现了深交所保护中小股民的心情和具体行动，股民大为称赞。

新规则导致闽灿坤退市　维稳小组出面拯救

沪深两所的退市规定有"仅发行 B 股股票的上市公司，连续 20 个交易日的每日股票收盘价均低于股票面值"的，就应该退市。

闽灿坤退市危机（李几招摄影）

闽灿坤B 2012 年 7 月 9 日至 8 月 1 日，已连续 18 个交易日每日股票收盘价低于每股面值 1 元人民币，因此，退市日益迫近。

按理说，闽灿坤B 业绩还凑合，就纯 B 股退市问题，几次找深交所协调，但是得到的答复是按照规定办事。

由于闽灿坤公司 19 年 9 次送转股份，闽灿坤B 的总股本从上市之初的不足 2 亿股增加到 2012 年的 11.1 亿股。按照后复权价还原，其股价高达 6.48 港元。

闽灿坤B 收盘价均低于股票面值，有人归结于该公司 19 年 9 次送转股份，这是不对的，因为送转股之前没有类似"仅发行 B 股股票的上市公司，连续 20 个交易日的每日股票收盘价均低于股票面值"的规定，否则闽灿坤不会愚昧到为了退市而送转股。

由于闽灿坤退市的影响，7 月 25 日起，B 股连续暴跌。建摩 B、ST 雷伊 B 和 ST 大路 B 等，面值也逼近了 1 元，无奈，它们相继停牌筹划重大事项，竭力保住上市地位。

8 月 2 日，闽灿坤B 发布公告称，因拟筹划重大事项，开始停牌。8 月 14 日，闽灿坤B 发布公告透露，漳州市政府针对公司可能存在被终止上市风险专门成立了"维稳小组"。"维稳小组"要求随时了解漳州灿坤受其母公司闽灿坤B 可能存在被终止上市

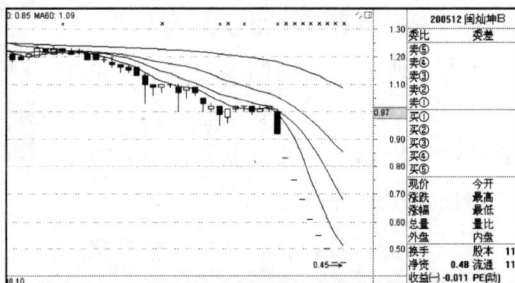
闽灿坤要退市暴跌（李几招提供）

风险的影响程度及目前整体经营情况，希望能适时提供可能的支持和帮助，以确保漳州灿坤的正常经营并维护漳州市的社会稳定。

8 月 2 日下午，20 多名福建、广东、上海等多个省份的闽灿坤B 股民通过网络、电话等方式相约来到深交所，其中，有持股 500 多万股的大户，也有几万股的散户。深交所有关人员接待了这些股民，听取了股民的建议。股民代表说，B 股退市制度存在三个方面的问题：首先，低于面值退市的条款忽视国

情，没有充分了解 B 股市场的历史和现状。我国 B 股市场本身就是有严重缺陷的市场，跟可参考的境外市场相比，既不能再融资，又不允许境内机构投资者进入，境内居民要购买 B 股还受到换汇管制，种种举措造成股价比 A 股低一大截。其次，退市制度征求意见稿原来并无 B 股（尤其是纯 B 股）退市的条款，正式稿突然增加了关于 B 股退市的相关条款，低于面值退市的条款在没有充分征求意见的情况下推出，损害了 B 股投资者利益。最后，低于面值退市的条款仓促实施，更没有预留给投资者和相关公司缓冲、纠错和采取措施的机会，闽灿坤 B 也没有被冠以"*ST"等退市警示标志来提醒所有投资者，所有股民都不会意识到其可能成为"退市第一股"。电脑交易系统营业场所、网站等也没有对闽灿坤 B 单独揭示退市风险，不少投资者还不明就里地主动买入。第 10 个工作日，投资者突然看到闽灿坤 B 退市提醒公告才警醒，结果想卖出也晚了。

股民建议，缩股是闽灿坤 B 唯一的选择。

8 月 3 日，深交所表示，一些纯 B 股公司触发退市标准，既有其自身的内在原因，又有交易制度安排的原因。对于纯 B 股公司因触发市场指标而非财务指标引发退市的，一方面鼓励公司通过大股东增持、公司回购、缩股等方式，维持上市地位；另一方面支持公司选择自愿退市。自愿退市后符合重新上市条件的，本所会充分考虑历史因素并尊重公司的意愿，安排其重新上市。

8 月 6 日，上交所也表示，对 B 股公司，鼓励通过缩股等方式维持上市，支持引入境内机构作为战略投资者进行资产重组；对主动退市的公司，通过自身努力或资产重组达到重新上市条件的，由上交所优先安排，经上市委员会审核通过后重新上市，不需要经过证监会核准。

2001 年退市制度实施以来，B 股公司与 A 股公司执行相同的退市标准，沪深两所至今共有 6 家 B 股公司由于 3 年连续亏损导致退市。其中包括 2009 年退市的纯 B 股公司深本实 B；而武锅 B 因 2007 年、2008 年、2009 年 3 年连续亏损，2010 年 4 月 9 日被暂停上市。

2012 年，长安汽车 B 股、鲁泰 B 股、南玻 B 股也曾相继出台回购方案，这对于闽灿坤是个启示。

8 月 24 日晚间，闽灿坤 B 公告称，公司拟以现有总股本 11.12 亿股为基数，按 6∶1 的比例对实施缩股方案股权登记日登记在册的全体股东进行缩股。缩股完成后，公司总股本为 1.85 亿股，以公司最新股价 0.45 港元计，缩股后股价对应为 2.7 港元，折合人民币约 2.2 元，公司股价高于 1 元面值，避免了退市。9月13日，闽灿坤B的缩股方案在公司股东大会上获得高票通过，赞成缩股议案的占97.11%，反对的占2.89%。12月27日，管理层批准了该方案，股民于12月28日实施股权登记，并于12月31日复牌。公司当日公布了业绩预告披露，2012年将扭亏，实现盈利1600万～2200万元。

12月31日，闽灿坤B在2012年的最后一个交易日缩股复牌。由于闽灿坤B总股本由11亿股减少至1.85亿股，因此，公司股票开盘参考价为每股2.7港元，结果开盘由8月1日停牌前的0.45港元直接到涨停2.97港元，暴涨560%，令闽灿坤股民兴奋不已。

长安 B、鲁泰 B 回购股份　中集集团开创 B 股转 H 股模式

为解决B股的出路问题，上市公司采用了各种办法。

2011年12月21日，长安汽车召开了2011年第一次临时股东大会，决定公司拟在该次股东大会通过之日起6个月内回购不超过26985.90万股境内上市外资股（B股）股份，每股回购价格不高于3.76港元/股。2012年5月8日，长安汽车公告称，董事会已批准公司回购不多于10%已发行H股股本的议案，拟以不超过6.1亿港元回购B股。当天，该B股价暴涨。

6月6日，鲁泰A宣布回购B股。9月10日，鲁泰公司首次回购B股数量为978258股，占公司总股本的比例为0.096%，购买最高价为6.93港元/股，最低价为6.85港元/股，支付总金额为6769689.85港元。当天，鲁泰B股暴涨。

中集集团开创了A＋B转A＋H的全新模式。8月15日，中集集团发布公告称，中集集团符合向香港联交所申请以介绍方式上市的全部条件，拟将已发行的B股转换上市地以介绍方式在香港联交所主板上市及挂牌交易，股票性质转变为H股。

8月16日，中集A股、B股走势迥异，A股以跌停报收，之后连续下跌；B股当日上涨3.31%，为B股涨幅榜亚军。

8月30日，中集集团召开股东大会，公司"B股转H股"方案在股东大会上获高票通过。但也有B股股东表示坚决反对中集"B股转H股"的方案，有股东表示，中集B股要么转A股，要么保留B股。

2012年11月29日，中集B股停牌，停牌价格为9.70港元。12月1日，中集集团发布了《中国国际海运集装箱（集团）股份有限公司关于境内上市外

资股转换上市地以介绍方式在香港联合交易所有限公司主板上市及挂牌交易之 B 股现金选择权实施方案公告》。该公告指出，本次 B 股现金选择权行权价格为 9.83 港元/股，中集集团总股本为 26.62 亿股，其中 A 股为 12.32 亿股，B 股为 14.30 亿股，14.30 亿股 B 股股份就此转为 H 股。

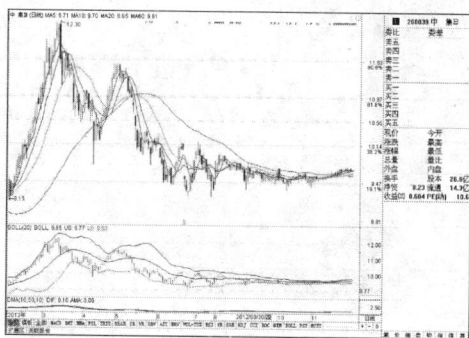

中集 B 股停牌等待现金选择权（李几招提供）

最后，在规定的 B 股现金选择权申报期内，仅有 1.37 亿元份现金选择权实现了有效行权，而大多数中集 B 股股东未行使现金选择权，看来股民是不赞同 B 股股份转为 H 股的。

2012 年 12 月 19 日，香港联交所批准中集集团 H 股在其主板上市并挂牌交易，投资者办理相关业务仍通过其开户证券公司营业部进行操作，其主要业务操作方式基本保持不变，与原 B 股交易时的操作方式大致相同，其交易的证券名称为中集 H 代，证券代码为 299901。

12 月 19 日，中集集团（000039.SZ/02039.HK）在香港联交所主板上市，该 H 股以 12.6 港元高开，最低下探至 10.8 港元，报收 11.22 港元/股。中集 H 股首日下跌 10.95%，但相较于中集 B 股停牌前的 9.7 港元/股上涨 15.7%，即使是以当天最低价卖出，仍较 B 股涨 11.3%。中集集团 A 股则下跌了 1.74%，报收 10.7 元/股，折合成港币后对 H 股报价溢价 15.43%。

此次中集集团 B 股现金选择权和在境内操作 H 股，在中国股市属于首例。

沪深两所和中国证券登记结算公司降低 A 股交易收费标准

4 月 30 日，沪深证券交易所和中国证券登记结算公司宣布，降低 A 股交易的相关收费标准，总体降幅为 25%。调整后，沪深证券交易所的 A 股交易经手费将按照成交金额的 0.087‰双向收取，结算公司上海分公司的 A 股交易过户费将按照成交面额的 0.375‰双向收取。同时，为了优化证券交易所收费结构，沪深证券交易所将按照上市公司股本规模分档收取上市初费和上市年费，并对创业板公司实行减半收取。调整后的收费标准将于 6 月 1 日实施。

上交所对部分收费标准作如下调整：

（1）A 股证券交易经手费收费标准由原按交易额 0.11‰收取降为按

0.087‰收取。

（2）股票上市初费和上市年费按档收取，各档收费标准为：

股本总额	上市初费标准（万元）	上市年费标准（万元）
2亿元（含）	30	5
2亿~4亿元（含）	45	8
4亿~6亿元（含）	55	10
6亿~8亿元（含）	60	12
8亿元以上	65	15

收费标准中的股本总额由A股、B股构成，不包括H股，上市年费股本总额按上年末A股、B股总额计算。

深交所对部分收费标准作如下调整：

（1）深圳市场A股证券交易经手费现行收费标准为按交易额的0.1475‰收取（其中本所收取0.122‰，中登公司收取0.0255‰），现由按交易额的0.122‰收取降为按0.087‰收取。

（2）股票上市初费和上市年费分档收取，各档收费标准为：

总股本	上市初费（万元）	上市年费（万元）
2亿元以下（含）	3	5
2亿~4亿元（含）	45	8
4亿~6亿元（含）	55	10
6亿~8亿元（含）	60	12
8亿元以上	65	15

总股本由A股、B股构成，不包括H股。上市年费按上一年末总股本计算收取，创业板公司减半征收。

中登公司对A股交易过户费收费标准作如下调整：

（1）收取的上海市场A股交易过户费现行标准为按成交面额的0.5‰收取，调整降为按成交面额的0.375‰收取。

（2）深圳市场A股交易过户费（从深圳市场A股交易经手费中分成）的现行收费标准为按交易额的0.0255‰收取，维持不变。

中国证监会部署做好党风廉政建设和反腐败工作

1月8~10日，中国共产党第十七届中央纪律检查委员会第七次全体会议在北京举行。全会强调，加强惩治和预防腐败体系建设，深入推进反腐倡廉各项工作。严肃查办发生在工程建设、房地产开发、土地管理和矿产资源开发等领域的案件，国有企业和金融机构中内幕交易、关联交易、利益输送的案件；深化行政审批、干部人事、司法、财税、投资、金融和国有资产监管等方面体制机制制度改革。

1月10日，中国证监会召开了全国证券期货监管系统纪检监察工作会议，就贯彻落实党中央、国务院、中央纪委的安排和部署，做好党风廉政建设和反腐败工作提出总体要求。

郭树清在会上要求认真执行监管干部廉洁自律八项规定：一要自觉遵守任职回避和公务回避规定；二要坚持依法监管，切实防止利益冲突；三要主动做好父母、配偶、子女及其配偶的工作，切实遵守禁止买卖股票的规定；四要严格遵守内幕信息管理规定；五要严格遵守廉政纪律；六要严格执行不得借用监管对象车辆的规定；七要严格执行会党委关于内部接待和会议活动的规定；八要认真执行中央有关厉行节约、反对铺张浪费的规定。

郭树清强调，凡在执行党风廉政建设责任制方面严重失职、渎职的，不管是现任领导干部，还是已调离或升迁的，都要严肃追究责任。

1月10日，中国证监会举行了2009～2010年度稽查立功表彰大会。郭树清在会上强调，始终把稽查执法这一证券期货监管部门的基本职责，作为监管工作的重心。对资本市场违法犯罪保持高度警惕，坚决依法打击。

2008～2011年，中国证监会共立案调查案件387起，启动非正式调查516起，做出行政处罚决定220件，罚没款金额总计8.29亿元，移送公安机关案件92起、打非线索746件。特别是加强打击内幕交易专项工作开展以来，4年间共立案调查内幕交易案件154起，行政处罚31起、移送公安47起，打击内幕交易取得了明显成效。

在打击违法违规行为过程中，证监会稽查系统干部做出了巨大贡献。表彰大会对2009年度、2010年度稽查办案荣立一、二、三等功和嘉奖的24个集体、20名个人进行了表彰。

4月24日，中国证监会纪委召开系统单位新任纪委书记座谈会。中国证监会党委委员、纪委书记黎晓宏在题为"忠实履行职责，慎用手中权力"的讲话中指出，要深入推进行政审批制度改革，减少审批事项，规范和简化审批流程，在推进市场化改革的同时，逐步让权、还权于市场。要围绕案件调查、案件审理和现场检查等环节，健全约束机制，规范用权程序，减少自由裁量空间。要研究开发行政许可电子审批系统和电子监察系统，实现对行政许可事项的全程、实时和动态监控。

中国证监会领衔清理整顿各类交易场所

2009年9月17日，经天津市人民政府批准发起设立天津文化艺术品交易所，并在天津市工商行政管理局注册。2010年11月23日，天津文交所交易正式启动。之后，上海、深圳、湖南、山东、成都等地也先后成立了文交所。

最早开设的天津文化艺术品交易所

（欧阳红摄影）

但是，各地文交所交易的品种都不同程度地有涉嫌造假、虚假交易、暴涨暴跌等现象。

2011年11月11日，国务院发布了《国务院关于清理整顿各类交易场所切实防范金融风险的决定（国发〔2011〕38号）》（简称"38号文"），要求切实做好清理整顿各类交易场所和规范市场秩序的各项工作。

国务院明确，除依法经国务院或国务院期货监管机构批准设立从事期货交易的交易场所外，任何单位一律不得以集中竞价、电子撮合、匿名交易、做市商等集中交易方式进行标准化合约交易。从事保险、信贷、黄金等金融产品交易的交易场所，必须经国务院相关金融管理部门批准设立。

国务院发文要求清理整顿交易场所

国务院总理温家宝在2012年1月6～7日的全国金融工作会议上指出，坚决清理整顿各类交易场所。各地区和有关部门要按照国务院有关文件要求和部署，清理整顿产权交易、文化艺术品交易和大宗商品中远期交易等交易场所，维护正常的市场秩序和社会大局稳定。

2012年2月2日，清理整顿各类交易场所工作会议暨部际联席会议第一

彻查文交所
还投资者公道
退钱

一些地方的文交所贪赃枉法引起
交易人抗议（王占摄影）

次会议在京召开。国务院副秘书长尤权出席了会议并讲话。联席会议召集人、中国证监会主席郭树清指出，此次清理整顿对象包括各种从事权益类交易、大宗商品中远期交易及其他标准化合约交易的交易场所，不能变相搞均等份额，不能变相搞股票交易，不能变相搞期货、金融衍生品交易。

郭树清提出四项具体工作安排：一是各地要进一步摸清情况，制订切实有效的工作方案，在规定时间内报送；二是明确地方主体地位，尽快启动方案实施，确保在 6 月 30 日前完成各项工作；三是推动省部联动，从人员、信息、工作任务等方面实现全面对接；四是组成联合工作组，开展调研和督导，及时掌握各地工作进展、主要做法和实际效果，并给予必要的政策指导。

7 月 12 日，《国务院办公厅关于清理整顿各类交易场所的实施意见》发布。该意见明确，本次清理整顿的范围包括从事权益类交易、大宗商品中远期交易以及其他标准化合约交易的各类交易场所，包括名称中未使用"交易所"字样的交易场所，但仅从事车辆、房地产等实物交易的交易场所除外。

到 2012 年底，通过联席会议验收的省区市各类交易所达 16 个。

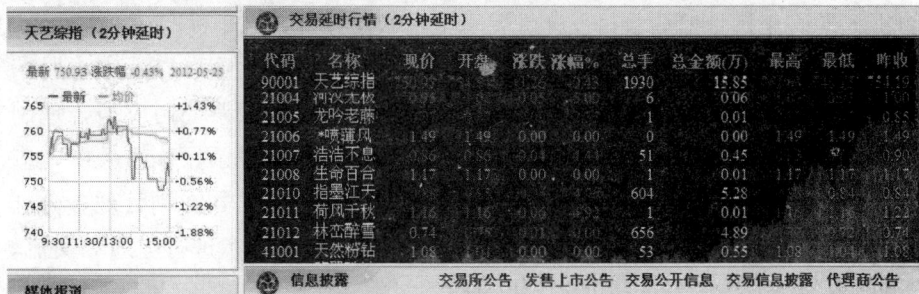

天津市文交所艺术品行情（李几招提供）

中国证监会允许券商参与合规区域性股权市场

8 月 31 日，中国证监会发布《关于规范证券公司参与区域性股权交易市场的指导意见（试行）》。该意见指出，区域性市场是为本省级行政区域内的企业提供股权、债券的转让和融资服务的私募市场，是多层次资本市场的重要组成部分，对于促进企业特别是中小微企业股权交易和融资，鼓励科技创新和激活民间资本，加强对实体经济薄弱环节的支持，具有积极作用。

中国证监会有关部门负责人指出，清理整顿各类交易场所部际联席会议正在对各地清理整顿工作进行验收。清理整顿工作完成后，证券公司可以参与符合条件的区域性市场。《关于规范证券公司参与区域性股权交易市场的指导意见》规定券商参与区域性市场可通过两种方式：一是仅作为区域性市场会员开展相关业务；二是作为区域性市场的股东参与市场管理并开展相关业务。证券公司参与区域性市场，可以开展挂牌公司推荐、挂牌公司股权代理买卖服务，并为区域性市场挂牌公司提供股权转让、定向股权融资、私募债券融资、投资咨询及其他有关服务；证券公司还可以为区域性市场的挂牌公司提供转板服务。

中国证监会首次发文件要求上市公司分红

上市公司分红问题，一直是股民关心的，2012 年贵州茅台每 10 股派 39.97 元，位居分红冠军。但是大部分上市公司分红要不就是蜻蜓点水，要不就是一毛不拔。

5 月 4 日，中国证监会发布了《关于进一步落实上市公司现金分红有关事项的通知》。中国证监会直接发文件要求上市公司分红，这是首次。

该通知称，上市公司应当通过多种渠道充分听取独立董事以及中小股东的意见，做好现金分红事项的信息披露；首次公开发行股票公司应当合理制定和完善利润分配政策；保荐机构在从事首次公开发行股票保荐业务中，应当督促首次公开发行股票公司落实本通知的要求。上市公司在制订现金分红具体方案时，应当通过多种渠道主动与股东特别是中小股东进行沟通和交流，充分听取中小股东的意见和诉求，并及时答复中小股东关心的问题。上市公司应当在定期报告中详细披露现金分红政策的制定及执行情况，说明是否符合公司章程的规定或者股东大会决议的要求，分红标准和比例是否明确和清晰，相关的决策程序和机制是否完备，独立董事是否尽职履责并发挥了应有的作用，中小股东是否有充分表达意见和诉求的机会，中小股东的合法权益是否得到充分维护等。

中国证监会支持民营企业发行上市

为落实《国务院关于鼓励和引导民间投资健康发展的若干意见》和《国务院办公厅关于鼓励和引导民间投资健康发展重点工作分工的通知》，5月14日，中国证监会发出有关通知要求，积极支持符合条件的民营企业发行上市和再融资，支持民营企业债权融资，支持民营企业境外上市；继续推进中关村公司股份转让试点工作，为符合条件的非上市民营企业股权转让提供渠道和服务；促进民营上市公司规范发展；推出非上市公众公司监管办法及配套规则；支持民间资本通过资本市场进行并购重组，加快行业整合和产业升级。

到12月底，民营上市公司在全部上市公司中占比超过50%；在主板的上市公司中，民营企业占比30.06%；中小板上市公司中，民营企业占比76.18%；创业板上市公司中，民营企业占比95.92%。

中国证监会鼓励大股东增持

2012年2月，中国证监会在《关于修改〈上市公司收购管理办法〉第六十二条及第六十三条的决定》中增加了每1%的次日披露、每2%的当天及次日（披露当天）暂停增持的要求。明确持股50%以上股东每自由增持达到2%的当天及次日（披露当天）暂停增持。这样，持股50%以上股东自由增持股份的披露要求与持股30%以上股东每12个月增持不超过2%股份的披露要求相同，区别是持股30%以上股东每12个月增持的股份不能超过2%，而持股50%以上股东没有上述限制。

此次修改对一些行为的行政许可予以取消，明确因持股30%以上大股东每年2%自由增持行为、持股50%以上股东增持股份行为、继承，以及上市公司实际控制人不发生变更的发行行为引发的要约收购义务豁免，不再需要履行行政许可审核程序，此举被认为是鼓励大股东增持股份。

中国证监会"绿灯放行"餐饮企业发行新股

餐饮企业能不能发行新股，一直倍受关注。5月16日，中国证监会公布了《关于餐饮等生活服务类公司首次公开发行股票并上市信息披露指引（试行)》，表明正式"绿灯放行"餐饮企业发行新股。

该指引规定，招股说明书应披露：发行人现有各直营店的经营情况，包括地址、营业面积、开业时间、装修支出及摊销政策，报告期内各直营店的营业收入、利润总额、净利润、桌/座流转率、顾客人均消费、未来 3 年拟新设门店数量、收购计划、预期投资成本、资金来源、发行人与主要竞争对手的比较，包括市场地位、市场占有率、品牌、特征及经营环境等。

该指引特别规定，发行人应高度重视食品安全卫生等问题，招股说明书应披露：发行人的食品安全控制体系及采购、加工、存储、配送、人力资源、质量控制等管理措施，比如负责食品安全的高级管理层的身份，从事质量监控的员工人数及有关员工的职位、资历和背景；发行人对供应商进行检测的方式、次数及标准；发行人报告期内是否受到相关部门对食品或餐厅卫生的调查，解决的方案和处理的结果。

上市公司闲置募集资金放宽使用范围

12 月 21 日，中国证监会发布了《上市公司监管指引第 2 号——上市公司募集资金管理和使用的监管要求》，证监会《关于进一步规范上市公司募集资金使用的通知》（证监公司字〔2007〕25 号）同时废止。引人注目的是，《监管指引》放宽了上市公司闲置资金的用途，允许进行现金管理，其投资的产品须符合"安全性高，满足保本要求，产品发行主体能够提供保本承诺；流动性好，不得影响募集资金投资计划正常进行"的条件。

但是投资产品不得质押，产品专用结算账户不得存放非募集资金或用作其他用途，开立或注销产品专用结算账户的，上市公司应当及时报交易所备案并公告。

《监管指引》还将闲置募集资金暂时补充流动资金从目前的 6 个月期限延长至 12 个月，将超募资金每 12 个月内永久补充流动资金和归还银行贷款的比例由目前的 20% 提高到 30%，适用所有上市公司。

上市公司资本公积金不得用于弥补公司亏损

为了向股民充分揭示因重组可能导致上市公司长期不能弥补亏损的风险，3 月 23 日，中国证监会发布了《上市公司监管指引第 1 号——上市公司实施重大资产重组后存在未弥补亏损情形的监管要求》。上市公司发行股份购买资产实施重大资产重组后，新上市公司主体全额承继了原上市公司主体存在的未弥补亏损，新上市公司主体将由于存在未弥补亏损而长期无法向股东进行现金分红和通过公开发行证券进行再融资。对于上市公司因实施上述重组事项可能导致长期不能弥补亏损，进而影响公司分红和公开发行证券的情形，证监会的《监管指引》明确规定，上市公司的资本公积金不得用于弥补公司的亏损；不得采用资本公积金转增股本同时缩股以弥补公司亏损的方式规避；上市公司应当在临时公告和年报中充分披露不能弥补亏损的风险并做出特别风险提示；上市公司在实施重大资产重组时，应当在重组报告书中充分披露全额承继亏损的影响并做出特别风险提示。

首次增持后无后续增持计划的应及时披露

为进一步规范上市公司股东（及其一致行动人），尤其是持股比例达 30% 以上（包含 30%）股东的增持行为，4 月 18 日，上海证券交易所发布了新修订的《上市公司股东及其一致行动人增持股份行为指引》。

该指引规定，相关股东首次增持行为发生后，拟继续增持股份的，应当在首次增持行为发生之日，将后续增持计划一并通知上市公司，相关股东在首次增持行为发生后无后续增持计划的，也应当及时告知上市公司，并由上市公司在股东增持公司股份公告中予以披露。若相关股东在首次增持股份前拟先公告增持计划，除按规定披露增持计划外，还应当在公告中承诺最低增持比例或增持金额。在相关股东增持股份过程中，因上市公司进行公开增发、配股、非公开发行、发行股份购买资产等证券发行，或其发行的可转换公司债券进入转股期等原因，导致公司已发行股份总数或计算基数发生变动的，相关股东最迟应于上市公司刊登相关股份变动公告后两个交易日内，通知上市公司是否继续执行本次股份增持计划，继续执行的应说明拟继续增持的数量和比例，并履行信息披露义务。

保荐代表人签字权改革 明确实施"2＋2"模式

3 月 16 日，证监会公布了《关于进一步加强保荐业务监管有关问题的意见》。该意见指出，在两名保荐代表人可在主板（含中小企业板）和创业板同时各负责一家在审企业的基础上，调整为可同时各负责两家在审企业。但下述两类保荐代表人除外：

（一）最近 3 年内有过违规记录的保荐代表人，违规记录包括被中国证监会采取过监管措施、受到过证券交易所公开谴责或中国证券业协会自律处分的。

（二）最近 3 年内未曾担任过已完成的首发、再融资项目签字保荐代表人的。

保荐代表人的签字权改革，明确实施了"2＋2"模式，即在现行两名保荐人负责一家发行人保荐工作，可同时在主板和创业板各有一家在审企业（俗称的"2＋1"模式）的基础上，调整为允许同时在主板和创业板各有两家在审企业（"2＋2"模式）。

保荐人的薪酬一般是，固定收入每年约 60 万元、签字费每单约 80 万元，再加上津贴、项目提成和年终奖，大致年薪可达 200 万～300 万元。"2＋2"模式实施后，单名保荐人的签单产量摊薄，高薪会减少。

证监会这次适量放开保代签字权的措施为最后将保代的签字权完全放开，不受申报项目数量的限制，"能报几个就报几个"做试点。

2011 年，中国证监会系统登记在册的保荐代表人共 2106 名，准保荐代表人 1000 多名。

保荐制度实施近 8 年来，保荐代表人群体收入太高，但责权利不对等、个别人员存在违规行为而被市场广泛质疑；保荐制度过于强调"牌照"资源，难以实现行业的优胜劣汰；保荐代表人资格限制和考试通过率的行政调控与市场化选拔优秀人才的初衷及发行市场化的目标相违背。

致公党中央在 2012 年"两会"提案中建议，保荐制度因其资源配置、权责监督等方面尚不完善，不仅影响了其效力发挥，并已成为当前证券业诟病最多的领域，建议重新界定保荐机构权责范围，废止保荐代表人制度。

财政部和国家税务总局发文规范转让限售股

2011 年 12 月 30 日，财政部和国家税务总局联合发布了《关于证券机构技术和制度准备完成后个人转让上市公司限售股有关个人所得税问题的通知》。

该通知规定，自 2012 年 3 月 1 日起，网上发行资金申购日在 2012 年 3 月 1 日（含）之后的首次公开发行上市公司按照证券登记结算公司业务规定做好各项资料准备工作,在向证券登记结算公司申请办理股份初始登记时一并申报由个人限售股股东提供的有关限售股成本原值(限售股成本原值,是指限售股买入时的买入价及按照规定缴纳的有关税费)详细资料,以及会计师事务所或税务师事务所对该资料出具的鉴证报告。

该通知要求,证券登记结算公司收到新上市公司提供的相关资料后,应及时将有关成本原值数据植入证券结算系统。个人转让新上市公司限售股的,证券登记结算公司根据实际转让收入和植入证券结算系统的标的限售股成本原值,以实际转让收入减去成本原值和合理税费后的余额,适用20%税率,直接计算需扣缴的个人所得税额。

财政部、证监会大幅提高证券资格会计师事务所申请门槛

2月3日,财政部、证监会联合下发了《关于调整证券资格会计师事务所申请条件的通知》。该通知大幅提高了证券资格会计师事务所申请门槛,主要条件改为:

第一,关于收入的规定由"上一年度审计业务收入不少于1600万元"修订为"上一年度业务收入不少于8000万元,其中审计业务收入不少于6000万元"。

第二,关于注册会计师人数修订为证券资格事务所应有注册会计师200人,还规定近5年持有注册会计师证书且连续执业的注册会计师不少于120人。

第三,新的申请条件将证券资格事务所组织形式限定为特殊的普通合伙与普通合伙两种。对于已经具备证券资格的事务所,要求其在两年的过渡期内完成转制工作。

第四,对上市公司审计业务量的考核要求是"具有证券资格的会计师事务所,自取得证券资格第三年起,每一年度上市公司年度财务报告审计业务客户不得少于5家,或者每一年度上市公司审计业务收入不得少于500万元"。

第五,事务所两年内在执业活动中受到两次以上行政处罚、刑事处罚的,应当自出现上述情形之日起两个月内进行整改,并自整改结束之日起5个工作日内报送整改情况说明。未按规定提交会计师事务所整改计划表或者逾期仍未达到条件的,财政部、证监会撤回其证券资格。

该通知要求现有证券资格事务所在2013年12月31日之前满足申请条件。

证券信息安全事件不得迟报瞒报

12 月 27 日，中国证监会发布了《证券期货业信息安全事件报告与调查处理办法》，该办法规定：核心机构重要信息系统发生可能导致或者已经造成交易中断、严重缓慢的重大故障后，应当立即报告，并每隔 30 分钟至少上报一次，直至信息系统恢复正常运行，如有重要情况应当立即报告；证券、期货公司集中交易系统发生故障，可能导致或者已经造成交易中断、严重缓慢的，应当立即报告，并每隔 30 分钟至少上报一次，直至信息系统恢复正常运行，如有重要情况应当立即报告；核心机构和经营机构其他信息系统发生故障，影响投资者正常业务办理，原则上 30 分钟内无法恢复业务正常运行的，应当立即报告，并每隔 1 小时至少上报一次，直至业务和信息系统恢复正常运行，如有重要情况应当立即报告；核心机构和经营机构发生投资者数据损毁或者泄露的事件，应当立即报告，在事件解决前，如有重要情况应当立即报告；核心机构和经营机构发生涉及计算机犯罪的事件，应当立即报告，在事件解决前，如有重要情况应当立即报告。

中国证监会设立投资者保护局 回答股民关心的热点问题

2011 年 5 月 20 日，中编办批复了中国证监会可以设立投保局。同年 9 月 29 日，证监会开始具体筹备工作。2011 年底，证监会任命熊伟为投资者保护局局长、赵敏为副局长。

投保局的主要工作职责是：拟订证券期货投资者保护政策法规；负责对证券期货监管政策制定和执行中对投资者保护的充分性和有效性进行评估；对证券期货市场投资者教育与服务工作进行统筹规划、组织协调和检查评估；协调推动建立完善投资者服务、教育和保护机制；研究投资者投诉受理制度，推动完善处理流程和运行机制，组织有关部门办理投资者咨询服务事宜；推动建立完善投资者受侵害权益依法救济制度；按规定监督投资者保护基金的管理和运用；组织和参与监管机构间投资者保护的国内国际交流与合作。

2012 年 2 月初，投保局向各派出机构、中证协、证券交易所下发了《关于近期集中开展投资者保护宣传工作的通知》。3 月底，中国证监会投资者保护局制定了 13 条投资者警示教育词条，并在主要媒体以及证券期货营业场所

滚动播出。13条投资者警示教育词条分别是:

（1）股市并非遍地黄金,新股未必都能赚钱,请勿听信传言,养成理性投资习惯。

（2）买股票不是买彩票,要看公司的基本面和发展潜力,不宜盲目跟风。

（3）应注重价值投资,关注具有长期投资价值的股票,避免盲目"炒高市盈率新股"、"炒高价小盘股"、"炒绩差股"。

（4）不要迷信"炒股高手",时刻警惕非法投资咨询,应根据自身实际情况,选择与风险承受能力相匹配的投资产品。

（5）不要听信"内部消息",不要迷信"重组题材",广大投资者应避免盲目投资。

（6）务必关注炒新风险。2010年新股上市首日破发率约为7%,2011年约为27%。

（7）应关注上市公司的长期价值和分红回报情况,理性判断和选择股票。

打开证券网站的网页13条警示教育词条弹出
（李几招提供）

（8）应选择合规合法的、负责任的、服务好的证券公司,不参加非法证券活动。

（9）截至2011年底,A股上市公司2342家,A股市场的流通市值为174650.65亿元,个人股票账户共计16168.98万户,机构股票账户共计60.9万户。

（10）截至2012年1月31日,主板和中小板申报IPO企业295家,创业板申报IPO企业220家。

（11）中国证监会投资者保护局提醒您:应注重价值投资,关注具有长期投资价值的股票,避免盲目"炒高市盈率新股"、"炒高价小盘股"、"炒绩差股"。

（12）中国证监会投资者保护局提醒您:据上海证券交易所2010年以来的统计数据,新股上市后30个交易日至70个交易日期间,股价较首日收盘价的跌幅从6.51%扩大至10.65%,追高买入的账户中高达94.7%亏损。

（13）中国证监会投资者保护局提醒您:2009年10月底至2011年10月底,创业板上市首日个人投资者买入金额占比95.06%,首日买入的个人投资者 10 个交易日后亏损比例为 64.25%。

5 月开始，中国证监会投资者保护局给全国投资者发出了一份"互通互信　携手共进"的信。之后，中国证监会投资者保护局就新股发行、分红、退市、国际板等多个热点问题，先后在网站给予了答复。

10 月 26 日，中国证监会投资者保护局局长熊伟在投资者教育动画片首播仪式上表示，应尝试建立公益性教育带动市场各方发挥合力的投资者教育长效机制，研究探索投资者教育纳入国民教育体系方案，并积极开展相关试点工作。

11 月 27 日，中国证券投资者保护基金公司发布了《2011 年度中国上市公司投资者保护总体状况》。该状况认为，中国上市公司投资者保护状况从 2003 年至 2011 年有改善迹象，三成投资者对中国上市公司投资者保护状况表示满意，逾六成投资者认为知情权保护状况有所改善。同时，调查结果也显示，投资者对投资收益权保护满意度提高有限，不同群体投资者满意度也呈现分化趋势等。

熊伟表示应尝试
投资者教育长效机制
（欧阳红摄影）

深交所带领股民走进上市公司

中小股民实地调研上市公司困难很多，比如，调研成本、上市公司门口保安不让进等。2011 年，中小股民实地调研上市公司仅 290 次，机构为 15346 次。

为此，2012 年起，深交所组织中小股民到上市公司实地调研活动，股民踊跃报名，有入市 20 多年的老股民，也有刚刚入市的新股民。这些股民都有一个共通点，就是从来没有到上市公司调研过，他们都是看图表、看公告或听推荐买股票，所以，他们对深交所组织这样的活动非常欢迎。

2012 年，深交所平均每周带领投资者走进一家上市公司进行调研，活动举办了 33 期，共有 46 家券商组织 1500 多名投资者到上市公司实地调研。活动满意率为 93%，且 90% 的股民认为该活动对其炒股有帮助。

为了让不能实地调研的股民了解上市公司，深交所还联合《证券时报》、深圳证券信息股份有限公司，打造了"全媒体信息发布平台"，通过微博、报刊、电台、电视、互联网等全方位的媒体形式，对活动全程进行媒体播报。

调研活动主要包括：投资者实地考察上市公司，走进生产车间、产品储备库、物流区、研发实验室、营销中心等区域，亲自考察公司的经营环境；深交所工作人员介绍市场概况、投资者行为分析、市场创新产品等；上市公司高管介绍上市公司情况；投资者与上市公司高管现场对话。

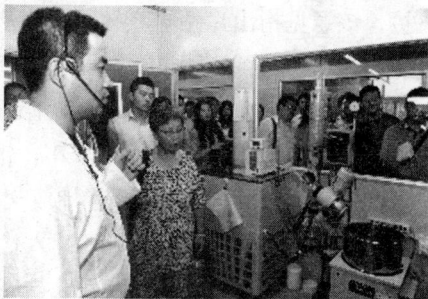

股民到翰宇药业考察，总裁袁建成
回答股民提问（申真摄影）

5月25日，首站选择了翰宇药业，该公司总裁、财务总监、董事会秘书等集体接待了50多名中小股民，对其提问不回避、不含糊。

6月，深交所还联合宁夏、山东、四川证监局，在银川、济南、成都举办了3场以"透明性·理性·适当性"为主题的"会员营业部'投资者保护'培训交流活动"。

深交所投资者教育中心总监刘裕辉（左二）
与股民交流（申真摄影）

6月下旬，新疆证监局也组织了"投资者走进上市公司"首场专题活动，40位投资者走进广汇能源、特变电工进行调研及交流沟通。广汇能源、特变电工的总经理、财务总监、董秘等公司高等接待了前来调研的投资者，投资者就各自关注的问题与公司进行了深入的交流。新疆证监局上市处负责人表示，架起中小投资者与上市公司沟通的桥梁，将是新疆证监局投资者教育长期开展的一项工作。

打错字：深圳市发布改善金融服务 支持实体经济发展的若干意见

3月1日，《深圳市金融业发展"十二五"规划》对外发布。该规划明确深圳金融业"十二五"期间的总体目标是努力建设以金融创新、多层次资本市场、财富管理、中小企业融资为特色的全国性金融中心，并将在多方面进行金融创新和探索。

4月12日，深圳市发布《关于改善金融服务 支持实体经济发展的若干意见》。该意见指出，拓宽直接融资市场资金渠道，完善多层次资本市场体系，鼓励更多符合条件的优质企业通过上市、再融资等多种形式筹措资金，发挥市场的资源配置功能。2012年，新增上市公司数量不低于30家，首发和再融资累计募集资金突破500亿元。2012年，银行间债券市场募集资金不低于600亿元，深圳证券交易所债券，回购累计成交金额超6000亿元，扩大代办股权转让系统试点，争取深圳高新技术园区纳入代办股份转让系统第二批试点范围，推动有潜质的园区企业到代办股份系统挂牌，推进前海股份交易所建设，规范企业股权流动和股权融资，率先建成在全国有重要影响力的区域性场外交易市场。2012年，力争辖区战略性新兴产业优质企业上市家数突破全市新上市家数的60%。

（四）拓宽直接融资市场资金渠道。完善多层次资本市场体系，鼓励更多符合条件的优质企业通过上市、再融资等多见广识筹措资金，发挥市场的资源配置功能。2012年，新增上市公司数量不低于30家，手法和再融资累计募集资金突破500亿元。扩大银行间债券

该文件发布在网站上，出现了文字错误（李几招提供）

不过该文件发布在网站上，出现了文字错误。把"再融资等多种形式筹措资金"错打为"再融资等多见广识筹措资金"；把"首发和再融资累计募集资金突破500亿元"错打为"手法和再融资累计募集资金突破500亿元"。

八部委力推国际板　为何没有证监会

5月24日，国务院办公厅发文（国办发〔2012〕32号）称，发展改革委、商务部、外交部、科技部、工业和信息化部、财政部、中国人民银行、海关总署等部门《关于加快培育国际合作和竞争新优势的指导意见》已经国务院同意，现转发给你们，请认真贯彻执行。

该意见提出，鼓励外资以参股、并购等方式参与境内企业兼并重组，促进外资股权投资和创业投资发展。有效利用境内外资本市场，支持有条件的企业境内外上市；允许符合条件的企业通过发行债券（包括可转换债券）方式到国际金融市场融资。……发挥股权投资基金对促进企业境外投资的积极作用。……有序扩大证券投资主体范围，提高证券投资可兑换程度。研究允许境外机构在境内发行股票、债券、基金等，逐步放宽境内机构在境外发行有价证券，拓宽境内投资者对外证券投资渠道。……适时引导保险、证券等金融机构到境外开展国际业务。……研究制定境外企业到境内发行人民币股票的制度规

则，认真做好相关技术准备，适时启动境外企业到境内发行人民币股票试点。

可见，国务院八部委把国际板的建设提到了议事日程上。可奇怪的是，发展改革委、商务部、外交部、科技部、工业和信息化部、财政部、中国人民银行、海关总署正好是八个部委，为什么国务院办公厅转发该意见的时候，说成是"海关总署等部门"？一个"等"字，说明还有其他部门，如果有，那就应该至少有中国证监会吧，**可是为什么没有标出中国证监会？是证监会级别低，还是担心署上证监会，恐引起股市暴跌？还是签署《关于加快培育国际合作和竞争新优势的指导意见》根本就没有证监会的份？还是证监会不同意该意见？**

其中奥妙不得而知。但是值得注意的是，2012 年 1 月 8 日，全国证券期货监管工作会议对 2012 年证券期货监管重点工作做出了具体部署，其中没有国际板的任何信息。

由于八部委的《关于加快培育国际合作和竞争新优势的指导意见》是 6 月 4 日公布的，所以，受到国际板的影响，6 月 4 日，股市下跌。当天下午，上交所有关负责人澄清说，《关于加快培育国际合作和竞争新优势的指导意见》是一份中长期的战略指导性文件，其中关于"适时试点境外企业到境内发行人民币股票"的具体内容，上交所一直都在研究、筹备中，近期，上交所国际板没有实质性的启动计划。

6 月 15 日，中国证监会副主席姚刚在北京接受香港媒体采访团访问时表示，由于涉及推出国际板研究的法规十分多而且很复杂，包括会计、财务报表及跨境交易的问题，必须逐一解决，因此，确实没有推出的时间表，但肯定将来终有一天会推出。

党的十八大期间，郭树清主席在接受记者采访时指出，国际板问题过去研究和探索了很长时间，写入了"十二五"规划纲要，但是涉及很多问题，包括交易、法律、会计和监管等问题，这些问题都需要妥善安排和解决。

发布上市公司行业平均市盈率

市盈率是在一个考察期（一般为 12 个月）内，股票价格与每股收益的比值。行业市盈率是一个行业上市公司总市值与该行业上市公司净利润总和的比值。对于新股的询价，中国证监会要求发布上市企业所处行业市盈率情况，为询价机构报价提供参考。

2 月 20 日起，深圳证券信息有限公司开始发布上市公司行业平均市盈率，以反映该行业上市公司市盈率的平均水平。

2月21日，中证指数有限公司开始每天对外发布按照证监会《上市公司行业分类指引》划分标准计算的86个行业市盈率的最新数据，包括13个门类、9个辅助类和91个大类中符合计算条件的64个。此次发布的全市场行业静态市盈率数据覆盖沪深两市全部A股，在按照通用的股本加权法计算行业市盈率时，剔除最近年报亏损股票和暂停上市股票。若剩余样本股票数不足5只，则不计算行业市盈率。

3月5日，中证指数有限公司宣布，自今日起对外发布沪深全市场行业滚动市盈率和市净率数据。

股东大会网络投票增加新的内容

6月初，上交所发布了修订后的《上海证券交易所上市公司股东大会网络投票实施细则》。其修订的主要内容是：将第三条规定的股东大会"应当"采用网络投票的情况予以增加，由原来的8种情况增加至10种情况，而增加主要是"超募资金使用和关联交易"。新增了"上市公司单次或者12个月内累计使用超募资金的金额达到1亿元或者占本次实际募集资金净额的比例达到10%以上的"情况，第五款"上市公司拟购买关联人资产的价格超过账面值100%的重大关联交易"的情况，都需在股东大会召开时，提供网络投票方式。

财政部规定事业单位不得用财政资金炒股

2月，财政部重新修订了《事业单位财务规则》，并于2012年4月1日起施行。该规则在加强资产管理方面，明确规定，事业单位应当严格控制对外投资。事业单位不得使用财政拨款及其结余进行对外投资，不得从事股票、期货、基金、企业债券等投资。

中国证监会加强证券期货市场诚信监督管理

7月31日，中国证监会发布了《证券期货市场诚信监督管理暂行办法》。该办法规定，中国证监会建立全国统一的证券期货市场诚信档案数据库，记录证券期货市场诚信信息。从事证券期货市场活动的公民、法人或其他组织的诚信信息，将记入诚信档案。诚信信息包括：发行人、上市公司及其主要股东、实际控制人、董事、监事和高级管理人员，重大资产重组交易各方，以及收购人所作的公开承诺的未履行或未如期履行、正在履行、已如期履行等情况；中国证监会及其派出机构做出的行政处罚、市场禁入决定和采取的监督管理措施；证券期货市场行业组织实施的纪律处分措施和法律、行政法规、规章规定的管理措施；因涉嫌证券期货违法被中国证监会及其派出机构调查及采取强制措施；因涉嫌证券期货犯罪被中国证监会及其派出机构移送公安机关、人民检察院处理；因证券期货犯罪或其他犯罪被人民法院判处刑罚；因证券期货侵权、违约行为被人民法院判决承担较大民事赔偿责任；因违法开展经营活动被银行、保险、财政、税收、环保、工商、海关等相关主管部门予以行政处罚。记入诚信档案的公民、法人或其他组织，认为其诚信信息有重大、明显错误的，可以向中国证监会及其派出机构申请更正。

该办法规定，公民、法人或其他组织所受表彰、奖励、评比和信用评级信息，由其自行向中国证监会及其派出机构申报，记入诚信信案。

最高法院为证券期货市场稳定发展保驾护航

2011年，管理层重拳打击非法证券活动成效显著，各级法院宣判的此类案件已超过百起，200余名罪犯被绳之以法。非法发行股票、非法销售股票等违法犯罪活动最猖獗，退休人员、下岗职工等社会弱势群体，有的为购买"原始股"甚至动用家庭全部积蓄，结果上当受骗。

2月10日，最高人民法院发布了《关于人民法院为防范化解金融风险和推进金融改革发展提供司法保障的指导意见》。该意见指出，各级人民法院要充分发挥刑事审判职能，依法惩治金融领域的犯罪行为。要依法审理贷款、票据、信用证、信用卡、有价证券、保险合同方面的金融诈骗案件，加大对操纵市场、欺诈上市、内幕交易、虚假披露等行为的刑事打击力度……要注意其中的高利贷、非法集资、非法借贷拆借、非法外汇买卖、非法典当、非法发行证券等金融违法行为；发现犯罪线索的，依法及时移送有关侦察机关。

各级人民法院要妥善审理因民间借贷、企业资金链断裂、中小企业倒闭、证券市场操纵和虚假披露等引发的纠纷案件……要加强与银行、证券、保险等金融监管部门的协调配合。

办理内幕信息案件：第一部司法解释出台

5月22日，最高人民法院召开新闻发布会，通报《关于办理内幕交易、泄露内幕信息刑事案件具体应用法律若干问题的解释》的有关情况，这是最高人民法院、最高人民检察院针对证券、期货犯罪出台的第一部司法解释，该解释将于6月1日正式施行。

该司法解释共11条，包括非法获取内幕信息人员、相关交易行为明显异常的认定、不属于从事内幕交易情形、内幕信息敏感期、内幕交易与泄露内幕信息定罪认定标准、举证责任倒置等。

到2011年底，全国法院审结内幕交易、泄露内幕信息犯罪案件共22件，其中，2007年1件、2008年1件、2009年4件、2010年5件、2011年11件。

中国证监会联手两院一部打击证券犯罪

5月23日，最高人民法院、最高人民检察院出台了《关于办理内幕交易、泄露内幕信息刑事案件具体应用法律若干问题的解释》；最高人民法院、最高人民检察院、公安部和证监会出台了《关于办理证券期货违法犯罪案件工作若干问题的意见》，该意见提出，在办理可能移送公安机关查处的证券期货违法案件过程中，经履行批准程序，可商请公安机关协助查询、复制被调查对象的户籍、出入境信息等资料，对有关涉案人员按照相关规定采取边控、报备措施。

9月24日，由中国证监会纪委主办、深圳证券交易所承办的"内幕交易警示教育展"在北京展开，这是国内首次以内幕交易为专题的警示教育展。该展览重点剖析了中山公用、高淳陶瓷、杭萧钢构等各种类型的内幕交易违法犯罪案例及其原因。郭树清出席开展仪式并讲话指出，党中央、国务院和中央领导同志高度关注资本市场违法违规案件的查处，对严厉打击内幕交易提出了明确要求。证监会认真贯彻落实党中央、国务院和中央纪委的部署和要求，采取多项措施，积极开展工作，努力形成防控内幕交易的良好氛围。

2012年，证监会共受理证券期货违法违规线索380件，比2011年增长31%；新增案件调查316件，比2011年增长21%；移送涉嫌犯罪案件33件，比2011年增长32%。对195名当事人作出行政处罚，涉及罚没款合计4.36

亿元，比 2011 年增长 24%。

2008～2012 年，中国证监会共调查 1458 件案件，其中，正式立案 500 件，对 276 件做出行政处罚决定，对 1228 个涉案主体进行了行政处罚，对 183 名责任人实施市场禁入，收缴罚没款 5.6 亿余元，移送公安机关案件 125 件，对外执法协作案件 317 件。同时，证监会还积极加大对违法违规行为的刑事追责力度。5 年来，证监会移送的涉嫌犯罪案件中，63 件进入检察机关审查起诉阶段，39 件在法院系统做出司法判决。

从案件类型看，内幕交易是这 5 年来案件的主要类型。据悉，5 年来，证监会集中调查内幕交易案件 590 件，占期间案件调查总量的 40%；向公安机关移送的内幕交易涉嫌犯罪案件 65 件，占同期移送案件的 55%。同时，证监会对新型市场操纵、上市公司虚假信息披露等违法行为做了坚决打击，5 年期间先后调查 129 件市场操纵案和 169 件上市公司财务造假等信息披露案件。

中国证监会赞扬股民举报行动

2011 年 12 月 1 日至 2012 年 4 月 30 日，证监会稽查局共受理各类案件线索 199 起。其中，信访举报案件线索 45 起，占期间线索总量的 22.6%，环比上升 40%。特别是 2012 年 1～4 月，信访举报线索数量进一步大幅增长，已经累计受理 40 起，占该期间线索总量（149 起）的 27%，是 2011 年同期信访举报线索总量的 2.5 倍。从投诉、举报对象看，涉及上市公司及其股东、高管的线索较多，共 29 起，占比为 64%；涉及证券经营机构及从业人员 7 起，占比为 15%；其他 9 起，占比为 21%。从线索涉及的违法违规行为类型看，投诉、举报反映问题的范围较广，其中，涉及内幕交易和"老鼠仓"6 起，操纵市场 2 起，上市公司信息披露违规和虚假陈述 5 起，侵害上市公司利益 4 起，其他线索多涉及拟上市公司造假、非法荐股活动、洗钱行为等。

2012 年 5 月 23 日，中国证监会网站发文赞扬举报者说，希望投资者个人和机构向证监会提供各类违法违规线索。广大投资者秉着切实维护市场"三公"原则的责任意识，积极举报证券期货市场中的违法违规行为，用实际行动参与到建设一个公开、透明、健康的资本市场工作中，推动了证券期货稽查执法工作的深入开展。2011 年 12 月以来，证监会稽查局对收到的全部线索均已做出分类处理。

证监会有关部门负责人表示，正是有了广大投资者的积极参与，证监会才能够对多起证券期货违法违规案件展开调查，成功处罚乃至移送追究刑事责任多人，有效清除了证券期货市场的"害群之马"，维护了市场的公开、公平、公正。希望广大投资者继续关心、支持证监会的工作，欢迎广大投资者继续向证监会提供有价值的稽查线索。

证监会整顿忽悠股民的炒股软件

"荐股软件"利用网站、电视等渠道作为广告平台，以虚假信息、夸大宣传、承诺收益等手段，欺诈股民购买软件，骗取钱财，股民对此深恶痛绝。为了保护股民利益，12月7日，中国证监会发布了《关于加强对利用"荐股软件"从事证券投资咨询业务监管的暂行规定》。

该规定明确了"荐股软件"的界定标准：明确向投资者销售或者提供"荐股软件"，并直接或者间接获取经济利益的，属于从事证券投资咨询业务，必须取得证券投资咨询业务资格。未取得证券投资咨询业务资格，任何机构和个人不得利用"荐股软件"从事证券投资咨询业务。证券投资咨询机构利用"荐股软件"从事证券投资咨询业务，禁止不当营销宣传。对证券投资咨询机构及其工作人员利用"荐股软件"从事证券投资咨询业务中的违法违规行为，依法予以严肃处理。

同日，中国证券业协会也出台了《中国证券业协会会员单位参与整治利用网络等媒体从事非法证券活动工作指引》。该指引要求，证券公司、证券投资咨询公司及地方协会要关注利用网络等媒体发布的假冒、仿冒本单位的非法证券活动信息及非法网站，采取有效措施妥善处理；协助相关部门的工作，关注本单位及分支机构所在地区广播、电视、报刊等媒体上的非法证券活动信息；配合公安机关、工商管理、证券监管等部门及协会对非法证券活动进行查处和打击；曝光假冒、仿冒本单位的非法证券活动信息和非法网站；在投资者教育中落实"整非"要求；妥善处理公司客户关于非法证券活动的投诉，帮助客户维权；针对非法证券活动造成的侵害，股民要采取有效措施维护自身权益并及时向相关部门报告非法证券活动信息。

《刑事诉讼法》（修正案）将债券、股票、基金等列入可冻结财产范围

3月14日，出席十一届全国人大五次会议的近3000名代表高票通过《刑

事诉讼法》（修正案）。新修正的《刑事诉讼法》于 2013 年 1 月 1 日起施行。

值得注意的是，这些年来，随着人民生活水平提高，人民财富增加，财产已经不是过去所说的存款和汇款了。有的变成了基金份额，有的变成了一些股权，财产发生了形态变化。所以，《刑事诉讼法》（修正案）将债券、股票、基金等列入可冻结财产范围。在追缴犯罪所得赃款、赃物的时候，如果赃款、赃物等已经变成了这样一些形态，同样应当予以查封、扣押、冻结。在固定一些证据的时候，如果这些证据变成了这样一些形态，那么也同样应当查封、扣押、冻结。

因此，新修正的《刑事诉讼法》将第一百一十七条改为第一百四十二条，修改为：人民检察院、公安机关根据侦查犯罪的需要，可以依照规定查询、冻结犯罪嫌疑人的存款、汇款、债券、股票、基金份额等财产。有关单位和个人应当配合。犯罪嫌疑人的存款、汇款、债券、股票、基金份额等财产已被冻结的，不得重复冻结。

将第一百一十八条改为第一百四十三条，修改为：对查封、扣押的财物、文件、邮件、电报或者冻结的存款、汇款、债券、股票、基金份额等财产，经查明确实与案件无关的，应当在三日以内解除查封、扣押、冻结，予以退还。

中国证券期货行业制订中长期选拔人才规划

3 月 22 日，中国证监会颁布了《中国证券期货行业人才队伍建设发展规划（2011～2020 年）》。该规划是我国资本市场第一个中长期人才发展规划，是中国证监会为贯彻落实中央关于人才工作的一系列重大部署，根据《国家中长期人才发展规划纲要（2010～2020 年）》和《金融人才中长期规划（2010～2020 年）》，结合证券期货行业人才工作实际制订的。

《中国证券期货行业人才队伍建设发展规划（2011～2020 年）》明确，到2020 年，按照我国资本市场法律制度和监管体系更加完善、市场深度和广度极大拓展、金融服务水平全面提高、市场功能得到有效发挥的建设发展目标，我国证券期货行业人才队伍建设基本接近发达国家或地区成熟资本市场水平，每支队伍中都能涌现出一批在国内外金融领域有较高知名度和影响力的领军人才；人才规划设计、选拔培养、使用激励等关键环节形成完善的政策制度体系，证券期货行业在资本市场中的集才、育才、用才的"高地"效应整体显现。

沪深两所发布 2011 年自律管理工作报告

3 月 19 日，上交所发表了《2011 年自律管理工作报告》。该报告指出，2011 年，共发布实施细则及办法 6 件，指引、指南及白皮书各 1 件，通知 9 件；现行有效的业务规则为 263 件。

全年纪律处分委员会审核纪律处分事项 34 件，共对 21 家公司和 105 名个人进行了纪律处分，其中对 3 家公司和 25 名个人予以公开谴责，对 18 家公司和 68 名个人予以通报批评，并公开认定 1 人不适合担任上市公司董事。2011 年，纪律处分所涉及的违规行为主要包括四类，其中，涉及信息披露违规行为的事项 17 件、涉及证券交易违规行为的事项 14 件、涉及上市公司审议程序违规行为的事项 4 件、其他违规事项 3 件。

共审核上市公司各类公告 36482 份，事后审核定期报告 3652 份；实施临时停牌 3235 次，连续停牌 484 次；发出各类监管函件 852 份。共受理 47 家公司进入重大资产重组程序，经信息披露审核和二级市场核查，有 25 家公司披露了重组公告。有 65 家公司完成了并购重组，其中 40 家公司完成重大资产重组，25 家公司变更了实际控制人。

3 月 24 日，深圳证券交易所发布了《2011 年度自律监管工作报告》。该报告指出，2011 年 2 月 28 日起施行深交所正式发布新修订的《交易规则》。制定或者修订了《关于在部分保荐机构试行持续督导专员制度的通知》、《上市公司信息披露直通车试点业务指引》、《上市公司独立董事备案办法》等业务通知、指引、办法。

2011 年度，深交所共制定或者修订业务规则 19 件。各类有效业务规则 112 件，其中，综合类 5 件、发行上市类 4 件、上市公司类 36 件、交易类 17 件、会员类 22 件、基金债券类 28 件。同年编印了《上市公司监管法规汇编 (2011 年版)》、《主板上市公司监管规则汇编 (2011 年版)》、《中小企业板监管规则汇编 (2011 年版)》等法规规则汇编。

2011 年，深交所共查处信息披露违规 23 起、证券交易违规 20 起、公司治理违规 10 起、其他违规 2 起。做出的通报批评 44 起、公开谴责 75 起。上市公司及其董、监、高仍是受纪律处分最多的主体，达到 32 起，之后为上市公司股东、实际控制人，共 11 起，占总数的 25%。

证券管理层走马换人　证监会官员下海引起质疑

3月中旬，中国证监会召开会议决定，对会机关任处级职务5年以上干部开展大范围轮岗，调整的核心内容，是发行部、创业板部、上市部、机构部、基金部、期货一部、期货二部、国际部、会计部这9个拥有行政许可审批权限的部门，其任处级职务5年以上的干部，经履行相关程序后，向没有行政许可审批权的部门相关岗位调动；而没有行政许可审批权的部门相关岗位干部，向上述9个部门的相关岗位调动。

4月中旬，中国证监会会机关第一批轮岗交流涉及具有行政许可职能及配套启动的其他部门及单位共19个，干部40名，陆续上岗。

5月底，原证监会主席助理朱从玖任浙江省副省长。4月12日，上海证券交易所召开干部大会，中共中央组织部干部四局局长夏崇源在会上宣布了中央和国务院决定：桂敏杰同志任上海证券交易所党委书记，提名桂敏杰同志为上海证券交易所理事长人选，免去其中国证券监督管理委员会党委副书记、副主席职务；耿亮同志由于年龄原因不再担任上海证券交易所党委书记、理事长职务。此前，上海证券交易所已召开第三届理事会第51次会议，按照法定程序选举桂敏杰同志为上海证券交易所理事长。

6月29日，中国金融期货交易所（以下简称中金所）召开全体员工大会。中国证监会党委书记、主席郭树清宣布了中国证监会党委决定：桂敏杰同志兼任中金所党委书记，中金所按照法定程序选举桂敏杰同志为中金所董事长。

9月10日，国务院决定，姜洋同志任中国证券监督管理委员会副主席；张育军同志任中国证券监督管理委员会主席助理和中国证券监督管理委员会党委委员；黄红元出任上海证券交易所党委副书记、总经理；张慎峰出任中金所党委书记、总经理；桂敏杰同志不再兼任中金所党委书记；武小强同志任中金所党委副书记。

中国证监会和沪深两所的官员这几年下海的不少，例如，肖风，博时基金董事长，他1993年进入深圳市证管办工作，历任副处长、处长、副主任。高良玉，南方基金总经理，曾任证监会发行部副处长。刘建平，中欧基金总经理，1996~2004年，先后任职于证监会法律部、基金监管部主任科员、副处长。邓召明，鹏华基金总经理，原为证监会处长。林利军，汇添富基金总经理，曾任上证所办公室主任助理、上市部总监助理。尚健，国投瑞银总经理，曾任上证所发展战略委员会副总监及证监会基金部副处长。金旭，国泰基金总经理，曾任证监会法规处副处长、深圳监管专员办事处机构处副处长、基金监管部综合处处长。于华，摩根士丹利华鑫基金总经理，曾任深交所综合研究所所长。桂水发，汇添富基金董事长，曾任上证所上市部高级经理、北京办事处总经理、市场部总监。房伟力，华泰柏瑞基金管理公司副总经理，曾任职于上交所登记结算公司。初伟斌，国泰基金副总经理，曾任职于证监会首席会计师办公室、基金监管部，历任主任科员、副处长。陈儒，中银基金总经理，曾参与深圳证券交易所筹建。莫泰山，交银施罗德基金董事，曾任证监会基金监管部副处长、办公厅主席秘书、基金监管部处长。雷贤达，交银施罗德基金总经理兼副董事长，曾任证监会开放式基金海外专家评审委委员。殷克胜，金鹰基金总经理，曾任深圳证管办政策法规处副处长、公司处副处长、公司处处长。胡继之，鹏华基金董事，曾任深交所总经理助理兼办公室主任、理事会秘书长、策划总监、纪委书记、党委委员、副总经理。孙煜扬，鹏华基金董事、总裁，曾任深圳证券结算公司常务副总经理、深交所首任行政总监。刘纯亮，国投瑞银副总经理，曾任职于证监会。刘义鹏，益民基金总经理，曾任证监会办公厅调研员、基金监管部处长，全国人大财经委证券投资基金法起草小组成员。黄晖，信达澳银督察长，曾被借调到证监会基金部工作，参与老基金重组、首批开放式基金评审等工作。

中国证监会和沪深两所官员下海，各方议论纷纷。11月2日，中国证监会有关部门负责人就此回应说，近年来证监会机关人才流出率平均保持在1%～3%，2012年则为2.2%，不存在密集下海的情况。证监会出台的廉洁从政八项要求、工作人员行为准则、任职回避、公务回避等多项规章制度中，对规范证监会监管干部离职行为，防范利益冲突有明确、特别的规定，有些具体规定比党中央、中纪委、国务院的规定更加严格。

证监会上市公司并购重组审核委员会、发行审核委员会成立

5月4日，中国证监会召开了第四届上市公司并购重组审核委员会暨第二届并购重组专家咨询委员会成立大会。郭树清出席会议并在讲话中希望第四届上市公司并购重组委员会委员：一是要业精技良，勤勉专业。从服务国民经济的战略大局出发，努力提升专业水平，不断改进审核理念，开拓审核思路，更好地适应并购重组市场发展的需要。二是要严格自律，珍视声誉。正确对待手

中的权力，对法律和纪律常怀敬畏之心，将规章制度融化在血液中，铭刻在脑海里，落实在行动上。实际工作中尤其是要严格遵守回避规定和保密规定。三是要恪尽职守，不辱使命。本着对投资者负责、对资本市场负责的职业精神，勤勉尽责，秉公行事，服务企业发展，维护投资者合法权益。

与此同时，还有 29 名专家成为了第二届上市公司并购重组专家咨询委员会的委员。

2006～2011 年，共有 143 家上市公司实施了行业整合类的重大资产重组，累计交易金额 7570 亿元，主要行业的集中度明显提升，行业内上市公司的并购重组活动对推动产业结构的调整发挥了重要作用。截至 2011 年末，国务院国资委监管的 117 家央企集团中，已有 43 家基本实现主营业务整体上市，其中近半数采取了上市公司吸收合并、收购母公司资产等并购方式。

5 月 25 日，第十四届主板发行审核委员会召开了成立大会，郭树清到会讲话指出，要依法履职、客观公正，严格按照法律和政策办事，独立、专业地发表意见；要把握大局、与时俱进，不断提高专业水准，更好地适应新形势和新要求；要廉洁自律，警钟长鸣，自觉维护发审委的声誉和形象。

中国证监会公布 2011 年度决算和 2012 年部门预算

2011 年，中国证监会收入总计 145280.37 万元，其中，财政拨款收入 97683.59 万元；部分派出机构所在地政府补助收入及存款利息收入等其他收入 8940.89 万元；上年结转和结余 38011.59 万元；用事业基金弥补收支差额 644.30 万元。

2011 年，中国证监会支出总计 145280.37 万元，其中，金融监管等事务支出 92207.27 万元，主要为用于证券、期货监管等事务方面的支出，占比 63.5％；住房保障支出 4230.67 万元，主要用于按照国家政策规定向职工发放的住房公积金、提租补贴、购房补贴等住房改革方面；结余分配 7523.06 万元，为事业单位按规定提取的事业基金，以及按规定应上缴的基本建设竣工项目结余资金；年末结转和结余 41319.37 万元。

2011 年，中国证监会"三公经费"财政拨款预算 3252.68 万元，全年支出决算 3200.90 万元。

2012 年 4 月 23 日，中国证监会公布了 2012 年度部门预算报告。证监会全年收支总预算为 84753.23 万元，比 2011 年增加 7668.71 万元。主要原因是金融监管等事业支出增加5318.66万元，以及住房保障支出增加了2350.05万～6273.95万元。

中国证监会2012年度公共预算支出84753.23万元，其中，基本支出53943.11万元，占63.65%；项目支出30810.12万元，占36.35%。2012年证监会财政拨款预算84743.02万元，比2011年执行数减少12940.57万元，主要原因，一是2011年证券从业人员考试人数增加，相应从业人员资格考试费支出增大；二是2011年按照相关政策增加了在职人员和离退休人员工资、津贴补贴等人员支出。

2012年度部门预算中，财政拨款用于：金融部门行政支出54397.64万元，占64.19%；金融部门监管支出21901.64万元，占25.85%；其他金融部门监管等事务支出2180万元，占2.57%；住房改革支出6263.74万元，占7.39%。

财政拨款预算具体使用情况是，金融部门行政支出2012年财政拨款预算54397.64万元，比2011年执行数减少8560.62万元，主要原因是，2011年按照相关政策增加了在职人员和离退休人员工资、津贴补贴等人员支出。金融部门监管支出2012年财政拨款预算21901.64万元，比2011年执行数减少5982.00万元，主要原因是，2011年证券从业人员考试人数增加，相应从业人员资格考试费支出增大。其他金融部门监管等事务支出2012年财政拨款预算数为2180万元，与2011年执行数相比没有变化。住房改革支出2012年财政拨款预算6263.74万元，比2011年执行数增加1602.05万元，主要原因，一是2011年新招聘人员的购房补贴将从2012年开始发放；二是2012年部分派出机构按规定根据当地住房补贴政策调整，补发职工购房补贴。

2012年，证监会"三公经费"财政拨款预算为3252.68万元，与2011年持平。

上交所称2020年股票市值将达到80万亿元

1月，国家发展改革委正式发布了《"十二五"时期上海国际金融中心建设规划》。国家发展改革委有关负责人和上海市政府有关负责人就此规划强调，这是党中央、国务院赋予上海的光荣使命和任务，继续发挥上海的带动和示范作用，更好地服务全国具有重要意义。

该规划中对有关证券市场提出，到2015年，参与上海金融市场的境外投资者规模显著扩大；上海证券交易所主要指数、上海大宗商品期货价格的国际影响力显著提升，上海金融市场直接融资额占社会融资规模比重达到22%左右；管理资产规模达到30万亿元左右。上海金融从业人员达到32万人左右……大力提升资本市场功能，促进权益类和固定收益类市场全面发展。继续加强蓝筹股市场建设，强化上海证券市场的全国主板市场地位，大力吸引成熟优秀企业上市，拓宽上市公司来源，探索建立不同层次资本市场间的转板机制，推进上海证券交易所发展成为亚太一流、具有较强国际影响的交易所……积极推进张江高新技术产业开发区内具备条件的未上市企业进入全国场外交易市场进行股份公开转让。以上海股权托管交易中心建设为载体，积极探索非上市公司股权托管和非公开转让市场建设……推动股票、债券等基础性金融产品加快发展，支持上海证券交易所挂牌交易国内跨市场交易所交易基金（ETF）和基于国际指数、债券等的ETF产品……研究探索并在条件成熟后推出以汇率、利率、股票、债券等为基础的金融衍生产品……探索支持证券、保险、信托、基金等机构投资者参与黄金市场投资……加强与商业银行、保险公司、证券公司、基金公司、期货公司、信托公司等金融机构以及电子商务企业的合作……支持在沪法人金融机构优化股权结构，完善公司治理机制和资本补充机制……支持符合条件的在沪金融机构在境内外上市……支持具备相应能力的金融机构依法开展并购贷款、股权投资、境外贷款、期货投资咨询等创新业务……积极推动银行、证券、保险、信托等金融机构设17个专业化运营的财富与资产管理机构，加快发展证券投资基金、股权投资企业、创业投资企业、对冲基金等专业机构……大力发展面向中小企业、文化及创意企业的股权投资企业、创业投资企业、融资租赁公司和融资性担保公司。支持符合条件的中小企业、文化及创意企业利用资本市场开展股票、债券融资和并购重组……推动银行、证券、保险等金融机构与创业投资企业、股权投资企业开展战略合作。

《"十二五"时期上海国际金融中心建设规划》特别提出，要推进上海证券市场国际板建设，支持符合条件的境外企业发行人民币股票。

令人震惊的是，6月下旬，上交所总经理张育军雄心勃勃地对外表示，在上交所的十年规划中，到"十二五"期末，上

张育军一语惊人立即引起轩然大波
（尚正摄影）

交所每年的交易量达到 100 万亿元，争取市场规模扩大一倍，其中股票市值在 35 万亿~40 万亿元，力争成为全球第二大交易所。到 2020 年希望能够再增加 50%，股票市值能有 70 万亿~80 万亿元。

此语一出，立即引起轩然大波。因为上交所要在 2020 年达到 80 万亿元市值的目标，意味着上交所每年要新增上市公司 500 家，平均一个交易日新增上市公司 2 家，融资额在 3500 亿元以上；或是在 A 股当前的市值 15.3 万亿元的基础上，再涨 2~3 倍。

2011 年底，金融机构居民存款余额为 35.2 万亿元，理论上推算，到 2020 年，居民存款余额将达到 76 万亿元。如果上交所总市值达到 80 万亿元，则 95% 的存款余额都要用来买股票才行，这里还没有考虑深交所继续发行新股的情况。

6 月 29 日，上交所官方微博发布"重要澄清"说，吴晓求在 2010 年就已经发表过 2020 年中国股票总市值达 80 万亿元的言论。张育军总经理接受采访的基本观点是看好中国经济增长和资本市场发展，上交所市场发展主要依靠市场的自我成长，将市场发展简单等同于市场大扩容，存在严重误读。有的市场人士甚至假设上市公司不会增长，这种分析有欠准确。

上交所鼓励中小企业到上交所上市

这几年，深交所中小企业板和创业板发展火热，对比而看，上交所显得冷清。为扭转"深热沪冷"的局面，7 月 4 日，上交所召开民营企业公司治理暨中小微企业服务工程座谈会。上交所总经理张育军在座谈会上表示，上交所将既服务传统的大中型企业，也服务中小微企业，鼓励更多的中小企业进入上交所市场。如果说 2010 年以前的十年，上交所主要任务是解决大型国企转型与上市的话，今后上交所最大任务是鼓励中小企业、新兴企业、短缺产业、民生产业、文化创意产业、教育传媒产业、农业食品产业、现代服务业等企业到上交所上市。

《上海证券交易所中小微企业服务工程纲要》明确指出，上交所将研究提高中小微企业直接融资比例措施。在证监会指导下，调查中小微企业直接融资需求，研究支持中小微企业直接融资举措，简化中小微企业直接融资审批程序，提高中小微企业直接融资比例；推动中小微企业利用资本市场融资。经公司自愿申报，上交所首批选择 32 家民营上市公司董事长或总裁，担任中小微企业成长导师，并向首批 32 位中小微企业成长导师颁发聘书。

大连市、江西省鼓励企业上市　促进资本市场发展

4月27日，大连市政府召开了全市促进多层次资本市场发展工作会议。会议印发了大连市政府《关于加快发展多层次资本市场的实施意见》、《加快股权投资业发展的实施意见》和《大连市资本市场发展"十二五"规划》。大连市市委常委、常务副市长肖盛峰在讲话中明确要求，各区市县、先导区要以每年至少要有1家公司上市、设立1家股权投资企业、发行1只债券为目标，要以加快推动企业境内外上市、推动股权投资业和债券市场发展为工作重点，加快推进多渠道融资。

2011年，大连市累计资本市场融资1320.3亿元。上市公司46家，股票47只，其中境内上市公司27家，境外上市公司19家，累计首发及再融资660.11亿元。大连市共设立各类股权投资企业41家，总规模210.4亿元，首期出资110.5亿元，累计实现股权投融资323.74亿元。通过发行公司债券、企业债券、集合债券、中期融资票据和短期融资券等累计实现债券融资336.45亿元。

11月4日，江西省企业上市培训暨合作交流会在南昌举行，江西省副省长胡幼桃表示，上市是企业快速做大规模的捷径，各级政府部门要充分发挥推动企业上市的主导作用，采取有效措施积极引导企业迈出上市步伐。江西证监局愿与市、县、区各级政府一起，共同研究出台完善扶持企业上市的激励政策，帮助企业解决改制上市过程中的困难和问题，大力推进企业上市工作。

广东省管理层积极介入股评节目

电视股评的节目，如果管理层不监管和引导，就会被乱七八糟的非法咨询机构占领，从而坑骗股民。为此，广东证监局和广东省广播电视局建立了监管协作机制，对辖区19家广播电视台的34套证券节目进行了摸底核查，责令10家广播电视台的13套证券节目进行停播或整改。同时，联合广东证券期货业协会安排专人对广州地区的广播电视证券节目进行日常监测，并将监测结果通报广电部门，督促相关证券节目进行了整改。对辖区证券机构参与广播电视证券节目和发布证券信息类产品广告进行合规审核，2011年共审核37项439人次，对其中不符合相关资质要求的3人出具否定意见，对2项证券信息类产

品广告出具否定或整改意见。

广东证监局还组织制定了《辖区广播电视证券节目监测记录表》、《辖区各地市证券节目清单》和《辖区各地市证券节目监测轮值表》，并在局互联网监管信息平台上建立了相关专题栏目，以便辖区证券机构通过该信息平台了解相关法规政策动态、填报监测记录、查阅各地市证券节目清单和监测轮值表等信息。

此外，广东证监局支持辖区证券机构与广东电视台合作开办大型财经证券节目《股舞飞阳》，让主流媒体占据舆论引导舞台。

香港回归 15 年：证券市场送大礼

2012 年 7 月 1 日，是香港回归中国 15 周年。

6 月 29 日，香港恒生指数宣布，已于内地授权发行两只与其公司指数挂钩的交易所买卖基金（ETF），成为内地首次追踪香港股份的 ETF。两只 ETF 分别与恒生指数和恒生中国企业指数（H 股指数）挂钩。

6 月 29 日，《内地与香港关于建立更紧密经贸关系的安排》（CEPA）补充协议九在香港签署。金融合作领域，内地将修订完善境外上市的相关规定，支持符合香港上市条件的内地企业赴香港上市。

中国证券金融公司转融通业务开始启动

2010 年 1 月，国务院批准融资融券业务启动，2012 年，沪深两市累计融资占融资融券交易的 87.87％。可见，融资买入股票的占比很大。

转融通业务是指证券金融公司将自有或者依法筹集的资金和证券出借给证券公司，以供其办理融资融券业务的经营活动。

转融资具体运作主体是中国证券金融股份有限公司（以下简称中证金公司），它将自有或者依法筹集的资金出借给证券公司，供其办理融资业务的经营活动；转融券业务是指中证金公司将自有或者融入的证券出借给证券公司，供其办理融券业务的经营活动。中证金公司通过转融通业务平台向证券公司集中提供资金和证券转融通服务。

2011 年 10 月 28 日，中国证监会正式发布了《转融通业务监督管理试行办法》；2012 年 8 月 27 日，中证金公司发布了《中国证券金融股份有限公司转融通业务规则（试行）》、《中国证券金融股份有限公司转融通业务保证金管理实施细则（试行）》、《中国证券金融股份有限公司融资融券业务统计与监控规则（试行）》；接着，沪深两所发布了《转融通证券出借交易实施细则（试行）》；中国证券登记结算公司发布《证券出借及转融通登记结算业务实施细则（试行）》、《担保品管理业务实施细则（适用于转融通）》。中证金公司当日启动转融资试点，海通、申银万国、华泰、国泰君安、银河、招商、广发、光大、中信、中信建投、国信 11 家证券公司作为首批借入人，向中证金公司融入资金，开通了转融资业务。

中证金公司是 2011 年 10 月成立的，注册资本为 75 亿元，其股东为沪深两所以及中国证券登记结算有限责任公司。中证金公司的主要职责是开展转融通业务。

8 月 30 日，中证金公司正式开办转融资业务，海通证券、国信证券等 11 家证券公司均按照日上限 5 亿元、时间上限 28 天进行转融资融入申报，合计成交 55 亿元。到 11 月，开办转融资业务的证券公司增加到 30 家。

2012 年，中证金公司转融资累计交易 386.22 亿元，余额为 87.4 亿元；沪深两市融资融券余额超过 830 亿元。

信贷证券 3 年后卷土重来

2005 年中国的信贷资产证券化开始启动，2007 年国务院批复扩大试点，2008 年因美国次贷危机引发全球金融危机后，中国的信贷资产证券化也被迫暂停。2012 年 5 月 17 日，央行、银监会、财政部下发了《关于进一步扩大信贷资产证券化试点有关事项的通知》，这意味着已经停滞逾 3 年的信贷资产证券化（ABS）卷土重来。

此次试点启动，监管层特别强调，信贷资产证券化入池基础资产的选择要兼顾收益性和导向性，既要有稳定可预期的未来现金流，又要注重加强与国家产业政策的密切配合。管理层此次扩大了基础信贷资产的种类，包括国家重大基础设施项目贷款、涉农贷款、中小企业贷款、经清理合规的地方政府融资平台公司贷款、文化创意产业贷款、保障性安居工程贷款、汽车贷款等。

9 月 7 日，首单 ABS 约 101 亿元国开行"2012 年第一期开元信贷资产支持证券"集中配售，创下资产证券化有史以来的最大发行规模。

国务院取消和调整证监会 32 项行政审批权

10 月 11 日，国务院公布了第六批取消和调整的 314 项行政审批项目，其中有 32 项涉及证监会行政审批范围。32 个项目中包括 20 个取消项目、10 个下放项目和 2 个减少审批部门项目。这些取消的行政审批项目有保荐代表人注册、证券公司设立集合资产管理计划、要约收购义务豁免核准的四种情形、上市公司回购股份、券商变更境内分支机构营业场所、证券公司为期货公司提供中间介绍业务资格等，期货公司变更公司形式、注册资本部分事项、变更 5% 以上股权部分事项、变更境内分支机构营业场所等。证监会会同财政部、中国人民银行进行的国债承销团成员资格审批也被取消。

对此，证监会有关负责人表示，证监会将继续做好行政审批项目取消和调整的后续工作，不进行变相审批。

加强管理非上市公众公司

10 月 11 日，中国证监会颁布了《非上市公众公司监督管理办法》。非上市公众公司是指，股票向特定对象发行或者转让导致股东累计超过 200 人，股票以公开方式向社会公众公开转让。

《非上市公众公司监督管理办法》共八章六十三条，明确了公开转让、定向转让、定向发行的申请程序。非上市公众公司申请定向发行股票，可申请一次核准，分期发行。首期发行数量应当不少于总发行数量的 50%，剩余各期发行的数量由公司自行确定。

对于非上市公众公司股票如何转让，该办法没有明确规定。对是否应当在新三板挂牌，证监会有关负责人解释说，股东有转让需要的，可以按照相关规定进行协议转让和定向转让。如果需要进行公开转让，必须在国务院批准的交易场所进行。

证监会对上市公司不履行承诺进行查处

上市公司的承诺很多，但是不予兑现也存在。例如，红阳能源、S*ST 生化、深华发、吉电股份、大地传媒的资产注入，华东医药、江钻股份、金叶珠宝、佳都新太的股改承诺至今没有实现。

10月15日，中国证监会决定，将在近两个月集中对上市公司股东、关联方以及上市公司的承诺事项进行一次清理和专项检查，并对超期未履行的承诺事项采取监管措施督促履行。中国证监会有关负责人表示，此次清理和专项检查具体包括要求上市公司对相关方承诺未履行情况进行专项披露，对已经履行完毕的承诺履行情况进行抽查，对超期未履行的承诺事项进行专项检查并采取监管措施督促履行等。

上市公司并购重组行政许可审核流程和审核进度开始公示

中国证监会决定，从10月15日开始，依法对上市公司并购重组行政许可审核流程和审核进度进行公示，证监会将每周公布一次《上市公司并购重组行政许可申请基本信息及审核进度表》。当日公布的进度表显示，有61单并购重组项目正在接受证监会审核。并购重组行政许可的公示内容包含审核工作流程、在审项目基本信息和审核进度三个方面。

中国证监会有关部门负责人表示，目前约2/3的并购重组交易经上市公司信息披露后即可自主实施，无须审批。下一步将继续逐步取消相关的行政许可和简化相关行政许可的程序，推动并购重组的改革，促进实体经济的发展。

最近几年，上市公司并购交易额占企业间并购交易额的比重逐年上升，2005年以前平均占比不足20％，2006～2010年平均占比已达48％，2011年更是高达67％。2012年2月，中国证监会取消了"持股50％以上股东自由增持、持股30％以上股东每年不超过2％的股份自由增持、第一大股东取得上市公司向其发行的新股、继承"四项要约收购豁免事项的行政许可。

证监会加强对与上市公司重大资产重组相关股票异常交易的监管

11月16日，中国证监会发布了《关于加强与上市公司重大资产重组相关股票异常交易监管的暂行规定》。该规定指出，上市公司及其控股股东、实际控制人等相关方研究、筹划、决策涉及上市公司重大资产重组事项的，原则上应当在相关股票停牌后或者非交易时间进行，并应当简化决策流程、提高决策效率、缩短决策时限，并尽可能缩小内幕信息知情人范围。如需要向有关部门进行政策咨询、方案论证的，应当在相关股票停牌后进行。上市公司应当在重大资产重组交易各方初步达成实质性意向或者虽未达成实质性意向但预计该信息难以保密时，及时向证券交易所申请股票停牌，真实、准确、完整、及时、公平地进行分阶段信息披露，充分揭示风险。上市公司因重大资产重组事项停牌后，证券交易所立即启动二级市场股票交易核查程序，并在后续各阶段对二级市场股票交易情况进行持续监管。因本次重大资产重组事项存在重大市场质疑或者有明确线索的举报，上市公司及涉及的相关机构和人员应当就市场质疑及时做出说明或澄清；中国证监会应当对该项举报进行核查。

上交所、深交所同日也发布通知，做出了如何停牌等具体的规定。

保监会允许保险资金参与股指期货交易

10 月 23 日，中国保监会发布了《保险资金参与股指期货交易规定》。该规定明确，保险资金参与交易的股指期货，是指经中国证监会批准，在中国金融期货交易所上市的以股票价格指数为标的的金融期货合约。保险机构参与股指期货交易，应当以确定的资产组合为基础，分别开立股指期货交易账户，实行账户、资产、交易、核算和风险的独立管理。保险机构参与股指期货交易，任一资产组合在任何交易日结算后，所持有的卖出股指期货合约价值，不得超过其对冲标的股票及股票型基金资产的账面价值。保险机构在任何交易日结算后，持有的买入股指期货合约价值，与股票及股票型基金资产的账面价值，合计不得超过规定的投资比例上限。保险机构参与股指期货交易，任一资产组合在任何交易日结算后，扣除股指期货合约需缴纳的交易保证金，应当保持不低于交易保证金一倍的现金、中央银行票据、货币市场基金或到期日在一年以内的政府债券及政策性银行债券。此外，保险机构参与股指期货交易，应当根据公司及资产组合实际情况，明确设定股指期货风险敞口、风险对冲比例、风险对冲有效性、保证金管理等风险控制指标。

特别章 "两会"专题

政府工作报告寥寥数语谈股市 5年没有回答股市问题

3月5日，第十一届全国人民代表大会第五次会议开幕。国务院总理温家宝作政府工作报告。有关股份制和股市，温家宝寥寥数语指出，深入推进国有控股大型金融机构改革，健全完善新股发行制度和退市制度，强化投资者回报和权益保护。

虽然是寥寥数语，但是"健全完善新股发行制度和退市制度，强化投资者回报和权益保护"，则是首次出现在政府工作报告中。不过，温总理在这5年里，政府工作报告谈股市的内容是越来越少了，可谓是惜字如金。

3月14日，温家宝总理按惯例会见了中外记者并回答了有关问题。结果没有一个记者提问有关股市的问题，温总理也就没有相应的回答。

纵观温家宝总理任期10年，2003年、2004年、2005年和2007年，温总理"两会"结束后会见中外记者都谈到了股市，其中2004年谈得最多，而且2004年2月温总理还签署发布了"国九条"《关于推进资本市场改革开放和稳定发展的若干意见》。可见温总理非常关心股市的发展，从而引发了2006年和2007年的大牛市。

而2008～2012年，连续5年，温总理在会见中外记者会上都没有谈股市问题，尤其是2012年，是温总理最后一次会见中外记者了，因此，不免令在电视机前收看3小时实况转播的股民失望和遗憾。

此外，全国人大常委会委员长吴邦国作全国人大常委会工作报告透露，2012年将修改《证券投资基金法》。12月28日，十一届全国人大常委会第三十次会议经表决，通过了修订后的《证券投资基金法》。

新任证监会主席郭树清回答提问来者不拒

"两会"期间，新任的中国证监会主席可是证券媒体追逐的热点人物。3月5日开会前，郭树清被记者一拥而上追问，视线受阻没有看见台阶差点摔倒。郭树清之后幽默地说，不能跌倒了，否则股市又跌了。记者们哈哈大笑。

在股市开市前，郭树清在媒体区回答记者提问时再一次幽默地说，马上开市了，我不便多说，不能影响市场。

但在"两会"其他时间，郭树清高调亮相，来者不拒，尽量回答记者各种提问。郭树清说，我不是股评家，没有对任何单只股票做过评论。

郭树清认为，温家宝总理在政府工作报告中提到"健全完善新股发行制度和退市制度，强化投资者回报和权益保护"，"积极发展债券市场"，这些事情证监会都已经在改革和落实过程中，近期应该有重大的突破。

郭树清指出，投资者要树立长期投资、理性投资的理念，选只好股票，选家好企业。如果经验比较丰富、承受能力比较强，可以在风险比较大、不确定的企业中选择。投资者也要分成几类，"狮子、绵羊不要放在一起比赛"，需要逐步把投资者区分开，这就是投资者适当性制度。

郭树清微笑回答记者提问
（史丽摄影）

对于股市实现"T＋0"交易，郭树清回答记者说，目前实行条件还不太具备。"T＋0"意味着当天买当天就可以卖，如果市场不那么健全、投资者不那么成熟，"T＋0"后管理的难度就更大了，现在炒小股、炒新股的风气还是很厉害。

对于如何保护中小投资者，郭树清说，我们只是提倡，但并不是不让低收入者买股票。不提倡不等于反对，不能说禁止，更不是禁止。

对国际板的推出问题，郭树清表示，当前不是国际板推出的最佳时期，国际板推出也没有时间表，其发行、上市、交易相关制度均需再研究完善，并进行统筹考虑。

证监会办复 196 件建议提案

2011 年，中国证监会共承办全国人大代表建议和全国政协委员提案 196 件，包括主办 79 件、协（会）办 99 件、转信 1 件、参阅办理 17 件。证监会 2011 年承办的建议提案具有如下特点：一是建议提案数量持续增长，共承办人大代表建议 93 件，政协委员提案 103 件，分别比 2010 年增长 24% 和 20%；二是建议提案内容与资本市场改革发展重点工作联系紧密，对推动资本市场稳定健康发展起到积极促进作用；三是对与代表委员沟通交流的要求更高，占比超过 41% 的代表委员明确提出希望加强办理过程中的沟通联系。

3 月 2 日，证监会有关负责人表示，在建议提案办理过程中，证监会坚持把建议提案办理与推进资本市场改革发展紧密结合起来，充分吸收、采纳合理意见，将其作为解决资本市场实际问题、促进科学决策的重要过程，推动各项监管工作不断取得新进展。

156 名上市公司负责人为"两会"代表或委员

全国"两会"代表、委员共有 5254 名，证券界包括全国政协委员、原中国证监会副主席范福春；全国政协委员、中国证监会主席助理朱从玖；全国人大代表、中国证监会上市部巡视员兼副主任欧阳泽华；全国政协委员、上海证券交易所理事长耿亮；全国政协委员、深圳证券交易所理事长陈东征；全国政协委员、中央财经大学教授贺强；全国人大代表、前吉林证监局局长江连海；全国政协委员、中金公司董事长李剑阁；全国政协委员、香港渝振控股集团有限公司董事局主席陈振东；全国政协委员、广东证监局局长侯外林；全国政协委员、中国联通董事长常小兵；全国政协委员、中国农业银行副行长潘功胜；全国人大代表、江苏证监局局长左红；全国人大代表、万向钱潮董事长鲁冠球；全国人大代表、河北工商联副主席、荣盛发展公司董事长耿建明；全国人大代表、山东新北洋信息技术股份有限公司总经理丛强；全国人大代表、华斯股份董事长贺国英；等等。

此外，有 155 家公司的 156 名上市公司负责人，也是代表或委员，其中，人大代表 111 名、政协委员 45 名。ST 金华董事长吴一坚和 ST 精伦董事长张学阳是 ST 股票的政协委员。3 月初，这 155 家上市公司的总市值达 65473.19

亿元,占沪深两市总市值的 22.89%。

155 家上市公司中,涉及金融、有色金属、煤炭、医药、石油石化、传媒、科技、农业、铁路、航空等领域。

公司市值超过 1000 亿元的有 11 家,排名顺序为中国工商银行、中国农业银行、中国平安、招商银行、浦发银行、上汽集团、中国民生银行、光大银行、大秦铁路、三一重工、中国联通。其中,中国工商银行以 1.5 万亿元位列首位。

按照 3 月初 A 股市值计算,"两会"代表、委员当中,上市公司负责人个人持股市值总额达到 420 亿元。其中,在全国人大代表中,有 59 名上市公司"一把手"持股,总额为 158 亿元;在全国政协委员中,有 15 名上市公司负责人持股,总额为 262 亿元。

全国政协委员、苏宁电器董事长张近东以 185.31 亿元的个人持股市值位列第一;全国政协委员、科伦药业董事长刘革新以 57.24 亿元的个人持股市值位列第二;全国人大代表、荣盛发展董事长耿建明以 26.35 亿元的个人持股市值位列第三。

证监会系统代表、委员举行专场新闻发布会

2012 年"两会"期间,专门为证监会系统的代表和委员举行了专场新闻发布会。这是历年"两会"所没有的。可见证券市场在"两会"期间受到重视。

在新闻发布会上,全国政协委员、上海证券交易所理事长耿亮发言说,国际板的发行、上市、交易、结算四个主要的规则的草案已经初步拟订完成,但目前还没有推出国际板的时间表。如何进一步完善退市制度,还在进一步研究中。今年将考虑推迟新的债券品种,比如中小企业债券。

证监会系统的代表和委员举行专场
新闻发布会(欧阳红摄影)

全国政协委员、证监会主席助理朱从玖发言说,交易所采取停牌的措施并非行政措施,停牌是让投资者冷静下来想一想,这么热的价格是不是投资者想要的,是给投资者一个判断,丝毫没有影响到个人的权益。重视投资者适当性管理,是国际上很普遍的原则,应该将

合适的产品卖给合适的投资者。很多上市公司业绩"变脸"也是由于很多非市场化因素的影响，属于非可控因素，这也是特定历史阶段的特殊现象。

全国人大代表、江苏证监局局长左红发言说，建议对证券行业违法加大惩罚力度，保护投资者合法权益。现行法律法规下，广大投资者在证券业违法案件中，并未获得合理的赔偿。实现强制分红，可以督促上市公司为股东创造价值，切实履行为投资者分红的义务。

全国人大代表、证监会上市部负责人欧阳泽华发言说，对上市公司分红义务的督促和监管，将是2012年最主要的工作之一。下一步将要求保荐机构从IPO开始，在拟上市公司的招股书中增加专项关于发行人现金分红的条款，对发行人现金分红方的制度和进展做详细披露。

全国政协委员、深圳证券交易所理事长陈东征发言说，深交所出台抑制新股炒作新规目的是保护中小投资者利益。此前，深交所教育平台发布了20多篇投资者教育文章，用大量数据说明炒新如何导致亏损，让投资者警醒，远离炒作之风。目前，A股股票账户有1.6亿余元，受众面相当广，这意味着股市改革涉及千家万户，因此，需要艰辛探索，努力达成共识，才能推进改革，不能光凭理想。

"两会"前和期间，网友纷纷提出了各种问题。3月15日，中国证监会投资者保护局负责人对网友在"两会"期间提出的上市公司分红、退市等热点问题也进行了集中答复。

贺强召开提案发布会　建议实施T+0

3月2日，全国政协委员、中央财经大学教授贺强在中央财经大学召开提案发布会。贺强提出了六个提案，其中三个提案是关于股票市场的。

贺强指出，自1995年以来，股票市场规模不断扩大，股市基础性制度建设不断完善，股市的监管水平明显提升，推出股市T+0交易的条件已经成熟。推出T+0交易不仅有利于解决T+1交易存在的问题，而且T+0交易对于股民及时修正其投资决策的失误、提高股市活跃度和流动性等方面有积极的作用。

贺强提出的《通过我国股市的金融创新彻底改革股票发行制度的提案》的设想是，首先，新股发行一律采用网上集合竞价方式。其次，可以将早上9点15分到11点半为前市阶段作为新股发行集合竞价的阶段，13点以后为后市阶段作为连续竞价阶段；接下来，可以施行集合竞价阶段双优先原则、撮合成交等四大规则，形成市场化的发行价格。再次，在发行阶段，规定集合竞价阶段报价的上限和下限。最后，可以规定每个机构认购比例，防止大机构操纵价格。

贺强提出的《关于重新推出国债期货的提案》建议，重新推出国债期货交易的条件已经基本成熟，重新推出国债期货在实现"十二五"规划对于发展资本市场的要求方面，在促进国债发行、缓解财政支出困难、转移和分散国债风险方面等方面，具有重大意义。

冯培恩"两会"发言怒斥股市　6次掌声经久不息

3月9日上午，全国政协十一届五次会议举行第二次全体会议，全国政协委员、九三学社中央副主席冯培恩作大会发言，题目是"着力克服制度缺陷推进股市健康发展"。

冯培恩指出，股市是公民投资理财的重要选择。2011年，沪深两市分别以21%和28%的跌幅领跌全球股市，5000万名股民亏损面达87%，人均亏损4万元，机构投资亏损超过4000亿元。如此巨额的亏损激发了民怨，政府救市举措若不到位，则可能恶化为民生问题和社会问题。若把数万亿社保资金结余、住房公积金和财政盈余委托机构投入股市，需慎重估计其风险。只有通过改革克服制度缺陷，才能从根本上推进股市的健康发展。他建议：

（一）要求上市公司在招股说明书中明确回报和现金分红计划，把上市公司的融资再融资规模、资产重组计划、经营者薪酬及相关的优惠政策等与现金分红规定紧密挂钩，强制上市公司履行分红义务。

（二）实施严厉退市制度，建议制定严厉的退市法规，并杜绝"借壳上市"行为。

（三）从严约束高管辞职，阻止上市套现行为。对上市公司高管抛股套现开征高额资本利得税；董事、监事和高管离职后一年内不得转让所持本公司股份；申请IPO时高管必须做出任职期承诺。

（四）强化证券民事赔偿，保护股民利益。建议在《证券法》中规定对因欺诈行为造成股民损失必须合理赔偿，同时制定证券民事赔偿的法律实施细则，指导司法实践。

（五）改革股市审批制度，扼制股市腐败行为。建议将上市审批或核准制度改为备案制，对劣质或欺诈上市公司实行严厉的退市制度和民事赔偿制度。建议加快证监会职能从管制向真正监管的转变，以加大对股市腐败行为的查处和惩戒力度。

（六）发展有限合伙企业，提升上市公司质量。有限合伙企业只要通过监管层备案就可直接上市，在融资时对债务承担无限连带责任，只有潜力强的优质公司才有胆量上市。

冯培恩铿锵有力的发言，引起全场共鸣，每当他阐述完一条建议后，全场掌声雷动。6 个建议、6 次掌声，是当天发言获得掌声最多、最热烈的。

全国政协委员赵海英激动地说："冯主席，您今天的发言，可是赢得了全场最热烈的 6 次掌声啊！"

冯培恩事后对有关记者说，前几年我只提了个高管套现的问题，2011 年的股市全面下跌，促使我们全面梳理和深入思考所有有关问题，于是产生了今天的发言，试图针对影响股市健康发展的主要问题。此前 3 年，我也连续提过有关股市方面的提案，但对回复我是很不满意的。证监会也有偏护袒护，但是这次政协会的发言，也是给了个机会来对这个事继续表态。掌声热烈不仅是股民的民意，也是广大人民的民意。我知道采纳这些建议会有很多困难，但也不能无所作为。只要我们齐心协力，不断进步和完善，这一目标最后一定能实现。

全国政协委员李荣融主任炒股是否违规 业绩如何

"两会"期间，全国政协委员、国务院国资委原主任李荣融发表了不少观点，他说，国有在进，民营也在进，而且民营进得更快。没必要去搞针对论，非要说国有企业和民营企业的矛盾，大家不是敌人。如果国务院任命我当民营企业主任，我一定当好。

不过笔者更关心的是：李荣融是否炒股了？业绩如何？因为 2011 年"两会"期间，李荣融表示他准备炒股。

有人说，这种高官可以炒股？这不是违规吗。

笔者回答：李荣融炒股是可以的，不违规。

2000 年以前，管理层明文规定党政干部是不准炒股的。但是任何规定都必须与时俱进，随着形势变化修订。由于股市的升温及关注股市的党政干部越来越多，管理层于 2001 年 4 月松动了先前的规定。

2001 年 4 月 3 日，中央办公厅发文《关于党政机关工作人员个人证券投资行为若干规定》（中办发〔2001〕10 号）。其中明确了"党政机关工作人员个人可以买卖股票和证券投资基金"。但同时又大篇幅地规定了一些禁止的行为，如不准利用职权或其他不正当手段，强行买卖股票；不准利用内幕信息买卖股票；不准利用工作时间、办公设施买卖股票和证券投资基金；等等。

这一划时代的突破性规定，得到了广大党政干部的支持。2001 年 4 月 26 日，《人民日报》为此专门邀请中纪委、全国人大、国务院、证监会等人员召开座谈会。与会人员畅谈执行此规定的意义。一致认为这一禁令

中央办公厅发文
（中办发〔2001〕10 号）
允许党政干部炒股（李几招提供）

的放开，充分体现了党中央与时俱进的务实精神。5 月 10 日，《人民日报》刊登了这次座谈会发言摘要。

《人民日报》刊登党政干部购买股票的发言
（李几招提供）

由此可见，作为高官的李荣融，炒股完全符合有关规定。

2011 年的"两会"期间，李荣融参会曾公开表示，退休后他最想做的事情就是炒股，以此来了解股民的心情。

李荣融解释说，我之所以想炒股，就是想了解一下投资者的心情，不炒怎么知道？股市这玩意儿，我真看不懂。蛮好的企业，股价往下跌，不怎么样的企业，股价还轰轰地往上升。从炒的角度来看，可以理解这种现象。从长期投资的角度来看，可能是投资者还没有看出企业的好坏。盘面我天天看的。现在的股市，有时候正常，有时候不太正常。选择股票，很重要的是看公司管理做得好不好，管理做得好业绩不至于太差。投资者不仅要看企业是不是要被重组，更要看谁来重组，重组方原来有什么业绩，原来就没有业绩的话，去重组能行吗？

转瞬间又是一年，不知道李荣融主任是否真的开户炒股了？如果李荣融真

的开户炒股了，股民们一定非常欢迎。

如果李荣融开户炒股了，接下来我和股民们就非常关心：李主任炒股的业绩如何？

按照李主任的思路，他一定买入了他认为"蛮好的企业"股票，也就是郭树清主席提到的蓝筹股。再加上李主任在职的时候，管理的蓝筹股上市公司有十几家，他比较了解其管理的能力和潜力，他又认为"选择股票，很重要的是看公司管理做得好不好，管理做得好业绩不至于太差"，所以，笔者猜测，李主任可能买入了中国工商银行、中国石油、中国联通、中国农业银行等这些大盘蓝筹股。

笔者 2011 年撰文认为，李荣融炒股，如果没有一定的摸爬滚打的磨炼，肯定赔。

实际上，类似李主任这样的高官参与炒股不在少数了，他们几乎都赔钱了。没有亲自尝尝炒股赔钱的滋味，无法理解股民为什么赔钱的心情。

所以，"两会"期间，非人大代表也非政协委员的笔者，也冒昧建议，应该允许中国证监会的官员们炒股，没有炒股实践的经历，怎么能制定出切实可行的股市规定呢？即使制定了有关规定，也是离题万里，纸上谈兵。

话说回来，李荣融主任，您是政协委员，既然您 2011 年表示要炒股，能否给股民一个回复呢？

即：您炒股了吗？您炒股是赚钱了、赔钱了，还是不赔不赚？

代表、委员对股市的提案建议

全国政协委员、海德里盲人学校中国福州分校校长夏荣强建议，实行 6 小时股票交易时间制。夏荣强是盲人，承认自己是股民，已经当了 10 年政协委员了。他参会，都是妻子王玉良引路陪伴帮助。

致公党中央提交的《关于改革和完善保荐制度，进一步规范证券市场发展的提案》建议，应该废止保荐代表人制度，回归保荐机构单保制，同时，发行新股时，可在创业板有选择地试行注册制。

全国人大代表、前吉林证监局局长江连海建议，允许银行资金合理有序地进入股市，包括开办企业股票质押贷款和个人股票质押贷款，并且不限定此贷款用途，允许再投入股市。

全国政协委员、中金公司董事长李剑阁建议，提高或取消新股网下发行比例上限、放开存量发行、加大分红力度、完善退市机制、建立中小企业快捷融资机制。

全国政协委员、香港渝振控股集团有限公司董事局主席陈振东建议，中央建立国有企业负责人经济责任审计制度和国企负责人收入财产申报制度，并推行国企负责人公开招聘、竞争上岗、公示评议制度。

盲人夏荣强由妻子陪伴参加"两会"
（欧阳红摄影）

全国政协委员、中国证监会主席助理朱从玖建议，对于多数普通股民而言，投资股市就是要投资"看得见、摸得着"的公司。一是购买绩优大盘股；二是适当分散；三是买入价格不要过高。

全国政协委员、原证监会副主席范福春建议，成立专门的证券审判法庭来强化对证券执法的保证，要将强化投资者回报和权益保护的要求落到实处。

全国人大常委会委员、民建中央副主席辜胜阻建议，强化投资者回报和权益保护，最重要、最根本的在于提高上市公司质量，质量较高、治理结构完善的上市公司群体，是强化投资者回报的基石。

全国人大代表、上海市委副书记、市长韩正说，除了法律和技术层面的问题外，国际板的推出还有社会层面的问题，综合多个因素来看，现在不是推出国际板的最佳时机。

全国政协委员、广东证监局局长侯外林建议，要以提高公司透明度和诚信水平为重点，进一步提高上市公司质量。其中，重要的一点措施是加强分红监管，推动上市公司强化对股东的回报。对有利润长期不履行分红义务公司的关注，视情况采取监管措施。

全国政协委员、华东师范大学国际金融研究所所长黄泽民建议，强化投资者回报工作应当首先强化细化上市公司、保荐机构等相关主体责任，改革发行制度的同时，还应细化现有制度，并加强制度执行的力度。

全国人大代表、中国证监会上市部巡视员兼副主任欧阳泽华建议，要加强对发行人、承销机构责任的认定和约束，研究考虑一些存量股份的流动性问题，进一步完善信息披露。

板块二
上市公司总体概况

第一章 上市公司年报、中报和季报情况

上市公司年报新要求：增强分红信息

2011 年 12 月 30 日，中国证监会发布公告，部署 2011 年年报编制、审计和披露工作。公告要求，上市公司应增强利润分配透明度，充分披露利润分配信息，应以列表方式明确披露公司前三年股利分配情况或资本公积金转增股本情况以及现金分红的数额、与净利润的比率；应披露本次股利分配预案或资本公积金转增股本预案；应披露现金分红政策的制定及执行情况，说明是否符合公司章程的规定或者股东大会决议的要求，分红标准和比例是否明确和清晰；对现金分红政策进行调整或变更的，应当详细说明调整或变更的条件和程序是否合规和透明。对于本报告期内盈利但未提出现金利润分配预案的公司，应详细说明未分红的原因、未用于分红的资金留存公司的用途。

1 月底到 2 月初，上海证券交易所连续发布了几个有关年报工作备忘录。一号备忘录要求境内外同时上市的公司及金融类公司，应在年报披露的同时披露内控报告，境内外同时上市的公司，还应披露注册会计师出具的财务报告内部控制审计报告。二号备忘录要求 2009 年、2010 年连续两年亏损股票交易被实施退市风险警示的公司，若 2011 年度继续亏损，公司股票存在暂停上市风险的，公司董事会应认真对 2011 年度盈亏情况进行核实并及时进行业绩预告，如预计公司 2011 年度实现盈利，应在披露业绩预告的同时提供由年审注册会计师出具的有关公司盈利预审计情况的专项说明。三号备忘录要求增加披露非经营性资金占用的发生时间、占用金额、发生原因、偿还金额、期末余额、预计偿还方式、清偿时间、责任人和董事会拟定的解决措施。五号备忘录要求上市公司提供动态信息。

1 月下旬，中国注册会计师协会表示，为增强年报审计监管的前瞻性、针

对性和有效性，已在年报审计期间指派专人分析上市公司公开的信息，先后约谈了 11 家证券资格事务所，及时向其提示上市公司年报审计风险，并安排专人逐日跟踪上市公司年报披露。

中国注册会计师协会表示，2012 年将进一步做好上市公司年报审计监管工作，完善约谈机制，强化事前事中监控；将切实指导做好新审计准则和内部控制审计指引的贯彻实施工作，并跟踪和研究解决准则实施中的实务问题。

上市公司年报业绩概况

1 月 10 日，*ST 金果（000722）第一个公布了 2011 年年报。2010 年 5 月，*ST 金果曾经暂停上市。2011 年，该公司实现营业收入 1.88 亿元，同比减少 68%；归属于上市公司股东的净利润为 8289.58 万元，同比增长 229%。

4 月 10 日，超华科技、海螺型材、上海凯宝、科大讯飞、三维工程、浙江永强、锦龙股份、ST 梅雁、ST 金材、梦洁家纺 10 家上市公司同时首批公布了 2012 年一季报，其中实现净利润同比增长的公司有 7 家、业绩下降 1 家、亏损 2 家。

4 月 30 日，上市公司 2011 年年报和 2012 年一季报披露完毕，2403 家上市公司（主板 1422 家、中小板 670 家、创业板 311 家）2011 年共实现营业总收入 225061.27 亿元，同比增长 23.38%；归属于上市公司股东的净利润为 19353.94 亿元，同比增长 13.14%，和 2010 年的 37.34% 相比，增速下滑明显；加权平均每股收益 0.534 元；平均净资产收益率 14.11%，同比下降 3.56%；2241 家公司实现盈利，162 家上市公司亏损，超过 10 亿元巨额亏损的有 8 家公司。

贵州茅台每股收益 8.44 元，位居第一名；*ST 盛润每股收益 5.04 元，位居第二名；佰利联每股收益 4.49 元，位居第三名。

2401 家上市公司发布了一季报，一季度共实现营业总收入 55647.9 亿元，同比增长 8.85%；归属于上市公司股东的净利润为 4943.68 亿元，同比下滑 0.12%；加权平均每股收益 0.135 元。

2011 年上市公司业绩增幅不到 12%，这是自 2009 年以来上市公司的增速最低点；上市公司的毛利率较 2010 年下滑 1.14 个百分点。

2011 年净利润排行前三名的是：工商银行 2082.65 亿元，增长 26.10%；建设银行 1692.68 亿元，增长 25.52%；中国石油 1329.84 亿元，下跌

4.92%。从净利润的增幅看，中信银行达 43.28%，位居第一名；招商银行达 40.20%，位居第二名；交通银行达 29.95%，位居第三名。

2011 年度共有 1613 家上市公司提出了现金分红方案，占全部上市公司的 67.06%，超过 2008 年的 52%、2009 年的 55% 和 2010 年的 61%；现金分红金额为 6068 亿元，占上市公司 2011 年实现净利润的 31.35%。蓝筹股工商银行分红派现总额达 708.64 亿元，名列前茅。中小板有 80% 的公司都有现金分红的计划，而沪市、深市主板及创业板的现金分红公司占比明显偏低。

从股息率看（以 4 月 27 日收盘价计算），紫光华宇现金分红为每 10 股派现 15 元，股息率为 10.29%，位居第一名；盐田港的股息率为 8.16%，位居第二名；新兴铸管股息率为 6.35%，位居第三名。

2011 年度每 10 股派现 10 元以上的公司共有 17 家，贵州茅台每 10 股派现 39.97 元，再次荣获派现冠军。其次是张裕 A，10 送 3 派 15.2 元；洋河股份，10 转 2 派 15 元；泸州老窖，10 派 14 元等。

已连续 5 年未派现的上市公司有 420 家，其中 ST 公司和 *ST 公司占了很大比例。

2011 年，上市公司分红派现与上市公司再次圈钱也是不匹配进行的。按照 94 家上市公司同比口径计算，94 家上市公司派现金额仅有 153.07 亿元，而其公布的增发预案预计募资金额高达 2129.67 亿元。其募资和派现的比例为 13.91∶1，即分红 1 元，募资将近 14 元。

可见，上市公司这边分红，那边就圈钱再捞回来，而且捞回来的力度还很大。

2011 年度提议以公积金转增股本超过 10 转 10（包括 10 转 10）的公司共有 181 家，转增超过 10 转 5 的公司有 386 家，其中创业板公司有 125 家提出了每 10 股转增 5 股及以上的分配计划。

2011 年度送转股的冠军是通裕重工，每 10 股转 15 股派 3 元。其次是国海证券，每 10 股送 13 股转增 2 股并派现金 1.5 元。

2011 年 153 家上市公司亏损，亏损比例为 6.51%，亏损金额为 423 亿元，大大超过了 2010 年 170 亿元的亏损总额。中国远洋净利润巨亏 104.49 亿元，位居第一名；第二亏损大户是京东方 A，扣除非经常性损益，亏损达 38 亿元。此外，中海集运净利润亏损为 27 亿元、鞍钢股份亏损 21.4 亿元、重庆钢铁亏损 14.7 亿元、新中基亏损 11.7 亿元、韶钢松山亏损 11.3 亿元、*ST 锌业亏损 10.8 亿元、*ST 海龙亏损 10.1 亿元、长航凤凰亏损 8.8 亿元。

2011 年有 279 家新上市的公司，而业绩变脸的有 12 家，其公司净利润降幅超过 40%，有 3 家超过 50%。

2011 年盈利暴跌的行业是证券业，方正证券和东吴证券净利润同比暴跌 79.42% 和 59.7%；其次是华锐风电，净利润同比暴跌 72.84%。

2011 年市净率（股价与净资产比率）最低者为安阳钢铁，0.61 倍。此外，鞍钢股份、华菱钢铁、马钢股份、中国中铁、武钢股份、宝钢股份、四川长虹、广深铁路等均跌破净资产。

2011 年每股净资产巨额亏损前三名的是，*ST 宏盛亏损 13.83 元、*ST 科健亏损 8.15 元、*ST 中华亏损 3.05 元。

2011 年有 114 家公司年报被审计机构出具非标准性审计意见，这些"非标"的公司中，有 66 家公司在近 3 年内连续被审计单位出具非标准性审计意见，占比 58%。ST 类是被"非标"公司的"重灾区"，在 114 家公司中，ST 公司有 86 家，占比高达 75.44%。86 家 ST 公司中，72 家公司被审计机构出具的审计意见为带强调事项段的无保留意见，占比 83.72%。有 66 家公司在最近 3 年中均被审计机构出具"非标"意见。

世纪星源、ST 中冠 A 和特力 A 等 91 家公司被审计机构出具带强调事项段的无保留意见的审计报告，*ST 国商和四环生物等 19 家公司被审计机构出具保留意见的审计报告，*ST 中华 A、*ST 科健、*ST 广夏和*ST 石岘 4 家公司则被审计机构出具无法表示意见的审计报告，紫光古汉等 4 家公司连续 3 年被出具保留意见的审计报告。

12 月 17 日，中国证监会通报了上市公司 2011 年年报监管的工作情况。2011 年的年报监管工作加大了现场检查的力度，证监会共对 434 家公司进行了现场检查，占上市公司总数的 18%。督促上市公司对所发现的问题进行整改的完成率为 70%。2011 年，实施现金分红的上市公司数达到 1613 家，占上市公司总数的 67%，现金分红额度为 6067 亿元，占 2011 年上市公司利润总额的比例为 31%。

有 7 家上市公司因为 2011 年年报监管审核中发现的问题被证监会正式立案。沪深两所结合年报披露事前、事中、事后监管，完成了 2403 家上市公司 2011 年年报审核分析工作，共关注 9053 个问题，其中财务会计问题占比 58%、日常经营问题占比 22%、公司治理问题占比 14%、其他问题占比 6%。

创业板业绩下滑　首次出现亏损公司

308 家创业板公司 2011 年每股收益为 0.53 元，共计实现归属母公司股东的净利润为 234.80 亿元，同比增长 12.83％。慈星股份净利润为 9.18 亿元，位居第一名。而创业板公司 2010 年度和 2009 年度的净利润整体同比增幅分别达到 36％和 45％，可见，2011 年创业板公司的业绩增速创下新的最低值。有 89 家创业板公司业绩同比出现下滑，占比接近 28.6％。

2011 年度创业板公司平均营业收入增长率、平均净利润增长率分别为 26.62％、13.88％，均低于 2010 年度的 38.02％、31.2％。

对于创业板业绩回落问题，3 月 28 日，深交所发文称，中小企业上市前后的业绩增长普遍存在"耐克曲线"特征，即上市后一两年业绩增长滞缓，甚至下降，而 3～5 年之后又恢复高速增长的态势。投资者应给予创业板公司更多宽容，把关注点放在企业的核心竞争优势和持续创新能力上来，注重中长线投资，避免短期投机和跟风炒作。

2009 年、2010 年，创业板公司没有亏损的。2011 年，当升科技（300073）年报显示，其净利润亏损了 73.9 万元，同比暴跌了 102.13％，这是创业板开板以来首家亏损的公司。盈利暴跌的公司还有，康芝药业同比下滑 97.98％，向日葵同比下滑 86.14％，国联水产和东方日升则分别同比下滑 85.12％和 80.33％。

值得注意的是，第一批挂牌创业板的 28 家公司的超募资金基本闲置。28 家公司当时募集资金净额 145 亿元，超募资金 78 亿元，但是，截至 2011 年底，仅有 42 亿元投入使用，使用率为 54％，而投入使用的 42 亿元资金中，24％是用于补充流动资金或偿还贷款。比如，北陆药业超募 1.48 亿元，几乎都用于补充公司流动资金。类似的还有金亚科技、网宿科技、安科生物、鼎汉技术、宝德股份等，它们的超募资金中超过一半是用于补充公司流动资金和偿还贷款。

截至 2012 年 10 月 23 日，创业板已经正式开板 3 周年，创业板上市公司已经达 355 家，总市值 8531 亿元。而创业板指数，从 2011 年 12 月 20 日盘上 1239.60 点的高峰之后已经跌到了 707.75 点，跌幅达 42.31％。355 家创业板上市公司，处于破发状态的有 221 家，占比高达 62％；有 52 家上市首日即破发，投资者（包括机构投资者）整体亏损总额达到了 183 亿元。

10 月 24 日，《投资快报》记者特对 355 家创业板公司进行梳理，从中找出了 10 家不靠谱的典型坑人公司，它们是：业绩变脸最快的南大光电；业绩变脸幅度最大的珈伟股份；破发跌幅最大的恒信移动；遭套现最多的乐普医疗；董事长及大批高管辞职的朗科科技；首批上市公司中业绩表现最差的宝德股份；突击入股套现上市后股价暴跌的华伍股份；涉嫌侵吞资产漂白上市股价重挫的科斯伍德；净利润同比下降最大的国联水产；净利润复合年增长率最差的康芝药业。

上市公司粗心大意　乌龙年报五花八门

2011 年年报出差错的 110 家公司出错内容主要包括财务指标错误、货币单位错误、时间错误、录入性错误、股东名单错误、股东持股数量错误、利润分配错误等。这些错误导致了股民的损失。

3 月 10 日，中文传媒发布年报显示，47 岁的曾少雄年收入为 72.56 亿元，如此高薪，股民哗然。3 月 12 日，该公司发布公告更正为 72.56 万元。

3 月 26 日，包钢稀土发布了《2011 年年度报告》、《对外投资公告》、《关于召开 2011 年度股东大会的通知》等 12 份公告。2011 年，包钢稀土营业总收入同比增长 119.25%，净利润同比增长 363.33%，基本每股收益 2.872 元。利润分配预案为每 10 股送 10 股红股并派发 3.5 元现金红利（含税）。但是包钢稀土的年报从第 91 页到第 124 页，正文部分屡次出现了"错误！未找到引用源"这样莫名其妙的字句，约有 100 余处。其中有几页这几个字的底色还是蓝色的。

包钢稀土承认，包钢稀土的年报原本是 Word 文档，在向上交所提交时，转换成 PDF 格式发生了问题。包钢稀土业绩和分配方案均无错，可是年报的错误却令人大跌眼镜。

3 月 28 日，皇氏乳业公布年报，由于把"万元"错印为"元"，结果公司董事长黄嘉棣 2011 年的年薪居然只有"30 元"，而公司其他 7 位高管的年薪也只有"20～25 元"，公司的两位独立董事和两名监事的年薪显示为"6 元"和"3 元"。对此明显错误，皇氏乳业证券事务部工作人员满不在乎地表示，这样的错误也算不上什么大错。上市公司在年报中多少都会犯点错，这也是很正常的。

S*ST 聚友在"主要控股及参股公司的经营情况及业绩"中将"2011 年"

错写为"2010 年"。

鸿利光电 2011 年年报则将公司控股股东、实际控制人的持股比例搞错。

*ST 四环由于修改工作中电脑版本交叉错误及疏忽，出现了会计负责人的姓名、公司名称、注册资本等 8 项年报错误。

小天鹅 A 年报国内营业收入原来为同比上升 17.55％，后更正为同比下降 0.95％。

*ST 金马由于"本年比上年增减比例"计算出现错误，导致不具可比性的净利润、每股收益等主要财务指标 2011 年出现暴增数倍的错误。

智光电气误将 2010 年的股东名单"粘贴"到 2011 年。长荣股份也出现了股东名单的错误。

银河磁体在披露前 5 大供应商时出现了将属于同一控制人控制的两名供应商未予以合并列示的错误。

中天科技旗下中天投资持有光迅科技 13.5％股份，其将该股权长期列示在"长期股权投资"并采用成本法核算，违反了《企业会计准则解释第 3 号》等规定。

凌钢股份由于对相关规定的理解产生偏差，重新进行会计处理后减少 2011 年净利润 738.55 万元。

董事长年薪冰火两重天　股份有限公司年平均工资最高

2011 年，上市公司高管、首席执行官（CEO）有 294 位年薪超过百万元；其薪酬总额为 5.71 亿元，平均每人 194 万元。上榜人数及薪酬平均数同比上升了 27％和 1％，再次创下新的纪录。

高薪 CEO 主要集中在金融、房地产、信息技术及医药等行业，30％出自中小板和创业板公司，151 位来自民营企业，143 位来自国有企业。佛山照明 CEO 钟信 69 岁，为上榜 CEO 中最年长者；世纪华通 CEO 王一锋 28 岁，为上榜最年轻者。

万科公司董事局主席王石的年薪达 1504 万元，万科总裁郁亮年薪为 1305 万元，他们二人分别位居第一名、第二名；中国平安董事长兼 CEO 马明哲，年薪为 988 万元，位居第三名。之后为：中集集团总裁麦伯良，年薪 958 万元；深圳发展银行行长理查德·杰克逊，年薪 869 万元；长城开发总裁郑国荣，年薪 759 万元。

但是，上市公司高管的年薪反差也极大，江泉实业董事长于孝燕年薪仅为3000元。

2011年年报显示，银行员工的薪酬偏高。招商银行的人均薪酬最高，大约45万元，其后依次是浦东发展银行和深圳发展银行，人均薪酬大约40万元。不过银行的员工们反映自己的高薪酬是"被增涨"、"被高薪"。

上市银行虽然人均薪酬很高，但是给股民的股息率仅为2.62%。

5月29日，国家统计局公布了2011年城镇非私营单位分行业就业人员年平均工资。从登记注册类型看（国有、集体、股份有限公司、港澳台商投资等），股份有限公司的年平均工资最高，为51778元，是全国平均水平的1.22倍。

上市公司精兵简政　人少办大事

人浮于事，一直是机关弊病，但是在上市公司中，有一批员工人数很少，却创造了较大价值，这样的精兵简政上市公司值得提倡。

2011年，人员少于30人的上市公司有36家。其中，员工最少的为*ST创智，员工6人。然后为ST太光和*ST盛润A，员工总数均是8人，最后是*ST泰复，有9人。

这些小公司，创造了大业绩。比如，*ST盛润A的8名员工，人均净利润高达1.82亿元；金科股份的12名员工，人均净利润达0.53亿元；百视通的29名员工，人均净利润达0.12亿元。

也有15家公司业绩不佳亏损的，其中，24人的S*ST聚友人均亏损0.03亿元；12人的ST博元人均亏损0.02亿元；16人的*ST科健人均亏损0.014亿元。

上市公司净利润排名

按照净利润排名，2011年主板前10名中，银行股最抢眼，工商银行以2082.65亿元位居第一名；苏宁电器以48.21亿元位于中小板第一名；创业板上市公司第一名是9.18亿元的慈星股份。而排名最后的主板是中国远洋；中小板是澳洋科技；创业板仅有当升科技一家亏损，亏损0.01亿元。具体情况见下表：

2011 年 A 股主板上市公司净利润前 10 名

排名	证券代码	证券名称	净利润（亿元）
1	601398	工商银行	2082.65
2	601939	建设银行	1692.58
3	601857	中国石油	1329.84
4	601988	中国银行	1241.82
5	601288	农业银行	1219.27
6	600028	中国石化	716.97
7	601328	交通银行	507.35
8	601088	中国神华	448.22
9	600036	招商银行	361.29
10	601998	中信银行	308.19

2011 年 A 股中小板上市公司净利润前 10 名

排名	证券代码	证券名称	净利润（亿元）
1	002024	苏宁电器	48.21
2	002304	洋河股份	40.21
3	002493	荣盛石化	16.20
4	002128	露天煤业	16.00
5	002146	荣盛发展	15.32
6	002415	海康威视	14.81
7	002594	比亚迪	13.85
8	002563	森马服饰	12.23
9	002001	新和成	11.64
10	002422	科伦药业	9.66

2011 年 A 股创业板上市公司净利润前 10 名

排名	证券代码	证券名称	净利润（亿元）
1	300307	慈星股份	9.18
2	300003	乐普医疗	4.73
3	300070	碧水源	3.45
4	300124	汇川技术	3.40
5	300257	开山股份	2.94

续表

排名	证券代码	证券名称	净利润（亿元）
6	300144	宋城股份	2.22
7	300171	东富龙	2.17
8	300224	正海磁材	2.10
9	300142	沃森生物	2.08
10	300079	数码视讯	2.04

2011 年 A 股主板上市公司净利润亏损前 10 名

排名	证券代码	证券名称	净利润（亿元）
1	601919	中国远洋	−104.49
2	601866	中海集运	−27.43
3	601005	重庆钢铁	−14.71
4	600087	*ST 长油	−7.54
5	600894	*ST 广钢	−6.89
6	600961	株冶集团	−5.89
7	601179	中国西电	−5.18
8	600707	彩虹股份	−5.18
9	600408	安泰集团	−3.83
10	600882	*ST 大成	−3.81

2011 年 A 股中小板上市公司净利润亏损前 10 名

排名	证券代码	证券名称	净利润（亿元）
1	002172	澳洋科技	−6.96
2	002362	汉王科技	−4.97
3	002114	*ST 锌电	−2.83
4	002019	鑫富药业	−2.30
5	002145	*ST 钛白	−1.98
6	002162	斯米克	−1.82
7	002218	拓日新能	−1.40
8	002102	冠福家用	−1.20
9	002047	成霖股份	−1.07
10	002039	黔源电力	−0.84

2011 年 A 股创业板上市公司净利润排行后 10 名

排名	证券代码	证券名称	净利润（亿元）
1	300073	当升科技	−0.01
2	300086	康芝药业	0.03
3	300023	宝德股份	0.08
4	300013	新宁物流	0.09
5	300061	康耐特	0.10
6	300116	坚瑞消防	0.12
7	300094	国联水产	0.12
8	300095	华伍股份	0.13
9	300097	智云股份	0.14
10	300121	阳谷华泰	0.15

三板公司业绩增长

代办转让市场（三板）公司公布的 2011 年年报显示，114 家公司平均营业收入为 1.09 亿元，同比增长 30%，归属于母公司的股东净利润平均为 1033 万元，同比增长 27%。114 家公司平均每股收益为 0.35 元，同比上升 0.06 元；平均净资产收益率为 17.51%，同比下降 0.26 个百分点。每股经营活动产生的现金流量净额为 0.09 元，下降了 0.21 元。

沪深两所上市公司半年报概况

6 月 29 日，上交所发布了《关于做好上市公司 2012 年半年度报告披露工作的通知》，该通知要求，上市公司应当在"董事会报告"中详细披露现金分红政策的制定及执行情况，对现金分红政策进行调整或变更的，还要详细说明调整或变更的条件和程序是否合规和透明，说明是否符合公司章程的规定或者股东大会决议的要求，分红标准和比例是否明确和清晰，相关的决策程序和机制是否完备，独立董事是否尽职履责并发挥了应有的作用，中小股东是否有充分表达意见和诉求的机会，中小股东的合法权益是否得到充分维护等。

7 月 10 日，首份中报出炉，津劝业净利润同比增长 60.22%。可惜，第二天，该股却出现放量下跌 3.31% 的尴尬走势。

2012 年上半年，沪深两市 2475 家上市公司净利润同比下滑 1.51％，973 家公司盈利同比出现下降，平均每股收益 0.2713 元，同比下滑 6.59％；每股净资产 3.86 元，平均净资产收益率同比下滑 1.13 个百分点，为 7.03％。

在 2475 家上市公司中，有 2130 家公司盈利，有 345 家上市公司上半年净利润出现亏损，亏损比例高达 14％，同比大幅上升超 5 个百分点。中国远洋以净利润亏损 48.72 亿元位居亏损榜单第一位，中国铝业、鞍钢股份、马钢股份和安阳钢铁依次排列。

2012 年中期，两市共有 115 家公司提出了半年度分配预案，其中 97 家公司有现金分红，29 家公司提出公积金转增股本的计划，其中 10 转 10 及以上的公司达到 16 家，ST 合臣和长方照明两家公司提出了每 10 股转增 15 股的高送转计划。其中 ST 合臣因上半年净利润亏损，还高送转，引人关注。

97 家派现的公司中，每 10 股派现达到或超过 5 元的共有 12 家，多年没有分红的金马集团，半年度分配拟每 10 股转增 10 股并派现 10 元（含税），为最高；南大光电拟每 10 股派现金红利 10 元（含税）位居第二名；每股派现金额较高的公司还有兆日科技，每 10 股派现 7.5 元；贝因美拟每 10 股派现 7 元；百润股份每 10 股转增 10 股并派现 6 元；凯利泰每 10 股派现 6 元。计划每 10 股派现 5 元的公司则有安源煤业、万丰奥威、东江环保、麦捷科技和晶盛机电；慈星股份拟每 10 股转增 10 股派现 5 元。

"两桶油"的分红计划是：中国石油每 10 股派发现金股利 1.525 元；中国石化的分红预案是每 10 股派发现金股利 1 元。

上市公司三季报业绩堪忧

9 月底，沪深两所就上市公司三季报的披露工作下发通知，深交所要求，主板、中小板上市公司在本次季报披露前预计 2012 年前三季度归属于上市公司普通股股东的净利润为负值、实现扭亏为盈、与上年同期相比上升或下降 50％以上但未进行业绩预告，或者预计 2012 年前三季度业绩与已披露的业绩预告或盈利预测差异较大的，应当在 10 月 15 日前及时披露业绩预告、业绩预告修正公告或盈利预测修正公告。创业板公司方面，应在 10 月 15 日前披露 2012 年前三季度业绩预告。已经在 2012 年半年度报告或其他公开披露的信息中对 2012 年前三季度业绩进行过预告或披露的公司，可以不再重复披露。

上交所要求，公司报告期主要会计报表项目、财务指标与上年度期末或上年同期相比增减变动幅度超过 30%的，应在季报正文 3.1 中说明情况及主要原因。

10 月 15 日，首批上市公司三季报出炉，滨化股份 7～9 月净利润同比下降 27.16%；有研硅股三季度公司净亏损 2513 万元。

10 月 31 日，深沪两市 2493 家上市公司三季报公布完毕。上市公司前三季度实现营业收入同比增长 7.48%，环比下降 1%；实现净利润同比下降 1.1%；环比大幅下降 8.2%；平均每股收益约 0.392 元。亏损的公司有 423 家，占比为 17%，同比上升了 3.3 个百分点；业绩同比下降的公司有 1165 家，占比 49.1%，同比上升了 12.4 个百分点。

第二章 上市公司总体情况

李长春考察格力电器　国资委官员空降格力电器被否定

5月17～20日，中共中央政治局常委李长春到珠海、深圳、广州等地进行调研。5月17日下午，李长春到珠海格力电器股份有限公司了解研发、生产、销售以及企业文化建设等情况。

李长春说，格力初创时像卖白菜似的卖电器产品，第二阶段抓质量，第三阶段抓核心技术，最终产销量全球领先，这对各行各业都有启发。

5月11日，格力电器接到珠海格力集团的通知，朱江洪不再担任格力集

珠海格力电器股份有限公司（朱力摄影）

团董事长、法定代表人、总裁、党委书记。董明珠出任格力电器大股东——格力集团董事长。珠海市国资委正式任命周少强（此前任珠海市国资委副主任、党委委员）为格力集团党委书记、总裁，并被提名为格力电器新一届董事会成员候选人。

但是格力电器的新、老股东们，对珠海国资委的任命非常反感。他们不约而同地决定来一次蚂蚁博弈大象的民主行动。

5月25日，格力电器召开2011年度股东大会，周少强没有出席此次股东大会。出席会议的中国平安代表直截了当地表示抗议：人都没来，干吗投他票？

股东大会最后的表决结果是，9名董事候选人中，董明珠、鲁君四、黄辉、张军督、冯继勇、朱恒鹏、钱爱民和贺小勇均获通过。而从上面派来的候选人周少强，得票数占出席会议所有股东所持表决权的36.6%，因未达到出

席会议所有股东所持表决权的 50％，所以落选董事。此时，会场掌声雷动。

几乎所有股东在股东大会发言一边倒地认为，珠海国资委新一届董事会名单提名事先也不沟通，在高度竞争的空调行业，周少强的工作经历不足以胜任格力电器大任。总裁应该从内部产生，只有这样的管理者，才能真正了解企业、了解空调家电行业。国资委可先让他在格力基层锻炼 5 年再说。

格力电器股东们否决了珠海市国资委的决定
（朱力摄影）

老领导朱江洪出席股东大会发言说，我想周少强的工作首先不是行使什么权力，而是要熟悉空调企业、家电企业、竞争型企业的特点。

5 月 25 日，格力电器召开了九届一次董事会，会议全票通过选举董明珠为公司董事长，并续聘董明珠为公司总裁。

董明珠自 1990 年加入格力电器，至今已 22 年，是格力电器发展壮大的重要亲历者和推动者之一。

周少强的落选，充分说明股权比例的重要性。1996 年格力电器上市到 2006 年，格力电器的大股东是具有珠海市政府背景的格力集团，其持有格力电器 50.28％的股权，再加上旗下格力地产持有 8.38％，合计持有 58.66％的股权。所以，格力电器要看绝对控股股东格力集团的脸色行事。

女企业家董明珠（朱力摄影）

但是，自 2006 年以来，格力电器先后经历了股权分置改革、股权转让给销售商、格力集团自己大举减持、3 次的管理层股权激励和 2 次增发，格力集团的持股比例减少到了 18.22％，旗下格力地产持股比例下降到了 1.15％，两者合计仅持有格力电器 19.37％的股权，格力集团就此失去绝对控股地位。各个层面的股东权力合力已经极大地高于原来的大股东格力集团，格力集团可谓是自食其果。

所以，在此次的董事会董事选举中，QFII 和基金公司提名的董事高票当选，而上级指派的周少强却落选了，这就是股份制的公平和残酷。

上市公司召开股东大会不停牌

7月7日起，沪深两所正式实行新发布的《股票上市规则》。《股票上市规则》修订的主要内容是：引入净资产、营业收入、审计意见类型和市场交易等退市指标；严格恢复上市要求，设立风险警示板，对新老规则适用的衔接作出了安排。

引人注意的是，《股票上市规则》取消了股东大会召开日的例行停牌、取消股价异常波动公告日的例行停牌、取消投资者沟通日的停牌。

7月9日，粤水电公告称，公司于7月9日召开2012年第三次临时股东大会，原定当日股票停牌一天，但是基于7月7日深交所发布了新规，因此公司股票7月9日将正常交易。此外，蓉胜超微、天马精化、瑞康医药、顺威股份等均因召开股东大会不停牌而发布了类似的公告。

上市公司协会成立　郭树清鼓励入市炒股

2月15日，中国上市公司协会召开成立大会。中国证监会主席郭树清在会上表示，上市公司协会要帮助企业树立市场意识和回报股东意识。上市公司募集的钱不是白来的，不能无偿占有，更不能浪费。上市公司协会要遵守"服务、规范、自律、提高"八字方针，并把服务放在第一位，当好上市公司的"服务员"。

郭树清股评式分析说，目前的2000多家上市公司毫无疑问是中国最优秀企业的代表，这些公司总体上的成长潜力更大，而目前的估值水平平均只

中国上市公司协会召开成立大会
（欧阳红摄影）

有15倍左右的市盈率。其中沪深300等蓝筹股的静态市盈率不足13倍，动态市盈率为11.2倍，显示出罕见的投资价值，这意味着即时投资的年收益率平均可以达到8%。

中国上市公司协会首任会长陈清泰表示，协会将承担起四项任务：一是致力于提高上市公司质量；二是促进完善公司治理；三是推动建立良好的公司文化；四是为会员企业的共同利益服务。服务是协会的立会之本，将以良好的服

务使协会成为"上市公司之家"。

中国人民银行行长周小川在会上表示，提高上市公司质量的一个重要方面就是要不断推进上市公司完善公司治理。这需要各方共同努力，尤其是中国上市公司协会作为自律组织将起到重要作用。

2月26日，中国上市公司协会举办了首次培训，培训内容主要是"上市公司媒体沟通及危机公关管理"、"上市公司高管人员心理压力调适"，30家上市公司董事会秘书参加了培训。

上市公司回购股票　个别公司仅增持100股

郭树清上任后，提出支持、鼓励上市公司回购股票，证监会负责人曾经表示，在市净率已经如此低的情况下，上市公司无论从自身出发，还是从保护持股股东权益出发，如果现金情况允许，都应该考虑回购股份。对于已经跌破净资产的公司，有增长潜力、有资金条件的，更有义务来办这件事情。

到7月底，沪深两市A股（剔除ST股）中共有73家上市公司跌破净资产，其中最低为长航凤凰，为−11.397倍；沪深两市B股（剔除ST股）中共有93只股票跌破净资产，其中最低为晨鸣B，仅为0.349倍。8月2日，证监会有关部门负责人发出呼吁，上市公司回购股份能创造多赢局面，提振投资者信心，证监会支持和鼓励有条件、有潜力的上市公司回购本公司股份。

8月28日，宝钢股份公布半年报时发公告称，经综合考虑投资者建议和公司的财务状况后，现拟以不超过每股5元的价格回购宝钢股份，回购总金额最高不超过50亿元。当日，宝钢股份封住涨停。9月17日，宝钢股份召开了2012年第二次临时股东大会，高票通过了回购公司股票的议案。

宝钢股份之所以出资回购股票，主要是因为该股价跌破了净资产，到2012年7月31日，两市已有71家公司"破净"，其中有交通银行、浦发银行、中国交建、中国中铁等大盘蓝筹股。

对于宝钢回购股票，股民认为，有作秀的成分，主要为了稳定和提高股价，为今后再融资做准备。

此外，2012年5～7月，宝钢股份高管公司董事总经理马国强、董事诸骏生、副总经理李永祥、副总经理王静、副总经理周建峰，分别买入5万股、3万股、2.85万股、4万股和2.5万股宝钢公司股票。

截至2012年12月3日，宝钢股份公司回购数量为393087277股，占公司总股本的比例约为 2.2%，公司将该部分回购股票中的 390000000 股注销，支付总金额约为 18.1 亿元。

9 月 14 日，江淮汽车宣布，鉴于近期公司股价持续低迷，无论市盈率还是市净率均处于历史较低水平，为增强投资者信心，公司决定回购，预计回购股份约 5769.23 万股，占公司总股本约 4.48%。具体回购股份的数量以回购期满时实际回购的股份数量为准，回购股份的期限为自股东大会审议通过本回购股份方案之日起 12 个月内，拟以自有资金回购公司股份。此次回购股份的价格不超过每股 5.2 元，拟用于回购的资金总额最高不超过 3 亿元，资金来源为自有资金。

10 月 18 日，洋河股份发布了关于制订股份回购计划的长效机制的公告称，将择机制定股份回购的相关方案，股份回购金额不高于上一年净利润的20%，回购期限为在本届董事会任期（2012 年 2 月 9 日～2015 年 2 月 8 日）内，计划分两期执行。

但是令人啼笑皆非的是，京威股份 9 月 19 日公告称，公司独立董事梁振安近日增持 100 股，涉及金额 1973 元，这创下了"最迷你"的增持纪录。

9 月 21 日，通裕重工的副总经理兼董事会秘书石爱军在二级市场增持了500 股自己公司的股份。此外，北斗星通的高管郭飚、红旗连锁的喻实、中元华电的王小波也都增持，但增持的数量仅为几千股。

2012 年，安凯客车、宁波华翔、粤水电、孚日股份、报喜鸟、大东南、兴森科技、宝钢股份、江淮汽车、用友软件、申能股份和洋河股份 12 家上市公司宣布回购计划，拟用于回购股份资金合计 82 亿元，真正开始用真金白银在二级市场进行回购的仅有半数公司，动用了 22 亿元。

买股不当：京威股份刚刚上市就差点退市

5 月 7 日，京威股份发布了"股权分布连续 10 个交易日不符合上市条件风险提示公告"。

公告称，北京威卡威汽车零部件股份有限公司首次公开发行的股份于2012 年 3 月 9 日在深圳证券交易所上市，上市时公司股份总数为 30000 万股，其中社会公众持有的股份占公司股份总数的 25%。

4 月 18 日，公司主管销售的副总经理王立华从二级市场买入公司股票6300 股，占公司股份总数的 0.002%。

按深圳证券交易所《股票上市规则（2008年修订）》第18.1条第（十）款规定，上市公司高级管理人员所持公司股份不计入社会公众股。按照该项规定，公司副总经理王立华买入公司的股票后，社会公众股即已低于公司股份总数的25％。至2012年5月4日，公司社会公众股已经连续10个交易日低于公司股份总数的25％。至2012年5月18日，公司如果未解决社会公众股低于公司股份总数的25％的问题，将因股权分布发生变化导致连续20个交易日不具备上市条件，深圳证券交易所将于2012年5月21日对公司股票实施停牌。公司可以在股票停牌后1个月内，向深圳证券交易所提出解决股权分布问题的具体方案及书面申请，在6个月内股权分布仍不能符合上市条件的，深圳证券交易所有权决定暂停公司股票上市交易。

此公告发出后，市场哗然，其股价也暴跌。这6300股流通股，12个月后不能妥善解决，将引发该公司退市。

5月10日，京威股份公告称，公司董事会5月3日对外发布公告称，周剑军因工作时间不能保证原因辞去监事及监事会主席职务。鉴于公司目前因副总王立华买入公司股票6300股导致公司因股份分布不符合上市条件而存在退市的风险，周剑军停止履行监事职务后，其通过上海华德信息咨询有限公司持有的675万股（占公司总股本的2.25％）将成为社会公众股，由此，公司股权分布问题可望得到解决。京威股份股价闻讯后开始由下跌转为暴涨。

5月19日，该公司公告披露，2012年5月2日，公司监事会主席周剑军向公司监事会提交辞职报告，周剑军辞职生效后，社会公众持有的公司股份将达到公司股份总数的27.248％，公司股权分布不符合上市条件的情形将确定消除。

5月30日，京威股份第二届监事会第六次会议召开，选举杨巍女士为公司第二届监事会主席，至此，京威股份的退市风波消除，其股价基本稳定。2012年上半年，该公司还实施了每10股派4元转增10股的分红。

证监会承认上市公司分红是"铁公鸡"

2月16日，媒体刊登了中国证监会研究中心黄明和张冬峰的分析报告，该报告指出，2007～2010年，沪深两市实施现金分红的上市公司家数分别为779家、856家、1006家和1306家，占所有上市公司家数的比例分别为50％、52％、55％和63％；分红金额分别为2757亿元、3423亿元、3890亿元和4985亿元，占当年净利润的比例为27％、36.65％、32.56％和30.01％。

2010 年，A 股公司分红总额同比增长达 28.3%。

从股利支付率来看，A 股的分红比例尤其是现金分红比例总体仍然不高。2009 年国内上市公司的平均股利支付率为 32.56%，2010 年下降为 30%。

以分红总金额对 2010 年国内全部 A 股上市公司进行排名，市值名列前茅的工商银行处于首位。工商银行 2010 年向所有股东发放了多达 642 亿元的现金红利。

从每股红利额来看，在所有 A 股上市公司中，贵州茅台 2010 年每股派息 2.3 元，成为目前为止 A 股最高分红纪录。

该报告承认，大部分上市公司是"铁公鸡"，一毛不拔。2006～2010 年末，上市时间超过 5 年，且 5 年内从未进行过分红的公司达到 414 家，其中有 136 家为盈利公司，占比 32.85%。在 2191 家上市公司中，2010 年年报既不分红也不送股的公司有 877 家，其中 2010 年度亏损的公司仅为 115 家，亏损公司不分红情有可原，但实现了盈利且有未分配利润，具备分红能力却不向股东分红，特别是持续多年不分红，就说不过去了。2010 年仅有 10 余家公司的分红收益率超过 3.5%，高于当前的一年期存款利率。

该报告引用有关数据分析指出，内地沪深股市 150 家 A 股央企及央企控股上市公司 2001～2009 年平均分红率为 22.85%，在香港上市 134 家 H 股国企上市公司的平均分红率为 25.87%。

上市公司大股东为自己利益精确设计分红路线图

在管理层强调分红的呼吁下，上市公司分红的行动有了进展，比如，2011 年，深交所共 1052 家上市公司推出现金分红预案，占样本公司家数的 73.67%，同比上升了 8.4 个百分点。

但什么时间分红对大股东好、对机构有利，可是有讲究的。有些上市公司就此玩起了把戏。比如，紫光华宇在宣布分红方案的时机上非常讲究。1 月 19 日，该公司宣布因重大事项即日起停牌。1 月 20 日，紫光华宇公告网下配售股份上市流通的提示：本次限售股份可上市流通数量为 360 万股，本次限售股份可上市流通日为 2012 年 1 月 30 日。

1 月 21 日，紫光华宇发布 2011 年度业绩预告称，2011 年归属于上市公司股东的净利润比上年同期增长 13%～23%。同时，披露 2011 年度利润分配预案每 10 股转增 10 股派发现金红利 15 元。公司股票将于 2012 年 1 月 30 日开市起复牌。

随后该公司股价复牌后就2个涨停，之后从25元左右连续暴涨，到除权除息前一日的3月30日，该股价暴涨到42元左右。

该公司2011年净利润8192万元，但是却慷慨地拿出1.11亿元现金分红而且还转增10股。可见，紫光华宇这个分红方案和时机路线图可谓煞费苦心。1月19日，该公司先公告因重大事项停牌；1月20日春节前最后一个交易日，再公告限售360万股的股份可上市流通；1月21日，再宣布"每10股转增10股派发现金股利15元"的分红方案；1月30日春节后开市复牌。

类似紫光华宇这样精确实施分红路线图的上市公司还有司尔特、汤臣倍健等公司。

为了应付管理层分红的规定，大多数上市公司的"未来3年股东回报规划"和上市公司征求投资者意见的公告流于形式，现金分红规划公告和征求投资者意见的公告格式内容互相复制粘贴，文字几乎一样，如都说"未来3年以现金方式累计分配的利润不少于最近3年实现的年均可分配利润的30％"。很少有上市公司提出与众不同的个性分红规划。

而且，"3年累计分配利润不低于最近3年年均利润的30％"这个规定，早在2008年10月证监会发布《关于修改上市公司现金分红若干规定的决定》中就有，这是上市公司再融资的一个条件。所以，上市公司为进一步圈钱做准备，就假惺惺地采取现金分红（尽量不采用送股）的方式，表面上是执行管理层规定和给股民回报，实际上是小钱分红、大把圈钱。

可见，上市公司糊弄管理层和股民，普遍缺乏现金分红的诚意。

61家上市公司5年不分红　高管薪酬却逐年攀升

2011年度共有1613家上市公司提出了现金分红方案，占全部上市公司的67.06％，超过2008年的52％、2009年的55％和2010年的61％；现金分红金额为6068亿元，占上市公司2011年实现净利润的31.35％。

但是2007～2011年，有61家上市公司（ST天龙、太原刚玉、广晟有色和英特集团等）从未向股东分红派现。这61家上市公司2011年实现净利润38.89亿元，同比增长22.39％，其中仅有7家公司亏损。

但是，2011年这61家公司高管薪酬总额为1.68亿元，同比增长32.99％，极大地超过了61家公司净利润增幅。在61家公司中，近5年没有分红的 ST 金花、大元股份和同力水泥等 7 家公司，高管薪酬却连续 5 年上升，每年增幅均保持在 20％以上。

上市公司披露风险　重庆实业响应新规

3 月 23 日，中国证监会发出了《上市公司监管指引第 1 号——上市公司实施重大资产重组后存在未弥补亏损情形的监管要求》。该指引指出，上市公司应当遵守《公司法》规定，公司的资本公积金不得用于弥补公司的亏损；相关上市公司不得采用资本公积金转增股本同时缩股以弥补公司亏损的方式规避上述法律规定；相关上市公司应当在临时公告和年报中充分披露不能弥补亏损的风险并做出特别风险提示；相关上市公司在实施重大资产重组时，应当在重组报告书中充分披露全额承继亏损的影响并做出特别风险提示。

4 月 6 日，重庆实业披露了特别风险提示公告称，在 2008 年公司完成重组后，截至 2008 年末尚有约 6.2 亿元亏损没有弥补，虽然此后 3 年均实现盈利，但截至 2011 年 12 月 31 日，重庆实业尚存在未弥补亏损约 2.7 亿元。由于存在未弥补亏损，重庆实业不能向股东进行现金分红和通过公开发行证券进行再融资。

重庆实业成为首家按照证监会要求"相关上市公司应当在临时公告和年报中充分披露不能弥补亏损的风险并做出特别风险提示"的上市公司，为中小股民提示了隐藏于报表中不易发现的风险。

别了：曾经风光无限的深发展

位于深圳股市行情表第一位的 000001 号的深发展股票，可谓大名鼎鼎，无人不知。但是，从 1998 年起，深发展业绩和股价平平，失去了往日龙头的风采。2003 年起，更是不断传出其可能被兼并的各种版本传闻。

2004 年，新桥并购了深发展，新桥收购比例为 17.89％，成为深发展的第一大股东。后来因为各种原因，新桥于 2009 年抽身而退。

2009 年 6 月 1 日，中国平安突然涨停。中国平安将以换股的方式收购深发展的传闻突起。6 月 8 日，平安 A 股、H 股早盘同时临时停牌，深发展 A 股亦同时停牌。6 月 12 日，中国平安集团发布公告称，与深发展达成《股份认购协议》和《股份购买协议》，中国平安收购深发展 11.05 亿股股权，中国平安成为深发展第一大股东。

2009年6月15日，中国平安和深发展复牌，深发展以涨停开盘，之后打开涨停板，尾市深发展再次涨停。而中国平安则高开后震荡回落，收盘报46.13元/股，涨幅为2.28%。

2009年6月29日，深发展就对中国平安定向增发一事举行了临时股东大会，会议最终以93.5%的赞成比例通过了该项议案。

2010年9月，深发展公布了和中国平安集团通过股权置换的资产重组方案。

2011年6月28日，中国证监会正式核准此方案。7月27日，深发展重大资产重组事宜完成，中国平安集团累计持有公司52.38%的股权，成为第一大股东，深发展通过增发换购持有平安银行90.75%的股权，成为平安银行的控股母公司。在吸收合并过程中，平安银行小股东可以选择获得现金或股票的方式获得对价。

2011年，深发展的员工薪酬51.6亿元，平均员工年薪27.8万元，同比增长80.6%。24名高管平均年薪为174万元，行长理查德年薪最高为869万元，同比增长56.8%。2007~2011年，董事长肖遂宁的薪酬从2007年的421万元涨至2011年的745万元，员工平均薪酬从24.49万元涨至27.8万元。同期，深发展净利润从26.5亿元增长到102.79亿元。而2011年末，深发展计提后，可供分配的利润为1476694.5万元，但是深发展表示留待以后年度分配。

但是在此期间，深发展没有分红，股东颗粒无收，令股民非常气愤。

2012年1月19日，深发展和平安银行董事会分别审议通过了《深圳发展银行股份有限公司关于吸收合并控股子公司平安银行股份有限公司方案的议案》，合并后的新银行拥有27个分行，395个营业网点，覆盖到中国平安约80%的客户群。

受此消息刺激，2012年1月20日，兔年最后一个交易日，深发展A股价复牌高开，涨幅6.34%。

2月9日，深圳发展银行和平安银行分别召开股东大会，分别以98.20%和97.95%的赞成率通过了两行吸并及更名相关议案，公

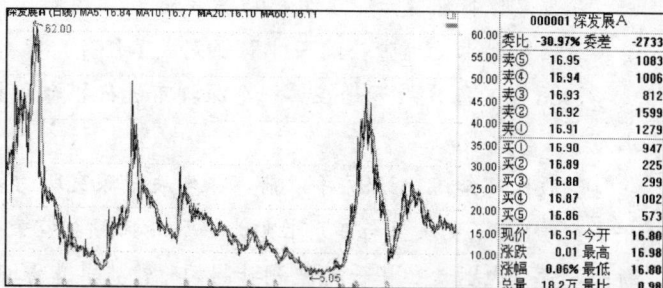

别了，曾经风光无限的深发展（李几招提供）

司的中文名称由深圳发展银行股份有限公司变更为平安银行股份有限公司。

3月9日，深发展并表平安银行之后的首份年报亮相。2011年深发展（含平安银行）实现净利润102.8亿元，同比增长64.55%；每股收益2.47元，同比增长30%。由于2011年第三季度后与平安银行并表，深发展2011年末净利润首次超过100亿元大关。

7月27日，经中国银监会审批同意、工商登记管理机关核准，深圳发展银行股份有限公司中文名称自即日起变更为平安银行股份有限公司，英文名称由"Shenzhen Development Bank Co.，Ltd."变更为"Ping An Bank Co.，Ltd."（Ping An Bank）。

8月2日，深发展A正式更名为平安银行，证券代码000001不变。20多年的深发展成为股史记忆。深市"老五股"（深安达、深原野、深金田、深万科、深发展）仅剩深万科了。

000001 深发展A		
委比	-30.97% 委差	-2733
卖⑤	16.95	1083
卖④	16.94	1006
卖③	16.93	812
卖②	16.92	1599
卖①	16.91	1279
买①	16.90	947
买②	16.89	225
买③	16.88	299
买④	16.87	1002
买⑤	16.86	573
现价	16.91 今开	16.80
涨跌	0.01 最高	16.98
涨幅	0.06% 最低	16.80
总量	18.2万 量比	0.98
外盘	10.6万 内盘	76258
换手	0.59% 股本	51.2亿
净资	13.61 流通	31.1亿
收益(三)	1.500 PE(动)	8.5

深发展A股价情况
（李几招提供）

深发展名称告别了股市，老股民歔欷不已，喜忧参半。深发展这个股票名称，毕竟伴随他们走过了难忘的、喜怒哀乐的21年将近5000个交易日。老股民感叹，为了中国平安，以后不能深发展了。

附：深发展大事记

1987年，深圳市开始在6家老信用社基础上进行股份制筹建，其名称为——联合信用银行。1988年，中国人民银行原行长陈慕华在北京听取有关人员汇报筹建工作时说，联合信用银行这个名字不好，特区要发展，你们就叫深圳发展银行吧。深圳发展银行名字由此而生。

深发展银行组建后，其发行股票也遇到了困难，最后不得不采取扣工资换股票或动员干部带头购买才勉强完成了任务。

1988年，深发展开始在第一个深圳市进行柜台交易。1991年在深交所上市。

老股民都知道，1997年以前，深发展是深交所的风向标，特别是1997年1～5月，深发展（与四川长虹）在股市频频利空袭击下，居然股价屡创新高，带领大盘走出了一轮波澜壮阔的行情，其中深证成指创出6103点的新高，此高点直到2007年才被打破。

所以，老股民都知道当时有一句流行的话：砸锅卖铁，也要买深发展。

海信集团董事长周厚健炮轰白电行业是讲假话烂透的行业

1月11日，海信电器的控股股东海信集团董事长周厚健在接受中国广播网采访时炮轰白电行业能效虚标问题，他一针见血地指出：白电这个行业是一个烂透的行业，是一个完全没有实话的行业，可以说讲假话比讲真话还滋润。比如，标的节电是多少度，一天多少度，没有一个是真的。再比如，我们开发出一个一天2.5度的空调，别人是3度、5度，但是他可以标我是2度，如果你不让我造假，我们马上就死。这个行业完全是假话充斥，我就不知道为什么不制裁这样的行业。

海信科龙营销公司副总经理王瑞吉向《每日经济新闻》记者解释称，说白电行业的某些企业不说实话、不讲诚信是有一个特定背景的，当时特定的背景是个别企业宣传变频空调不如定速空调省电，后来节能惠民政策的补贴也不补贴变频空调，只补贴定速3级以上的产品。王瑞吉说，这着实令人费解，因为全世界都公认变频空调是更节能、高效的。

王瑞吉表示，这样一来对消费者和企业技术投入必然产生误导，也与国家节能减排的大政方针是背离的。在如此严肃的一个常识性技术问题上都是如此颠倒黑白，在其他方面的诚信程度可见一斑。如在各种参数上的标注问题，在材料使用上的问题等都有很大的可能背离了真实的情况。就白电行业来讲，行业自律、实事求是才是对消费者真正的负责。

一帮老人与刑满释放人员沆瀣一气诬陷伊利股份

2011年6月13日，伊利股份"10转10"除权，但是其股票突发跌停。原因是6月12日下午，张三林发出了《内幕惨不忍睹：伊利被这样掏空掏尽》的实名举报信。

张三林为原伊利原董事长助理，内蒙古自治区工会的退休人员。2004年，67岁的张三林因卷入伊利原董事长郑俊怀挪用公款案被检察机关调查。

张三林举报信说，举报内容属实，并为此承担全部责任。

该信指出，自2005年以来，由于伊利高管层贪欲横流，他们采取各种非法手段，把企业当金矿，疯狂敛财，致使国有资产和企业资产严重流失、股民利益遭受重大损失。伊利股份董事长潘刚利用职权贪污、挪用公司财产，指令

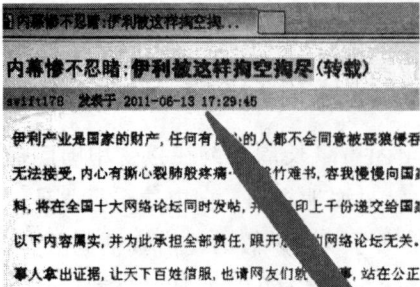

诬陷伊利股份的网上举报信

（李几招提供）

其下属以非法手段平账、冲账。潘刚及其亲属采取虚报注册资本的手段，非法设立内蒙古信禾广告有限公司，以广告费、咨询费名义，从伊利集团骗取资金达2000多万元，牟取暴利1000多万元，实为变相贪污。潘刚及其亲属设立虚假公司内蒙古锐信达科贸有限公司，以收取回扣形式受贿。潘刚及其亲属采取伪造存单手段，虚报注册资本，非法设立内蒙古利兴商贸有限公司，并以公司名义非法交易，把国家财产变为其私人财产，涉嫌贪污挪用。潘刚及其亲属利用工作之便，向其亲属泄露内幕信息，买卖伊利股票，牟取暴利。潘刚的妻子及相关亲属成立公司，骗取、侵吞国有资产，利用内部消息炒作伊利股票。潘刚与内蒙古原区党委书记的儿子储惠斌（已外逃）联手非法获得伊利股权……

对此，伊利集团在6月13日下午立即发出声明，称该网帖是内容纯属捏造的诽谤信，其目的是蓄意破坏伊利集团的正常经营，已就此事向公安机关报案。

6月13日晚，伊利集团发出了《伊利人致社会各界的一封信》。信中指出，无论是震惊国人的"前高管危机"还是"深海鱼油诽谤门"等系列事件，我们不仅没有倒下，反而以一个崭新的面貌赢得了市场，赢得了员工、消费者、政府、股东、经销商等各方面的信赖……伊利人不会纠缠于每一次恶意攻击事件的讨伐中，以破坏行业整体和谐的代价取得短暂的快意。因为，在伊利集团的身前，有数万名员工、数百万名奶农、数亿名消费者期待的目光！

伊利集团发声明辟谣（李几招提供）

后经警方的深入调查，发现这是由70多岁的张三林、60岁的老报人李希晓、中间的联络人勾结刑满释放人员姜林，沆瀣一气打造的一起诬陷的案件。

事情的真相是：2011年2月，伊利原董事长助理张三林将一份攻击伊利集团的匿名虚假材料交给原《内蒙古商报》社社长李希晓（1951年出生，从事新闻工作30余年），请其帮忙发布该材料，并许以5万元酬劳承诺。之后，李希晓以《内蒙古商报》网站开发业务和现金许诺为诱惑，把 U 盘和其材料邮寄给深圳市福龙科技有限公司总经理张海军，让其发在《澳门商报》网站上，并要求散布到互联网上。张海军又以 4.6 万元的酬劳和允许技术入股的方式参与《内蒙古商报》网站开发为诱惑，让深圳市三润科技有限公司经理周讯将虚假材料发到网络上。

6 月 13 日，伊利股份实施 10 送 10 的除权日前一天下午（6 月 12 日）发出了此帖。

当天，伊利股份上演了从瞬间涨停到跌停的大戏，成为当天两市唯一跌停个股（不计 ST 股），伊利股份的名誉和股民都遭受了巨大损失。

案发后，张三林在逃，其他涉案人员全部归案。

一审法院认为，被告人李希晓、姜林、周讯、张海军故意编造并传播影响证券交易的虚假信息，扰乱证券交易市场，造成严重后果，其行为均构成编造并传播证券交易虚假信息罪。公诉机关指控的犯罪事实清楚，证据确实充分，罪名成立。

由于 4 名被告人均有不同程度的悔罪表现，判处李希晓和姜林有期徒刑一年六个月，缓刑一年六个月，并处罚金 3 万元；周讯、张海军也分别被判处缓刑和数额不等的罚金。

五粮液等上市公司产品被检查为不合格

2011 年第四季度，广东省工商局对云浮市、阳江市、江门市、茂名市、湛江市流通环节酒类商品进行了质量监测。抽查了 32 家销售商（店）所经销的酒类商品共 100 批次，剔除标签不合格商品的合格率为 95％。白酒的产品质量较差，内在质量合格率为 93％。共有 12 批次的产品被检出不合格，其中宜宾五粮液股份有限公司生产、阳春市悦隆烟酒行经销的自园春酒（特酿）被检出酒精度、总酯不合格。

古越龙山黄酒含有 EC 致癌

6 月 15 日，香港消费者委员会发布 7 类 36 款酒精饮品测试结果，其中 3 款是来自浙江绍兴古越龙山和塔牌的黄酒。检测数据显示，"古越龙山三年陈酿绍兴加饭酒"、"古越龙山正宗绍兴陈年花雕（五年）"和"塔牌八年陈酿绍兴加饭酒"，其氨基甲酸乙酯（简称 EC）的含量，分别为每千克 0.2～0.26 毫克。这一物质在动物试验中显示损害基因并且致癌，香港消委会建议消费者最好不要食用含有 EC 的食品。

古越龙山股票闻讯暴跌并于 6 月 18 日停牌一天。

国际卫生组织将 EC 列为致癌的 2A 级，属"可能令人类患癌的物质"。

6 月 19 日，古越龙山发布澄清公告称，国家黄酒产品质量监督检测中心表示，相关媒体报道中的氨基甲酸乙酯（EC）广泛存在于酒类及其他发酵食品中，为自然发酵产生，并非人为添加。此外，媒体报道的古越龙山、塔牌 3 款酒中的 EC 含量远低于欧盟国家及其他国家水果白兰地酒的限量标准，消费者可放心饮用。

浙江古越龙山绍兴酒股份有限公司董事长傅建伟表示，黄酒中既有 EC，也含有各种对人体有益的元素，还含可以抗癌的硒元素。应该用系统、全面的眼光来看黄酒。古越龙山酒厂总工程师邹慧君说，我们多年来每升黄酒一般含有 0.1～0.2 毫克 EC，最高的 EC 含量在每升 0.4 毫克左右。EC 是黄酒发酵中的一种代谢物，很难根除，我们也在不断通过科学试验，以期降低 EC 含量。

茅台酒批发价和股价大幅下跌

4 月 11 日，贵州茅台年报公布，2011 年，贵州茅台净利润同比增长 73.49%。基本每股收益 8.44 元。贵州茅台 2011 年共生产茅台酒及系列产品基酒 3.95 万吨，同比增长 21.22%。公司高度茅台酒的营业收入为 157.28 亿元，毛利率为 93.68%。贵州茅台利润分配方案为，向全体股东每 10 股派发现金红利 39.97 元（含税），共计派发股利 41.5 亿元，再次刷新由贵州茅台保持的 A 股现金分红最高纪录。

2011 年底，316 只基金持股贵州茅台达 1.75 亿股，占流通股比例 16.89%。316 只基金为此共享贵州茅台 7 亿元的大红包。其中，广发聚丰股票型基金为公司第三大股东，持有贵州茅台 950 万股，由此获得 3797.15 万元的大礼包。此外，大成蓝筹稳健、上证 50 交易型开放式指数基金、富国天益 3 只基金，因持股数超过 400 万股，其分红金额均超过 1600 万元。

不过贵州茅台的利润增长主要来自公款消费。3 月 4 日，林嘉騋向全国政协十一届五次会议提交了一份名为《关于禁止使用公款消费茅台酒的提案》，并列出了禁止公款消费茅台酒的四点具体建议。在 2012 年 1 月召开的上海市第十三届人民代表大会第五次会议上，上海市多名人大代表建议禁止公款消费茅台酒。其中，上海市人大代表史秋琴表示，动辄 2000 多元一瓶的茅台酒已经变了味，不再是普通的白酒，老百姓对此议论纷纷、意见很大。建议上海带头在公款消费中明确禁止喝茅台。

面对茅台的巨大市场能量，影星成龙联合贵州茅台酒厂，推出"茅台成龙酒"。3 月 9 日，双方在北京举行"茅台成龙酒"全球首发式，成龙表示，把这款酒推到国外市场去。

针对"三公消费禁喝茅台"，茅台董事长袁仁国回应："茅台和公款消费无必然联系，茅台是自主知识产权的中国品牌，茅台是中国的骄傲。"

4 月 9 日，贵州茅台公告称，从 4 月 1 日起，53 度茅台从原来的 1099 元零售限价，上涨至 1519 元。看来老百姓是越来越买不起茅台酒了。

如此昂贵的茅台酒价格，假酒也乘虚而入。市场售价将近 2 万元的茅台年份酒 50 年年份礼盒若包装完好、防伪涂层没有刮开，最高能换 4000 元。假茅台酒的热销带动了真茅台酒的销售，所以贵州茅台对假酒熟视无睹。

6 月 5 日，贵州茅台在自己的网站上公布了真酒的销售点，一共是 31 个。凡是在此专卖店购买的就是真酒，茅台还同时公布了全国各片区打假办负责人的联系方式。

6 月 26 日，贵州茅台公布 2011 年度权益分派实施公告：向全体股东每 10 股派 39.97 元（含税）。股权登记日为 2012 年 7 月 4 日。7 月 16 日，贵州茅台最高价为 266.08 元，再创历史新高。

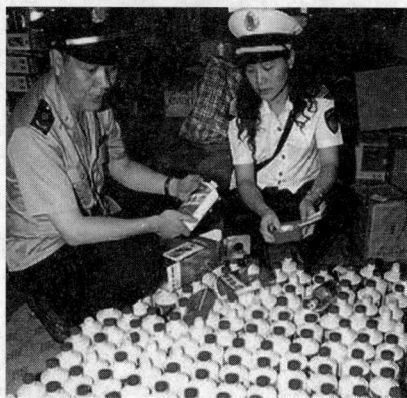

工商局查处大量假冒茅台酒（巩军摄影）

不过，贵州茅台极低的现金利用率遭到媒体质疑。贵州茅台 2007～2011 年银行存款分别为 47.20 亿元、80.91 亿元、97.40 亿元、128.84 亿元、182.52 亿元；2012 年年中，存款再次上升到 209.79 亿元。2007～2011 年，贵州茅台的利息收入分别为 0.53 亿元、1.02 亿元、1.34 亿元、1.34 亿元和 1.66 亿元，银行存款资金收益率分别为 1.12%、1.26%、1.38%、1.04% 和 0.91%。

2010 年和 2011 年，游资纷纷炒作茅台酒，使其价格不断上升，2012 年初，茅台酒批发价高达每瓶 1800 元（茅台酒出厂价格 900 元钱左右），零售价高达 2300 元左右。由于贵州茅台价格不断攀升，有人就忽悠说茅台酒能涨到 2500 元以上，结果引得许多小商户也纷纷高价进货囤积，可是到 2012 年底，茅台酒批发价下跌到 1300 元左右，而零售价也跌到 1800 元以下，许多小商户把茅台酒都砸在了自己手里，苦不堪言。

11 月 29 日，一位名叫"水晶皇"的网友在香港自购 1 瓶 53 度飞天茅台酒（200ml，价格 1780 港元）送到香港的化验中心，想查出该品牌白酒是否含有塑化剂。对此利空，12 月 3 日，贵州茅台作为 A 股唯一的一只 200 元股，暴跌 7.32%，创 4 年以来最大单日跌幅，其最低价跌破了 200 元；12 月 4 日，其股价继续下跌，最低报 190.8 元，收盘报 196.95 元，贵州茅台股价告别了 200 元。

12 月 4 日，茅台董事长袁仁国称，塑化剂导致的白酒股大跌很可能是个阴谋。

12 月 10 日，"水晶皇"网友在其博客上公布了 53 度飞天茅台香港送检的检测结果，这瓶被送检的 200ml 茅台酒检出邻苯二

"水晶皇"网友公布的茅台香港送检的检测结果截图
（李几招提供）

甲酸二（2-乙基）己酯（DEHP，塑化剂的一种）含量为 3.3mg/L，这个数据比中国酒业协会此前引用的国家标准高了 120%。

12 月 10 日，贵州茅台停牌并且马上针锋相对发布公告称，在台湾塑化剂事件之后，曾自送产品至国家食品质量监督检验中心、贵州省产品质量监督检验院、上海天祥质量技术服务有限公司 3 家权威检测机构检测塑化剂项目，结果均合格。

12 月 11 日，贵州茅台复牌，低开后，该公司控股股东中国贵州茅台酒厂（集团）有限责任公司入场耗资约 9412 万元增持贵州茅台约 45.25 万股，维持其股价恢复到 200 元之上，贵州茅台当日收盘报 202.31 元/股，上涨 1.77%，全天成交量约 922.3 万股，成交金额约 18.7 亿元。此次增持后，茅台有限公司持股占贵州茅台总股本的 61.8%。茅台有限公司表示，拟在未来 6 个月内，增持不超过贵州茅台总股份 1% 的股票。

12 月 21 日，中央军委印发加强自身作风建设十项规定，其中一条就是要求在接待工作中不安排豪华宴请、不喝酒等。12 月 24 日，公务消费"买的人

不喝，喝的人不买"的贵州茅台暴跌，蒸发了125亿元的市值。

重庆啤酒股价大幅震荡　股东大会冷冷清清

2011年，重庆啤酒因为乙肝疫苗的问题导致该股票暴跌。2012年1月9日，重庆啤酒发布公告披露乙肝疫苗76周实验数据，但是没有给出明确的结论，结果2012年1月10日该股票复牌继续下跌。面对该股无休止的暴跌，东北证券逐步全部抛掉了372.4万股重庆啤酒，累计亏损3.85亿元。

2月7日，重庆啤酒召开罢免董事长黄明贵等议案的股东大会。董事长黄明贵发言说，对乙肝疫苗项目问心无愧，

重庆啤酒股东大会现场（欧阳红摄影）

信息披露没问题，重庆啤酒没有操纵股价意图。

黄明贵解释后，大成基金首席投资官刘明突然发飙说，大成基金2011年12月8日公告数据不够完整充分，部分数据不够合理，引发股价暴跌；重庆啤酒应立刻停牌，公司却不予重视；信息披露应真实准确完整，应尽职尽责。

而黄明贵再次说，公司依法运行，信息披露没问题，没有操纵股价意图。

刘明指出，既然如此，重庆啤酒应该在疫苗项目二期揭盲关键环节后就该提交临床总结报告，再让投资者做投资决策，黄明贵要为信息披露、公司治理规范问题负责。

刘明突然发飙指责重庆啤酒（欧阳红摄影）

之后，大成基金起身离场。在其离场之后，股东投票开始。最终投票结果显示，出席会议股东共持股2.6659亿股，反对2.587亿股，占投票97.4353%，21.5747万股弃权，大成基金要求罢免黄明贵的议案未获通过。

大成基金2011年四季报显示，大成基金的持仓量已由4495万股下降到300万股左右。

不过重庆啤酒股价，自1月19日创20.16元低点后就开始反弹，19个交

易日涨幅高达 93.7%。

3 月 1 日，东北证券公布了年报，该公司 2011 年净利润亏损了 1.51 亿元，同比下降 128.62%；自营业务亏损额高达 1.9 亿元，亏损主要是由重庆啤酒暴跌造成的。

4 月 18 日，重庆啤酒公布了关于"治疗用（合成肽）乙型肝炎疫苗"有关临床试验总结报告，报告承认，在主要疗效指标和次要疗效指标中，无显著疗效。

4 月 20 日 9 时，重庆啤酒召开了 2011 年度股东大会，此次参会的股东和媒体代表寥寥无几，参加会议的股东人数 17 人，代表股份总数占公司总股本的 49.79%。除前三大股东重啤集团、重庆嘉士伯和嘉士伯香港外，参会的公众股东所持股数仅占 0.06%，其中还包括黄明贵等 4 名持股高管。此次会议没有一家机构出席，两家 QFII——挪威中央银行（持 10 万股）和加拿大魁北克投资集团（持 4 万股）均是委托公司董事会秘书进行投票。参会持股最多的某个人股东有 15 万股，而最少的仅有 1 股。整个股东大会的会场非常冷清。有关议案也均毫无悬念地获得通过。尽管与会股东对重庆啤酒乙肝疫苗研发情况再次进行了追问，但气氛已经和谐。公司董事长黄明贵平静地表示，公司将尽快和项目相关单位和有关科学家进行沟通，在对项目充分评估的基础上，再根据国家相关法律法规来进行处理。

4 月 23 日，重庆啤酒公布了一季报，十大流通股东名单中，泽熙投资、大成系基金、个人投资者袁超均已消失。

2011 年第四季度，泽熙投资大量买入重庆啤酒，其中，私募泽熙瑞金 1 号持股量达 940.3 万股，持股比为 1.94%，位列重庆啤酒第四大股东；大成系 3 只基金共计持有重庆啤酒 1876.65 万股，占比 3.87%；个人投资者袁超，2011 年末持股重庆啤酒 277.8 万股，位居流通股东第 10 位。

2011 年，重庆啤酒净利润下降了 57.32%，2011 年每 10 股派 2 元（含税）。

酒鬼酒曝出丑闻连续跌停

11 月 19 日，酒鬼酒被停牌，原因是有媒体报道，第三方检测酒鬼酒塑化剂含量超标高达 260%。塑化剂，又称增塑剂，对人体有严重的危害。

对此，酒鬼酒公司相关负责人对媒体记者说，就生产工艺而言，酒鬼酒不存在添加塑化剂的可能。

此消息一出，老白干酒、洋河股份、沱牌舍得、金种子酒、水井坊、五粮液、山西汾酒、贵州茅台等多只白酒股溃不成军。

11月19日晚间，中国酒业协会发表声明称，白酒产品中基本都含有塑化剂成分，最高2.32mg/kg，最低0.495mg/kg，平均0.537mg/kg。其中高档白酒含量较高，低档白酒含量较低。白酒生产过程中自身发酵环节不产生塑化剂。白酒产品中的塑化剂主要源于塑料接酒桶、塑料输酒管、酒泵进出乳胶管、封酒缸塑料布、成品酒塑料内盖、成品酒塑料袋包装、成品酒塑料瓶包装、成品酒塑料桶包装等。中国酒业协会称，目前全国白酒重点企业的白酒产品，塑化剂含量指标均低于食品标准值。

11月21日，国家质检总局公布消息，湖南省质量技术监督局11月21日向质检总局报告，经湖南省产品质量监督检验院对50度酒鬼酒样品进行检测，截至目前检验结果，其中DBP最高检出值为1.04mg/kg。湖南省质量技术监督局已经督促企业查明产出邻苯二甲酸酯类物质的原因，并认真进行整改。

11月21日，有关部门负责人就酒鬼酒检出塑化剂问题答记者问指出，经过排查，目前尚未发现有人为故意向白酒中添加邻苯二甲酸酯类物质的情况。白酒中邻苯二甲酸酯类物质主要来自白酒生产、储运过程中使用的塑胶容器、管道、密封材料和包装材料的迁移及环境影响等。以媒体报道的酒鬼酒中DBP含量为1.08mg/kg计算，按照我国人均预期寿命，每天饮用1斤，其中的DBP不会对健康造成损害。

面对事实，11月22日，酒鬼酒晚间发布公告称，根据2012年11月21日国家质量检疫检验总局关于"湖南省质监局报告酒鬼酒样品初检情况"的公告，公司50度酒鬼酒样品被检测出DBP最高检出值1.04mg/kg。酒鬼酒在公告中向消费者及投资者道歉，公司将根据质量监督检验部门的要求，对转运和包装过程的各个细节进行严格检查，查明可能导致酒类中产出邻苯二甲酸酯类物质的原因并认真进行整改，同时就相关情况及时向监管部门报告，以彻底消除任何可能的食品安全隐患。

11月23日，该股票复牌，结果跌停。11月26~28日，该股票连续跌停。酒鬼酒是社保基金和多家基金的重仓股。全国社保基金117组合是第一大流通股东，然后有25只偏股基金重仓持有酒鬼酒，酒鬼酒的跌停，使它们损失惨重。

11月27日，酒鬼酒所有生产线全面停产。截至11月30日，整改工作完成后，12月3日恢复包装生产，其股价也复牌，之后连续暴跌。

12月20日，有网友曝料酒鬼酒的贴牌产品"52度国藏酒鬼"和"52度酒鬼湘魂三星"（均为酒鬼酒公司所生产的贴牌产品，由其在四川的经销商四川豪拓酒业股份有限公司经营）被第三方检出含有塑化剂。曝料人将两份关于塑化剂含量的检测报告予以曝光。

酒鬼酒公司副总经理范震对此表示，国内许多知名白酒企业都是靠贴牌产品起家，不能否认贴牌产品可以给初创期的白酒企业带来大量现金流。这两瓶酒主要是旧生产线上所产，目前酒鬼酒方面已从国外采购最为先进的检测设备，将对产品进行严格监控。

紫金矿业"9·21"事件赔偿2.45亿元

2010年9月21日，信宜紫金矿业有限公司银岩锡矿高旗岭尾矿库漫坝决口，信宜市钱排镇石花地水电站大坝溃坝，造成下游人员伤亡和财产损失。2012年9月14日，紫金矿业发布了《关于调解解决广东信宜"9·21"事件有关情况的公告》。

2012年9月12日，在信宜市人民法院的主持下，由信宜市人民政府、信宜市钱排镇人民政府代表"9·21"事件受灾村民和有关单位，与信宜紫金就一揽子解决"9·21"事件的灾损索赔事宜达成协议：理赔金额为人民币2.45亿元（包含理赔范围内全部项目的补偿资金、诉讼费用和其他费用）。

万科卷入安信有毒地板　中小股民不满高管高薪而吝惜分红

2月16日，一个自称是某建材专业杂志副主编的李晓燕发出《惊爆！万科全装修房大量使用安信品牌劣质毒地板》的帖子。该帖举报了万科股份有限公司近年来在10多个城市的上万套全装修房项目中，大量使用甲醛严重超标、劣质的安信品牌地板。

李晓燕爆料说，两个多月前，她收到朋友转交的确凿证据，经多方核实，确信中国房地产行业龙头万科企业股份有限公司近年来在10多个城市的上万套全装修房项目中，大量使用甲醛严重超标、劣质的安信品牌地板，毒地板成为百姓健康的杀手，而且这些劣质地板面层厚度严重不足，使用寿命仅为合格产品的两成。

为核实爆料内容的真实性，李晓燕以购买地板的客户身份，在浙江、江苏和上海四个城市的多家安信地板专卖店做了实地调查了解，并做了全过程现场录音。她发现面皮确实很薄，要求店员在发票上注明"地板面皮的厚度不低于0.6mm"，但商家们宁可不做这笔生意，也不愿加注该字样。

2月16日，万科迅速作出反应，称已启动紧急调查，要求安信地板就相关质疑作出全面说明。

2月22日，万科复检安信地板的首份检测报告公布，经武汉产品质量监督检验所检测，万科武汉魅力之城项目复检的安信实木复合地板，所检指标全部合格，其中甲醛释放量指标仅为0.2mg/L。

2月24日，李晓燕发帖说，武汉万科送检的报告得出的甲醛含量仅为0.2mg/L是荒谬的，如果说国标没有规定就可以任意标识，是否构成商业欺诈，这样以次充好的行为，是否触犯《刑法》第一百四十条的规定？

2月29日，安信地板在上海召开新闻发布会，董事长卢伟光承诺，对全国所有客户，从今天起销售的实木复合地板质保期由1年升级为5年，质保条款不变。对于购买安信地板产品一个月内无理由退货。

到2月底，万科已公布了武汉、青岛、广州、重庆、北京、杭州、昆明、厦门、南京、镇江、合肥、上海、天津、佛山14个城市复检报告，只有佛山新城湾畔7号楼一例超标，其他均合格。但是多名网友表示质疑检测结果的权威性，要求业主能参与到检测工作，并届时公布业主自主检测结果。

蹊跷的是，爆料者李晓燕在论坛上发表的《惊爆！万科全装修房大量使用安信品牌劣质毒地板》及《就"地板门"事件致万科和安信高管的公开信》两个帖子已被删除。

3月1日，万科总裁郁亮、安信地板董事长卢伟光在佛山召开新闻发布会。万科公布了复检的情况：此次佛山有4份送检样品，其中新城湾畔7号楼的样品被检出不合格。郁亮在会上表示，对于这一次出现一例不合格的情况，由此对客户造成的困扰、不安和麻烦，他代表万科集团向业主们表示道歉。并表示，万科承担全部的责任，这种责任包括从现在到未来。

万科公布安信地板的情况

（欧阳红摄影）

安信地板董事长卢伟光在会上称，检测结果显示的甲醛含量1.9mg/L比1.5mg/L理论上是高了0.4mg/L，对人的身体是没有伤害的，且国家对地板甲醛含量的规定要求太高。

3月下旬，网络曝出深圳万科第五园六期精装房用"纸"做装修材料，引发受潮发霉等一系列装修质量问题。

3月24日，深圳万科回应称，深圳万科第五园六期装修中，绝无任何部位使用"纸板"，交付前，室内环境抽样检查甲醛、苯等各项指标合格；对于交付后出现部分柜体背板发霉、部分房屋天花吊顶防锈、防潮处理措施不到位等情况公司将全部进行处理。

网曝万科精装房用"纸"做装修材料

(李几招提供)

3月13日，万科公布了2011年年度报告，实现净利润96.2亿元，同比增长32.2%。公司董事局主席王石的年薪达1504万元，税后为857万元，位居上市房企第一，他也是唯一的"千万元户"。但是万科2011年分红派息方案是每10股派现1.3元（含税），这使得中小股民意见很大，认为万科的现金分红方案与利润不相匹配。5月11日召开股东大会，多位股东对此提出质疑。一位小股东说，万科2011年现金342亿元，分红金额仅为14.29亿元，占公司净利润的14.85%。从中再多拿出现金进行分红，对公司的影响不大。万科作为一家蓝筹公司，作为行业的领跑者，是不是该带头响应一下证监会的号召？

万科对中小股民蜻蜓点水吝啬分红的同时，对其高管的薪酬却相当"大方"。万科高管的税前总收入超过1亿元，接近全部分红的1/10。万科2008年、2009年、2010年连续三年公司现金分红占公司合并净利的比例分别为13.63%、14.44%和15.10%。

"两桶油"炼油亏损　董事长号召不管涨跌都应该买

2011年，中国石化、中国石油、中国海油净利润总额高达2749.41亿元，但炼油、天然气进口的政策性亏损超过1190亿元。中国石油加工原油1.33亿吨，亏损600亿元，每吨亏损450元；中国石化加工原油2.17亿吨，亏损348亿元，每吨亏损160元。

第一季度，中国石油实现净利391.53亿元，中国石化实现净利134.1亿元，但炼油业务则分别亏损104.02亿元和91.72亿元。

中国石油总裁周吉平解释说，2011 年炼油板块亏损主要是由于成品油调价不到位。中国石化董事长傅成玉则认为，未来是否能让炼油扭亏，还要取决于国际原油价格走势。

对于"两桶油"的亏损，4 月 4 日，北京工商大学投资者保护研究中心执行主任张宏亮在接受《证券市场周刊》记者采访时揭露，通过年报数据核算发现，"两桶油"向上游转移利润的可能性比较大。中石油至少超过千亿元转移到上游的生产与勘探板块，而中石化至少有 500 多亿元转移到生产与勘探板块。

此外，"两桶油"的垄断地位，也使民营加油站陷入"无米之炊"的境地。全国工商联石油业商会副秘书长林凌说，目前中石油、中石化等基本垄断了从上游原油开采、中游炼化到下游销售的整条产业链；中石油、中石化和中海油实际控制了超过 95％以上的原油生产和进口；中石油和中石化炼厂的产能占全国炼油总产能的近 80％，实际炼油数量占比更高；中石油、中石化旗下批发企业占全国总数的比例超过 75％，加油站占全国总数一半以上。

中国商业联合会石油流通委员会会长赵友山说，"两油"掌控着上游开采和中游炼化，随时可以卡我们的脖子。油源是国家的，不是个人的，给了两大油企，扶植和发展民营企业是他们的责任，而不应该依仗垄断来制造油荒。

3 月 29 日晚 8 点，中石油董事长蒋洁敏在香港港丽酒店一场分析师会议上说，搞石油和搞其他行业不一样。股市可能看准一只买入后，第二天就赚钱；搞石油不行，必须耐得住寂寞，舍得在认准的方向上加大投入，尤其是上游。别说现在是 120 多美元，就是当时的 20、30 多美元，我们在上游都未减少投入。现在回过头来看，在上游投的钱——值，就是靠这个为公司贡献了100％以上的利润。而只要掌握了上游资源，无论坐着、站着、躺着或趴着，心里都有底。所以，民企不能期望"现在投进来，年底就分大红"。股票可以炒出来，石油不行。

有记者问：对投资者来说，究竟应该选择在什么时候投资中石油更好？

蒋洁敏回答：到底应该油价涨的时候买还是跌的时候买都不要紧，关键是中石油一贯坚持"稳健、诚信、负责任"，不管涨跌都应该买中石油。就像我们的很多口号都是七个字，为什么都是七个字？因为七就是上，上就是好。可惜的是，中国石油股价 1 月是 10 元左右，到了 12 月，其股价跌到了 8 元左右。

独立董事：不懂事、年龄大、薪酬高，深交所加以关注

截至 2011 年底，上市公司有独立董事 5593 人，从独立董事身份看，90％都是曾在政府担任局级以上的退休老干部、高校的教授或曾经的校友及金融界和法律界的专家。中小股民没有一个。

到 2012 年，独立董事年龄最高的是中国石油 82 岁的独立董事刘鸿儒（原中国证监会主席）和联环药业的顾英奇。类似刘鸿儒这样高龄退休后还担任上市公司的独立董事很多，如中国石油的独立董事还有曾担任过化工部副部长 68 岁的李勇武、担任过国家税务总局副局长 66 岁的崔俊慧。

所有上市公司独立董事中，有 258 位年龄已经超过了 70 岁。中国工程院院士、著名矿床地质学家、中国地质科学院研究员、中国地质科学院科技委员会主任、矿床地质专业委员会主任陈毓川 78 岁了，担任章源钨业、紫金矿业、香港上市公司中国罕王的独立董事。四川九洲等 4 家公司的独立董事林万祥、力帆股份的郭孔辉以及宝钛股份的曹春晓等人的年龄也都超过了 70 岁。

最年轻的独立董事是 ST 三星的宋晏，仅有 30 岁。她是中国人民大学在读研究生，现任上海市锦天城律师事务所深圳分所专职律师，深圳赛格三星股份有限公司独立董事，深圳世纪星源股份有限公司、深圳市盐田港股份有限公司及深圳天俊实业股份有限公司常年法律顾问。历任广东君诚律师事务所律师助理。此外，康强电子的贺正生 31 岁、沱牌舍得的胡宗亥律师 32 岁，羚锐制药的刘奇、春兴精工的周中胜等年龄也在 35 岁以下。

独立董事中，有超过 13％的董事长与独立董事存在校友关系。例如，奥特迅董事长廖晓霞 2005 年 4 月毕业于上海交通大学安泰经济与管理学院，获得 EMBA 学位，而公司的独立董事王方华则从 2003 年 1 月起担任安泰学院院长、教授、博士生导师，双方师生关系十分明晰。

东方园林董事长何巧女 1988 年毕业于北京林业大学园林系，东方园林独立董事苏雪痕 1957 年起在北京林业学院（现在的林业大学）园林系学习、工作，目前担任北京林大园林学院教授、博士生导师。可见两人的忘年交的校友关系。

*ST 中钨董事长杨伯华和*ST 中钨独立董事陈康华都于 1978 年 9 月至 1982 年 8 月，在中南矿冶学院（现中南大学）金属材料系粉冶本科专业学习，同学关系非常明确。

北纬通信董事长傅乐民1988年毕业于中国科学院计算技术研究所，而该公司独立董事李锦涛1989年也毕业于该研究所。

天兴仪表的董事长文武自1988年起在西南财经大学会计学院担任教师，而公司独立董事余海宗则于1992年在西南财大获得硕士学位后留在西南财经大学会计学院任教，可见两人的校友关系。

神剑股份4名独立董事，其中两人同时在南京审计学院供职，这两人中的一人又与另一名独立董事曾一同供职于安徽师范大学。

2011年，上市公司为独立董事支付的薪酬总计4.36亿元。银行业的独立董事的薪酬比较高，民生银行全年独立董事的薪酬合计407万元，每位独立董事的薪酬平均都超百万元。工商银行等7家公司独立董事的薪酬合计都超过了百万元，工商银行独立董事的薪酬合计225万元，平均薪酬45万元；建设银行独立董事的平均薪酬也超过了40万元。

2001年，证监会虽然发布了《关于在上市公司建立独立董事制度的指导意见》，该意见要求，"独立董事尤其要关注中小股东的合法权益不受损害。独立董事应当独立履行职责，不受上市公司主要股东、实际控制人，或者其他与上市公司存在利害关系的单位或个人的影响"，但在具体的实施过程中，这些"拿人家手短，吃人家嘴软"的独立董事，几乎没有任何独立性，所以根本就"不懂事"。独立董事从建立之日起，就沦为上市公司的一个"小卒子"。

2月14日，旭飞投资董事会会议审议通过了提名46岁的王晓滨为独立董事候选人的议案。2月22日，旭飞投资公告披露，公司收到深交所送达的《关于对王晓滨独立董事任职资格提请关注函》。深交所的公司部独董审核关注函〔2012〕第1号指出，王晓滨任职单位多达16家，且主要担任董事（长）、主任及执行合伙人等职务。对其是否有足够的时间和精力履行独立董事职责并勤勉尽责表示关注。深交所要求公司在股东大会召开前披露深交所关注意见并披露公司说明；公司应在股东大会选举独立董事时，对提请关注事项进行说明。

交易所对上市公司独立董事任命发出关注函可谓罕见至极。

对深交所的关注函，旭飞投资说明，王晓滨近5年在16家单位中任职，可分为四类。其中，日常运营性公司2家，分别为厦门高能和上海高能，王晓滨主要在战略和股东会层面进行管理，具体业务由高管团队全面负责；基金类公司6家，其中赣州红石矿业创投、泉州刺桐投资和苏州华东有色资源股权投资3家企业均为资金平台，分别由赣州高能、厦门高能和苏州高能管理，王晓滨作为执行事务合伙人，不参与日常经营管理；被投资参股企业包括厦门青年网络等 4 家，王晓滨主要参与股东会和董事会，没有参与日常经营；高能天汇等 4 家企业则属于无日常经营的平台类公司，无日常业务和实际经营。

值得注意的是，深交所在 2008～2010 年信息披露考核中，旭飞投资连续 3 年列入不合格企业。旭飞投资的管理层结构经常发生震荡，公司董事会秘书就更换过 10 多人。

6 月 1 日，西藏发展独立董事周克清连任时间将满 6 年，在作为候选人即将成为下届董事会独立董事的前夕，深交所发出了对其任职资格的异议函。深交所审核认为，自 2006 年 6 月 30 日起周克清担任公司独立董事，2012 年 6 月 30 其在公司连任独立董事时间将满 6 年。如果继续担任公司下一届独立董事，其连任时间将超过 6 年，不符合证监会《关于在上市公司建立独立董事制度的指导意见》第四条第（四）款的规定。为此，西藏发展按照深交所要求，公司董事会将尽快物色一名独立董事候选人人选，在取得独立董事任职资格后，按照相关法律程序进行审核后任职。

到 2012 年，有 54 位身兼 5 家及 5 家以上独立董事，引人注目的是中国人民大学商学院会计系副主任、EMBA 中心主任徐经长，他兼任宝莱特、奥康国际、北京城建、北新建材、全聚德、荣之联 6 家上市公司的独立董事引起股民质疑，他由此所获独立董事津贴合计达 33 万多元。而按证监会有关规定，独立董事兼任的上市公司最多不得超过 5 家。迫于压力，5 月 22 日，宝莱特公告披露，徐经长"因个人工作原因"申请辞去公司第四届董事会独立董事职务。但是徐经长的违规已经成为事实。

类似徐经长的情况还有上海财经大学会计学院副院长的潘飞，他担任了包括光明乳业、友谊股份在内 5 家公司独立董事；万通集团董事局主席冯仑，他是网易、北京科技园建设公司、深圳聚成企业管理顾问公司的独立董事，同时还是中金投资有限公司的董事；人民网独立董事骆家骕是中国机械工业集团总会计师、国机财务公司董事长党委书记和中国机械工业会计学会会长，他前期担任郑煤机等 4 家公司独立董事职务；张启銮担任了大连友谊、大橡塑、瓦轴 B、大连热电、*ST 大化 B 的独立董事；盛杰民担任了华夏银行等 5 家上市公司的独立董事；刘钊担任西北化工等 5 家公司的独立董事……

身兼 5 家及 5 家以上独立董事，但薪酬差距也很大，比如，盛杰民 5 家公司独立董事薪酬合计为 48.84 万元，为薪酬最高的独立董事；而担任西北化工等 5 家公司的独立董事刘钊的薪酬合计只有 12.40 万元。

证券分析师出任独立董事不是很多，到 2011 年底，仅有 8 位证券分析师担任独立董事研究员、独立董事。2012 年 6 月下旬，中国证券业协会发布了《证券分析师执业行为准则》，其中第十七条明确规定，证券分析师不得在公司内部或外部兼任有损其独立性与客观性的其他职务，包括担任上市公司的独立董事。

独立董事"不懂事"也就算了，更可气的是，有些独立董事居然助纣为虐。从设立独立董事开始，80％的上市公司违规受惩，上市公司通过的一些决议遭到谴责和处罚，独立董事竟然没有一人对其议案投出反对或弃权票，反而都是赞成票。

例如，ST 金材，2006 年 3 月起开始为控股股东及董事长提供违规担保，时任独立董事不仅对"未披露违规担保情况的 ST 金材当年半年报"投了赞成票，而且还在 2006 年 8 月发出的《独立董事关于公司对外担保情况的专项说明及独立意见》中宣称，本着严谨、实事求是的态度对公司对外担保情况进行了认真核查，截至 2006 年 6 月 30 日，公司没有为其控股子公司，没有为控股股东提供担保，我们要求公司进一步加强内部控制，杜绝发生违规担保情况。

盛达矿业（当时为*ST 威达）于 2006 年 9 月 6 日，与中山千江科技有限公司签订《股权转让协议》，约定威达股份将其持有的金鹿草产业有限责任公司 19.85％的股权全部转让给中山千江，转让价格为 2142 万元。时任上市公司的独立董事在董事会决议中表示，本次股权转让不涉及关联交易，交易事项遵循市场原则，但此后的调查显示，上述交易涉及关联交易。

以上两家上市公司最后都被管理层查处，可见独立董事发表的说明或独立意见根本就是助纣为虐，严重误导中小股民。

独立董事不参加股东大会引起股民质疑

5 月 31 日，上海医药召开 2011 年度股东大会，可是该公司的 3 位独立董事白慧良、陈乃蔚和汤美娟都没有出席股东大会，由此引起中小股民的不满，中小股民认为独立董事没有出席股东大会是违规。而公司解释说，3 位独立董事由于工作安排原因，都无法出席，独立董事述职报告已经在网上公开，开股东大会的合法性没有任何问题。随后，该公司董事会秘书代独立董事宣读了述职报告，但是中小股民还是非常不满。

会上，公司的 17 项议案均获通过，上实集团总裁周杰当选董事，前董事长吕明方被免除董事长职务。6 月 2 日，上海医药召开董事会，周杰当选公司董事长。

6 月 1 日，上交所发出了《关于加强上海医药集团股份有限公司规范运作的监管工作函》。该函表示，上海医药于 2012 年 5 月 31 日召开了 2011 年度股东大会，公司独立董事陈乃蔚、白慧良和汤美娟均未按规定出席会议。上述行为

独立董事没有出席股东大会（欧阳红摄影）

违反了《上市公司股东大会规则》（证监发〔2006〕21 号）第二十六条的规定，要求公司及时向该所提交书面说明和整改计划，并杜绝类似行为的再次发生。

对此，上海医药答复说，公司独立董事陈乃蔚、白慧良和汤美娟由于公务出差等正常工作原因未能亲自参加本次年度股东大会。3 位独立董事均就不能亲自参加本次股东大会的情况事先通知公司并授权。

上海医药自 2011 年以来，风波不断，发生了副总裁葛剑秋被匿名举报在并购期间收取贿赂，2011 年 11 月，葛剑秋主动辞职。2012 年 3 月底，董事长吕明方卸职。

2011 年 5 月，上海医药 H 股上市前夕，港交所及香港证监会接到举报，称上海医药集团下属企业新先锋药业及华康医药生产的一款头孢替安的药物，涉嫌冒充日本进口等事宜。

2011 年 11 月，原总裁吴建文因受贿等犯罪，涉案 5100 余万元，被判处死刑缓期两年执行，剥夺政治权利终身。

2012 年 5 月 23 日，上海医药高管对媒体爆料，公司两宗收购案存在严重财务造假，已被证监会和香港联交所调查。

外来的和尚会念经　外方人士大举进入水井坊

6 月 29 日，水井坊召开 2011 年股东大会，审议通过了董事会、监事会换届选举等议案，帝亚吉欧的亚太团队正式入驻水井坊管理层。新一届水井坊董事会，除了董事长黄建勇外，6 名非独立董事中有 5 名是外方人士。大部分来自帝亚吉欧亚太团队，包括帝亚吉欧大中华总裁柯明思、帝亚吉欧亚太区财务总监明安娜、帝亚吉欧亚太区发展总监黄捷飞、帝亚吉欧亚太区企业关系总监

彭雅贤。

柯明思说，水井坊有 600 年历史的遗址足以成为四川以及中国酒文化的载体，要将公司建设成为世界一流受人尊敬的白酒企业，以水井坊为先锋，把中国白酒介绍给世界。

柯明思透露，水井坊在英国上市的活动两周后在伦敦举行，到伦敦看奥运的游客可以喝到正宗的水井坊。此外，公司正研制 3000 美元一瓶的高端酒。无论国内还是国际都有这种高档消费的需求，当然产品本身要有更高端的品质和更精美的包装。

华北高速圈钱 9.2 亿元沉睡银行 13 年

华北高速是 1999 年 9 月 27 日上市的，当时募资 12.99 亿元。但是到 2012 年，该公司募集剩余的 9.2 亿元资金却在银行沉睡了 13 年。

1999 年 7 月，华北高速招股说明书披露，京沈高速公路北京段于 1998 年 6 月正式开工，为缓解建设资金不足的问题，该项目后期建设将由华北高速与北京市公路局共同完成建设任务。同时，华北高速承诺，公司募集资金到位后，将向京沈高速公路北京段投入约 9.2 亿元，其中 4.2 亿元作为项目注册资本，其余 5 亿元将根据工程进度向项目法人追加投资。

2001 年 6 月该公司公告披露，政府主管部门已原则同意这部分资产的有偿转让，但关于经营期限的确定尚待另文批复。2005 年公司年报披露，此笔募集资金至今尚未投出，关于该募资用于收购的京沈高速公路北京段 19 年通行费收费权的合同书和可行性研究报告，政府主管部门已原则同意京沈高速公路北京段收费权的有偿转让，关于经营期限的确定，尚待主管部门另文批复。

结果 13 年了，公司的高速公路收费权收购仍然未有实质性进展。因此，募集资金 9.2 亿元就以定期存款的形式存放银行。由于通货膨胀等因素影响，该资金已经贬值了 30% 以上。

至于 9.2 亿元资金沉睡的具体原因，华北高速没有正面回复股民。

武钢等上市公司不务正业去养猪种菜送餐　关联交易议案被否决

"由于猪肉、蔬菜价格暴涨，炼钢 2 斤不抵 4 两猪肉。3 月初，武汉钢铁集团总经理邓崎琳表示，2012 年武钢将投入 390 亿元用于养猪养鸡等非钢产业。武钢拟建万头养猪场，而且年内就出栏。"

此消息引起轩然大波。3月9日，武钢新闻发言人陈永志指出，近日，个别媒体不实报道武钢转变经济发展方式、发展相关产业，引起少数媒体以"武钢投资390亿元'养猪种菜'"等为题进行炒作，给武钢集团造成了不良社会影响。后金融危机时期，钢铁行业面临严冬困境，销售利润率远低于工业平均利润水平。武钢按照科学发展观要求，努力加快"三个转变"，即由单纯生产经营型向质量效益型转变；由一业为主，向一业特强、适度多元化转变；由内陆向沿海和国外发展转变。其中，在后勤服务方面，开展绿色养殖业。利用后勤集团的闲置资产和富余人员，生产绿色有机食品、养殖生猪，以满足职工进餐需求、扩充员工就业渠道，履行社会职责。

陈永志表示，事实上，武钢"十二五"期间在上述所有相关产业的规划投资总共才300多亿元，怎么可能拿这么多钱去养猪？稍加分析就可看出这是不可思议的。目前，养猪种菜也仅在规划设计中，并未正式开始实施，投入资金也尚未确定。新闻报道应该真实，这是最基本的原则，但个别媒体和记者的这种做法是有悖新闻职业道德的。不过话音未落，7月3日，武钢服务中心的"招之即来"城市服务中心开业，启动的服务有会议摆花、家具定制、飞机票预订、艺术培训、管道疏通等项目。

不过令武钢头疼的是，5月18日，武钢股份召开股东大会，审议有关450亿元的关联交易方案，由于持有约66亿股的关联股东武钢集团回避表决，结果持有公司约1.16亿股的第二大股东深圳吉富创投投下反对票，否决了武钢股份450亿元日常关联交易议案。

华英农业死鸭流入市场

3月15日，中国经济网刊登了题为"华英农业死鸭流入市场　无害处理设施或成摆设"的报道。该报道曝光说，华英公司肆意纵容，放任病、死鸭流入社会，危害公众食品安全。公司孵化二场、三场的"死鸭"并没有按相关规定做无害化处理，而是被以低价出售给当地的不法商贩牟取暴利，并由此形成了一条完整的"企业流出、初加工、分割处理、再销售"的黑色产业链条。

3月19日，华英农业公司发布公告说，核查结果认为公司种禽事业部孵化二场、三场确实存在个别饲养员违反公司《兽医卫生防疫手册》中有关病、死鸭无害化处理规定，偷卖死鸭的情况。针对以上核查结果，公司迅速做出处理决定：免去居为堂种禽事业部总经理职务；免去凌瑞国孵化二场、三场场长职务。立即对其他养殖单位有关病、死鸭无害化处理工作排查，防止类似情况在其他单位发生。公司针对管理中的疏漏及时进行了排查和补充完善，并由此对公司形象造成的损害向广大投资者和消费者真诚致歉。

中国、美国相互终裁　两上市公司命运不同

3月20日，美国商务部做出裁决，认定中国输美化学增白剂、镀锌钢丝、钢质车轮、晶体硅光伏电池组件存在倾销和补贴行为。

3月23日，金固股份、乐凯胶片两家公司同时披露了涉及反倾销、反补贴的消息。金固股份公告称，公司董事会接到美国商务部终裁，认定中国输美钢制车轮存在倾销和补贴行为。美国商务部裁定，金固股份及下属控股子公司上海誉泰实业有限公司适用82.92％的反倾销税率；金固股份及下属3家控股子公司浙江世轮实业有限公司、上海誉泰实业有限公司、成都金固车轮有限公司适用38.32％的反补贴税率。

按照美方程序，除商务部外，贸易救济案还需美国国际贸易委员会做出裁决。根据目前日程，美国国际贸易委员会定于4月30日左右做出终裁。

此前的2011年8月31日，美国商务部发布对原产于中国的18～24.5英寸钢制轮毂反补贴初裁结果，对金固股份及下属3家控股子公司适用46.59％的临时反补贴税率。11月2日，美国商务部发布对该产品的反倾销初裁结果，对金固股份及下属控股子公司上海誉泰实业有限公司适用141.38％的临时反倾销税率。自2011年10月起，金固股份已停止该尺寸产品对美国出口。

乐凯胶片公告表示，将受益我国对进口相纸的反倾销裁定。2012年3月22日，国家商务部发布了2012年第10号关于原产于欧盟、美国和日本的进口相纸产品反倾销调查最终裁定公告。经过调查，商务部最终裁定，调查期内的被调查产品存在倾销，中国国内相纸产业受到实质损害，且倾销与实质损害之间存在因果关系。根据《中华人民共和国反倾销条例》的有关规定，商务部向国务院关税税则委员会提出征收反倾销税的建议，国务院关税税则委员会做出决定，自2012年3月23日起，对原产于欧盟、美国和日本的进口相纸产品征收反倾销税，实施期限自2012年3月23日起5年。

乐凯胶片认为，商务部的最终裁定有效地维护了我国相纸市场的公平竞争环境，公司将根据市场情况，在经营、生产、技术服务等方面努力做好工作。

2010 年公司相纸销售收入 5.72 亿元，占公司营业总收入的 78%，是目前公司的主要产品之一。

上市公司高管套现理由令人哭笑不得

1~3 月，沪深股指冲高回落，上市公司高管则趁机卖股大幅套现。3 月 A 股有 103 家公司发布了股东减持公告，累计减持数量达到 5.71 亿股，减持金额为 61.28 亿元。在高管净减持榜上，海康威视股东龚虹嘉 3 月减持了 5.8 亿元，华丽家族 3 位股东减持了 3.4 亿元，金螳螂、鸿博股份、高价股洋河股份的高管减持数量也过亿元，恒泰艾普、南洋股份、澳洋顺昌、天桥起重等高管股东减持数量超过 5000 万元。

到 3 月底，大股东减持套现的上市公司数量已达 234 家，其减持股份数量和减持金额合计分别高达 19.06 亿股和 203.08 亿元。

上市公司的高管套现，说明他们本人就对其公司的发展前景不乐观，否则为什么不敢长期持有？更令人哭笑不得的是，恒泰艾普的高管称自己卖股票是为了"改善生活"。3 月 14~20 日，恒泰艾普四名高管郑天才、杨绍国、邓林和谢桂生减持公司股份，累计减持约 256 万股，约占公司总股本的 1.44%，合计套现约 6200 多万元。而公司 2010 年净利润也不过 7000 余万元，这四名高管半个月套现，就赚了该公司一年的钱。而这 4 人 2010 年年薪不过在 45 万~52 万元。

恒泰艾普副总经理兼董事会秘书杨健全还辩解说："这些套现高管是公司创业时的元老，辛苦创业的过程中为公司付出很多，工资也不算高，减持主要是为了孩子上学和改善住房条件。"

这种冠冕堂皇的套现理由令人匪夷所思，哭笑不得。

卖烟的、卖酒的、卖房的暴利比不上卖路的

哪个行业最暴利？早先有一句话是：第一卖烟的，第二卖酒的，第三卖油的（石油），第四存钱的（银行），第五卖房的，第六卖书的。

现在除了卖书没落外，其他几个行业还是暴利。但是 2011 年年报显示，最暴利的属于卖路的（高速公路收费）。

由于高速公路的特殊性，南来北往、川流不息的每个车辆不得不缴纳几十

元的高速公路通行费，这积少成多，成就了高速公路上市公司的暴利。

2010 年，全国除西藏无收费公路外，其他 30 个省、自治区、直辖市收费公路收费额为 2859.46 亿元。

2011 年重庆路桥毛利率是 91.14％，接近贵州茅台的毛利率 93.68％。13 家高速公路上市公司 2011 年平均毛利率高达 56.08％，而房地产行业平均毛利率为 39.38％。

*ST 轻骑资产重组引起员工们抗议

济南轻骑摩托厂创立于 1956 年，是老牌国有企业了。1993 年 12 月 6 日上市，1999 年"轻骑"被评为中国摩托车行业首批"中国驰名商标"。

由于摩托车市场萎缩，*ST 轻骑这几年始终徘徊在资产重组的边缘。2006 年，*ST 轻骑曾被中国兵装集团并购，但还是没有摆脱亏损。2011 年 8 月 15 日，*ST 轻骑重组方案获股东大会通过。该方案主要内容是：中国长安汽车集团以其持有的湖南天雁机械有限责任公司 100％股权与*ST 轻骑公司全部资产和负债进行置换，两者的评估价值分别为 3.85 亿元与 5.88 亿元，差额 2.03 亿元以现金补足。同时，兵装集团将其持有的 ST 轻骑全部 3.1 亿股转让给长安汽车集团。

2012 年 3 月 24 日，*ST 轻骑获得了中国证监会《关于核准济南轻骑摩托车股份有限公司重大资产重组方案的批复》。

但是该重组方案"将*ST 轻骑原有资产和人员剥离出去，*ST 轻骑原有资产和人员将整体变更为济南轻骑摩托车有限责任公司"的内容引起了许多员工的担心，他们说，原有的股份公司都保障不了我们现有的 4000 多名员工，这个注册资本仅 100 万元的私人轻骑有限公司更保障不了我们。而且一次性买断的补偿金仅仅三四万元，在轻骑工作了 20 多年的一线工人们难以接受。

4 月 8 日，*ST 轻骑和轻骑有限公司发给了员工们一本《宣传手册》。《宣传手册》写明，注册资本现在已经追加到 8000 万元，置换完成后，公司可以根据业务发展需要调整注册资本，无论注册资本多少，轻骑有限的有形资产、无形资产、负债、主营业务和职工的工作岗位、工作内容等不会发生任何变化，都和在*ST 轻骑时一模一样。对暂不办理劳动关系接续手续又不选择协商解除劳动合同的职工，可以暂时在轻骑有限公司继续工作，工作过程中经本人申请可继续办理劳动关系接续手续。

　　轻骑的员工们质疑，新成立的轻骑摩托车有限公司起初注册资本是100万元，怎么能几天内就追加成了8000万元？注册资本说改就改？工人如果不去调查档案、不停工，那不是就被骗了吗？

　　5月17日，*ST轻骑发公告称，因公司2009年、2010年、2011年连续3年亏损，公司股票自2012年5月23日起暂停上市。由此正式开始了资产重组的工作。到2012年底，该公司资产重组完成，等待2013年恢复上市。

B股打破了8年沉默再融资

　　5月5日，粤华包B公告披露，2012年5月4日，中国证券监督管理委员会发行审核委员会审核了佛山华新包装股份有限公司公开发行公司债券的申请。根据会议审核结果，公司本次发行公司债券申请获得通过。

　　自2004年至2012年5月3日，B股就没有再融资的行动。粤华包B此次再融资，打破了B股8年的沉默。

　　对于B股，证监会主席郭树清4月下旬到广东调研走进广州证券珠江西路营业部与股民代表进行面对面的交流时透露，"B股公司发展等问题，证监会将认真研究提出解决措施"。

　　5月7日，中国证监会投资者保护局对股民提出的涉及股市十大方面的热点问题进行了书面回答。其中有股民问，B股市场逐渐被边缘化，融资功能几近丧失，监管部门能否尽快拿出明确的B股解决方案，切实保护B股投资者的利益？

　　投资者保护局回答：B股是境内上市外资股的简称，是在特定历史条件下推出的一类股票。对于历史遗留问题，证监会都将本着负责任、不回避的态度，认真研究提出解决措施。

　　管理层的表态，说明解决B股的问题已经提上了议事日程。

遭民众反对：宏达股份钼铜项目停建　催泪弹股大涨

　　2011年8月和9月，四川宏达股份有限公司第六届董事会第三次会议和2011年第一次临时股东大会分别审议通过了钼铜项目相关议案。宏达股份是什邡市本地的企业，拟以不低于11.34元/股的价格发行，不超过4.04亿股，募集不超过45亿元资金，用于钼铜项目建设及补充公司流动资金。

宏达钼铜项目是"5·12"特大地震灾区产业发展振兴的重大支撑性项目，是四川省委、省政府确定的"十二五"重大产业项目。项目按照国家最新标准和最高要求，进行了国家级环境评价，在 2012 年 3 月 26 日通过了国家环保部的审批。

2012 年 6 月 29 日，钼铜项目举行奠基仪式，其宏达股份股价单边上升。

7 月 1 日，什邡部分市民和学生因担心该项目投产影响环境，集体聚集到什邡市委、市政府门前表达意见。

7 月 2 日，什邡市委、市政府官方网站"什邡之窗"刊登了一篇公开信，标题是"冷静，是我们幸福的需要"，该公开信是由九三学社什邡市首任主任委员徐永才、什邡市供排水公司徐章洛、双证中级水质检验员徐齐宣、食品检验三级化验员龚婉晴等人联名发出。

公开信中说："该项目采用国际上最先进的冶炼技术和装备，处理原料钼精矿、铜精矿，有充分保障并进行最严格的防渗处理，不会对周围地下水、地表水产生影响。"

7 月 3 日下午，什邡市委书记接受有关记者采访时表示，什邡是"5·12"特大地震的重灾区，在三年灾后重建过程中，市委、市政府经过努力争取，引进了宏达钼铜项目。鉴于部分群众因担心宏达钼铜项目建成后，会影响环境，危机身体健康，反映十分强烈，决定停止该项目建设，什邡今后不再建设这个项目。7 月 4 日凌晨，四川什邡市政府官方微博发布公告称，7 月 2~3 日，在宏达钼铜项目群体性事件中，少数群众采取过激行为，强行冲击警戒线，推倒市委大门、砸毁橱窗，向执勤民警和现场工作人员投掷花盆、砖头、石块等杂物，造成现场多名民警和机关工作人员受伤，严重影响社会稳定和机关正常办公秩序。为及时平息事态，公安机关依法对 27 名涉嫌违法犯罪人员予以强制带离。公安机关对在什邡宏达广场打砸、推翻警车的钟某、李某、刘某 3 人予以刑事拘留；对强行冲击警戒线，向执勤民警投掷花盆、砖头、石块等杂物的洪某、周某、钟某 3 人予以行政拘留；其余 21 人经批评教育，认清所犯错误，具结悔过后，于 7 月 3 日晚 11 时已全部释放。

7 月 4 日，宏达股份公告披露，7 月 3 日，宏达股份全资子公司四川宏达钼铜有限公司接到什邡市政府通知，公司钼铜项目从即日起停止建设。

7 月 3 日，宏达股份全天停牌。7 月 4 日和 5 日，该股连续下跌，股价创 2009 年 2 月以来收盘价新低，5 只基金工银瑞信核心价值基金、宝盈泛沿海区域增长基金、嘉实沪深 300 指数基金、华夏沪深 300 指数基金、上证 180 指数基金和两家私募基金江苏国际信托民生新股自由打资金信托二号、中信信托有限责任公司—建苏725，共持有宏达股份5580.4万股，因宏达股份大跌，出现了巨大浮亏。

与此相反的是，7月3日，晨光生物突然涨停。7月4日，继续上升。其原因是晨光生物是中国最大的天然色素生产和销售企业，主要从事辣椒红色素、辣椒碱、叶黄素（万寿菊提取物）、辣椒油树脂、番茄红素、棉籽蛋白等天然植物提取物的生产、研发和销售，属于天然植物提取物行业。其中，辣椒碱除了医药用途外，在军事上还可以用于制作催泪弹。晨光生物因此被冠以"两市唯一的催泪弹概念股"的名号。

由于什邡市在维护社会稳定时动用了催泪弹，所以主力借机拉抬该股，对此，网友幽默地分析说，你还在坚持原来的投资观吗？最近催泪弹用得多，当然要涨了，这只个股今后肯定是绩优股，产品销量会逐步大涨，又是政府采购，价格肯定也低不了，今后股价一定会超过茅台。

对此，晨光生物证券事务代表对媒体表示，晨光生物的股价涨停可能是游资炒作。公司呼吁投资者尽量避免概念跟风，应以理性的态度做出投资决策。

乐凯胶片遗憾停产　机构平仓逃跑

9月3日，乐凯胶片股份有限公司五届十六次董事会召开，通过了关于彩色胶卷停止生产的议案。由于乐凯胶片停产，第三季报显示，乐凯胶片的前十大流通股东中，机构基本平仓逃跑了。

由于数码相机的冲击，继德国爱克发、132岁的柯达破产后，乐凯胶片也无可奈何正式停止生产彩色胶卷。数码相机的崛起，其冲击的力度，实在是出乎意料。2000年9月，乐凯、柯达、富士和德国的爱克发参加了国际影像感光技术大会，当时与会代表共同认为，胶卷行业的生产周期最少还有10～15年，因为根据其他行业的生命周期原则，都是呈现抛物线式的下滑。

中央电视台专门报道乐凯胶片停产的节目
（李几招摄影）

但出乎意料的是，胶卷的没落不是抛物线，而是一条直线，胶片的没落速度超出了这些胶片大佬和所有人的想象。

1975 年，柯达自己发明了第一台数码相机。柯达公司发明的第一台数码相机足有一个单人大沙发那么大个儿，但拍摄出来的照片质量，根本不能与传统胶卷拍摄的照片相比，所以，当时照相行业的巨头们都认为数码相机"没有前途"。2009 年，柯达停售历经 74 年之久的 35 毫米彩色胶片。37 年后的 2012 年，柯达宣布破产，可谓是没有与时俱进，自掘坟墓了。

世界上能够独立生产胶卷的公司只有中国乐凯、美国柯达、德国爱克发和日本富士，爱克发于 2005 年申请破产，柯达于 2012 年初申请了破产。只有富士还维持经营，原因在于它选择了一条多元化发展之路，富士相继推出了数码相机、数码照片冲印机、医疗用计算机诊断设备、数码印刷机、液晶显示屏材料、护肤品、医药品等产品，富士的产品转型并没有脱离影像业，而是将几十年积累沉淀下来的胶片技术成功运用到其他领域。

乐凯集团的前身是保定电影胶片厂，始建于 1958 年 7 月 1 日的中国化工部第一胶片厂，破土动工时，时任中国科学院院长的郭沫若题词："能自行制造胶片犹如能制造火箭"。

1959 年，研制成功我国第一代黑白电影胶片和民用 135 胶卷，随后又研制成功我国第一代水溶性彩色电影胶片和油溶性电影胶片。1964 年，研制成功黑白航空测量胶片，翌年航空胶片投入生产。1965 年，建成电影胶片生产线。1969 年，黑白电影正片、黑白中速底片、电影录音底片开始出口。1974 年，我国第一颗人造侦察卫星采用乐凯航空遥感胶片拍摄成功，从此，多次承担了我国军事侦察、地质测绘、科学考察所需胶片的研制与生产。1984 年，乐凯公司主开发的乐凯 II 型彩色胶卷研制成功改变了国外胶卷一统天下的局面。1992 年，乐华胶片公司更名为中国乐凯胶片公司，被国务院列入国家首批试点企业集团。

1998 年 1 月 22 日，乐凯胶片股份有限公司在上交所上市。

20 世纪 90 年代后期，柯达在中国胶卷市场的市场占有率达到 50％以上，而乐凯胶卷和相纸的国内市场占有率已分别达到 25％和 20％，是国内唯一可以与美国柯达和日本富士并驾齐驱的胶卷生产企业。2000 年，乐凯集团占有国内 100％的航空航天胶片市场、70％的电影胶片市场、50％的黑白胶片份额以及 30％左右的彩色胶片份额，而乐凯上市公司也在当年达到了业绩的顶峰，净利润 2.15 亿元，主要来自彩色胶卷。

停牌6年，S*ST恒立股改方案每10股转增20股

2006年，岳阳恒立冷气设备股份有限公司（简称S*ST恒立，证券代码000622），由于3年亏损，当年5月被深交所暂停上市。由于该公司也没有完成股改，所以，经过6年的等待，如果其未在2012年底完成资产重组和股改，就有可能退市。为此，该公司加快了资产重组和股改的步伐。

2012年10月19日，S*ST恒立股改方案亮相，公司采取"捐赠现金＋债务豁免＋资本公积转增"的方式进行对价安排，傲盛霞、华阳控股分别向上市公司赠与现金1.07亿元、1.43亿元，长城资产豁免公司3384.83万元，用于代全体非流通股东支付股改对价。此外，公司潜在控股股东傲盛霞将向上市公司无偿赠与8000万元现金，用以代原大股东中萃房产履行前次股改承诺。上市公司以上述货币资产形成的资本公积金中2.83亿元，对全体股东按每10股转增20股的比例转增股本。

中国远洋巨亏 居然社会责任第一

2010年，中国远洋净利润巨亏75.41亿元；2011年，中国远洋净利润巨亏104.49亿元，连续两年夺得亏损冠军。

2012年11月21日，中国社会科学院经济学部企业社会责任研究中心编著、社会科学文献出版社出版的《中国企业社会责任研究报告（2012）》发布。课题组分别调研了中国境内的国企、民企、外企的百强企业，从反商业贿赂、产品合格率、社保覆盖率、节能减排等方面进行了综合评估。

该书指出，中国企业社会责任发展指数平均为23.1分，在国企、民企、外企三种企业类型里面，国企的企业社会责任发展指数最高，平均得分为40.9分，其中，中国远洋运输（集团）总公司、国家电网公司位居前列，分别得分86.3分、85分。

企业的社会责任一般是指除企业盈利以外所做的对社会有意义的事情，人们感受最深的就是企业的慈善行为，其他还包括责任管理、市场责任、社会责任和环境责任四个方面评价企业社会责任发展水平。

中国远洋亏损和社会责任都是冠军，有点意思。

5名员工的"麻雀"公司 一个人参加股东大会

11月22日，*ST盛润召开股东大会，逾2万户股东，结果仅1名股东参加该会。*ST盛润董事长王建宇说，我们预计参会股东人数有限，因此，我们并未在外租用场地，否则又要花费几千元，这笔费用对我们公司而言，可称为巨款。

*ST盛润近几年一直亏损，为此，公司不断裁员，包括王建宇（集董事长、总经理、董事会秘书、法人代表于一身）本人在内，*ST盛润员工总数仅有5人，是沪深两市员工人数最少的上市公司。

2012年2月，*ST盛润宣布拟吸并富奥股份以置入后者约43.44亿元的汽车零部件资产，富奥股份具备吉林国资背景，*ST盛润此举意在扭亏为盈。就在证监会对*ST盛润的重组计划进行审核时，公司前董事会秘书魏传义却因涉嫌内幕交易被调查，审核事宜一度搁置。11月26日，证监会恢复审核，*ST盛润就此停牌。

2010年5月17日，该股票停牌。2011年8月10日复牌，之后连续18个涨停，接着又连续8个跌停，之后，又反复涨涨跌跌，令人瞠目结舌。

股票分析软件打架 上市公司同花顺被起诉

11月22日，万得资讯就起诉同花顺侵权案召开了新闻发布会。11月21日，万得资讯向上海市第一中级人民法院递交诉状和大量证据，正式起诉同花顺严重侵犯其知识产权，要求对方立即停止一切侵权行为，并赔偿经济损失9920万元。

而在11月中旬，同花顺还遭到中国新闻网的起诉，同花顺因未经授权在其网站非法转载中国新闻网的稿件，中国新闻网诉状告上了杭州市滨江区人民法院，要求停止侵权并赔偿损失。

万得资讯新闻发言人王洋说，同花顺抄袭万得在业内早就不是秘密了。自2010年以来，公司发现同花顺公然抄袭万得产品，已给万得造成巨额经济损失。万得每年将50%以上的支出用于创新研发，累计投入已超过10亿元。

令人啼笑皆非的是，上海万得投资管理有限公司和南京万得资讯科技有限公司，曾经位于同花顺2011年前十大股东榜单中，合计持有同花顺135.41

万股。

同花顺方面表示，关于其目前销售的 iFind 金融数据终端产品，系自主研发，从产品的规划设计、程序编码、数据采集和产品运营等均由公司独立完成，并拥有多项软件著作权。产品推出后，由于高性价比，迅速吸引了业内的高度关注，有效拓宽了金融数据的客户范围，在各类客户中已拥有较高的知名度和良好的口碑。

近几年，股票分析软件打架事件层出不穷，以前有大智慧因涉嫌抄袭遭彭博起诉；万得也曾在 2010 年抄袭北京天相产品，而被判罚赔偿 6 万元。

圈钱大于分红　报喜鸟网下增发无人认购

11 月 27 日，浙江报喜鸟公开增发 500 万股 A 股发行结果公告披露，本次增发网下参与优先认购的有限售条件股股东家数为 0 家；网下机构投资者申购家数为 0 家。而网上网上一般社会公众投资者申购的户数为 199 户，最后承销团包销了 289312 余股。

11 月 27 日，报喜鸟复牌，结果当日遭遇跌停，参与增发者悲惨套牢。报喜鸟上市 5 年来，共计募资了 17.48 亿元（增发、公司债），以公司上市当年（2007 年）底净资产 5.37 亿元来算的话，相当于再造了 3.26 个报喜鸟。但是报喜鸟自上市以来，2007～2011 年的分红分别为 10 派 1、10 派 2、10 派 1.5、10 派 2、10 派 1.5，派现金额共计 2.4 亿元，可见圈钱大于分红。

新希望卷入"速生鸡"事件

12 月 18 日，央视爆料称，对山东青岛、潍坊、临沂、枣庄等地的"速生鸡"养殖场调查发现，为避免鸡生病或死亡，白羽鸡从第 1 天入栏到第 40 天出栏，至少要吃 18 种抗生素药物，"鸡把抗生素当饭吃，停药期成摆设"。而养殖户把鸡交给屠宰场之后，屠宰企业的检测人员只是编造检验记录。这些"速生鸡"卖给了山东的六和公司和盈泰公司，这两家公司是肯德基、麦当劳的原料供应商之一。

引人注目的是，上市公司新希望被卷入此次事件。新希望早在 2005 年就与山东六和进行了联手，因为新希望看中了 2010 年在中国企业 500 强位列第 157 位的山东六和。山东的六和集团有限公司成立于 1995 年，并于 2011 年实

央视曝光吃药的"速生鸡"（李几招摄影）

现重组上市。2011年2月，四川新希望农业股份有限公司召开股东大会，决议通过了《四川新希望农业股份有限公司资产出售、资产置换及发行股份购买资产暨关联交易报告书》，公司拟向南方希望、李巍、刘畅、成都新望等发行9.05亿股人民币普通股，每股面值人民币1元，每股发行价格人民币8.00元，认购南方希望、李巍、刘畅、成都新望等合计持有的六和集团100％的股权、六和饲料股份有限公司24％的股权、四川新希望六和农牧有限公司63.61％的股权（另36.39％由其持有的新希望乳业控股100％的股权进行置换）、枫澜科技75％的股权。

六和集团下属企业近300家，员工5万多人，2010年公司销售收入为507亿元，六和集团"联盟企业"名单上，新希望集团位居第一。2011年12月30日，四川新希望农业股份有限公司发公告称，公司于2011年11月29日召开了2011年第二次临时股东大会，会议审议通过了《关于变更公司名称的议案》，经四川省工商行政管理局核准，公司名称自2011年12月27日起正式由"四川新希望农业股份有限公司"变更为"新希望六和股份有限公司"。至此，新希望公司于2011年11月4日和六和集团完成了重大资产重组，新希望变身国内最大全产业链农业企业。

12月20日，上海医药监下属的食药检验所称，2010～2011年山东六和鸡先后8次被检出抗生素残留超标，检测项目中并不包含激素检测。

由于新希望卷入"速生鸡"事件，新希望股价在12月18日、19日暴跌。12月19日，新希望公告称，此次事件系因个别养殖户私自添加违禁药物所致，并非公司下属企业违规养殖，公司高度重视，责成主要领导带领经营团队第一时间进入第一现场，对该工厂进行停产核查，并积极配合相关部门进行调查检查。

12月29日，新希望六和股份有限公司发表公告承认，我公司子公司山东六和集团下属企业平度冷藏厂收购农村养殖户白羽肉鸡把关不严，该公司决定：对平度六和立即停产，检查、复核内控体系；封存所有库存原料及产品，对平度六和总经理等相关人员进行停职审查，对采购环节把关不严的直接管理人员予以开除处理。平度六和已对所有养殖户的剩余款项给予先行全额支付。六和集团将在下一步的工作中继续增添检测设备、确保检测体系完善；坚决完善内部以食品安全为核心的全员质量管理体系和责任体系；针对农村养殖户认真健全以培训及动态监控为核心的服务管理机制，坚决杜绝一切可能影响产品质量的因素。

板块三

违规与维权

第一章 上市公司违规情况

大股东占款：深交所发出创业板第一起谴责公告

5 月 25 日，深交所发出创业板第一起谴责公告。被谴责的创业板上市公司是山西振东制药股份有限公司。

2011 年，振东制药公司、振东制药公司全资子公司山西振东泰盛制药有限公司在履行与振东制药公司控股股东山西振东实业集团有限公司的控股子公司山西振东建筑工程有限公司的生产车间承建合同过程中，共预付振东建筑款项 10760 万元。其中，未按合同约定超付款项 3000 万元，客观上形成关联方非经营性资金占用，振东建筑于 2012 年 4 月方才归还。

2011 年，振东制药公司与振东制药公司控股股东振东实业的全资子公司山西振东五和健康食品有限公司实际发生日常关联交易仅为 29.16 万元，而振东制药公司却向振东五和预付 650 万元，期末冲抵公司对振东实业的欠款后，客观上形成关联方资金占用 383.66 万元；同年，振东制药公司向振东制药公司控股股东振东实业的全资子公司山西振东安装装饰工程有限公司预付货款 834.34 万元，冲抵相关款项后，客观上形成关联方资金占用 263.50 万元。

根据《创业板上市公司公开谴责标准》第八条等相关规定，深交所作出如下处分决定：对山西振东制药股份有限公司给予公开谴责的处分；对李安平给予公开谴责的处分。对山西振东制药股份有限公司及相关当事人的上述违规行为和本所给予的上述处分，将记入上市公司诚信档案。

审计署审计上市公司发现重大问题

6月1日，审计署公布了对上市公司和控股上市公司的大股东审计的情况，其中，攀钢集团违规招标额超300亿元；工商银行2010年违规发放贷款超百亿元；中信银行2008～2010年违规放贷30亿元；武钢财务公司违规办理委托贷款22.49亿元；一汽大众销售公司故意阻断财务数据同步；中石油2010年少计利润13.1亿元；新疆八一钢铁有限公司多报落后产能淘汰量，违规获取中央财政奖励资金1056.30万元；宝钢集团2010年多计利润11.39亿元；东方电气18亿元多晶硅项目未达准入标准；中国电子信息产业集团投资夏新电子亏损6.94亿元；中煤集团2008～2010年违规采购25亿元；招商银行2004～2010年违规发放贷款48亿元。

对审计发现的问题，审计署已依法出具了审计报告、下达了审计决定书，要求这些违规上市公司予以整改。

截至2012年3月底，已经对87名相关责任人进行了严肃处理（其中局级干部3人），对审计发现的问题，已有接近97%完成了整改。

工商银行、华夏银行卖理财系列产品诈骗忽悠客户

7月，中国工商银行浙江金华商城支行曝光利用理财产品诈骗金华市三江街道三路口村10多位村民1200万元的拆迁征地补偿款事件。涉案的工商银行前工作人员钮华已于9月被捕。被诈骗的村民代表说，2011年8月1日，经工商银行浙江金华商城支行客户经理钮华推荐，他们几位村民用800万元购买了工商银行的理财产品。2012年7月29日，理财产品到期，在工商银行浙江金华商城支行钮华的忽悠下，他们将到期资金再续买一年，并且又追加了400万元闲置资金。8月13日，村民800万元购买理财产品的资金被冻结。钮华被武义公安局刑事拘留，其中300万元到了钮华的私人账户。

11月26日至12月5日，50多人先后到华夏银行上海分行讨要资金，他们都从华夏银行嘉定支行购买了"中鼎"系列产品。

"中鼎财富一号"于2011年11月25日成立，2012年11月26日到期，可是这些产品到期却本息无归。包括"中鼎财富一号"在内，作为普通合伙人的"通商国银"（"通商国银"幕后老板是魏辰阳，其是河南新通商投资集团担保

涉案 3.4 亿元的董事长），接连成立了四只有限合伙型股权基金，总计 4 期 1.19 亿元，全部无法按期兑付。

被骗的客户表示，我们是通过大堂客户经理推荐购买的该产品，在华夏银行签的合同。购买产品的时候，理财经理说肯定会保证收益，还说嘉定支行行长蒋黎也购买了。一个职工"私售"产品，居然可以骗过行长，把行长一起拖下了水，银行实际上为其充当了"托儿"的角色，使其轻松地达成了诈骗的

客户到华夏银行门前讨钱（欧阳红摄影）

目的。而银行在投资者心目中是一种合法渠道，通过银行出来的任何产品，都是值得信任的，这种信任其实是投资者对国家信用的信任。但华夏银行此次发生的这一事件则打破了这一个"惯例"，它"私售"非法集资产品，其实出卖的是国家信用。

12 月 2 日晚间，华夏银行上海分行发表公告称，"中鼎财富投资中心（有限合伙）入伙计划"（下称：入伙计划）不是华夏银行的产品，而华夏银行也从未代销过该入伙计划。华夏银行上海分行并透露，嘉定支行前员工已经被公安机关调查。

对此，华夏银行总行发表声明称，"中鼎财富投资中心（有限合伙）入伙计划"是由嘉定支行前员工濮某私自代销，目前该员工已离职，公安机关已介入调查。

投资者不满华夏银行的答复，12 月 3 日，30 多名投资者再次齐聚嘉定支行门口，当日下午，华夏银行上海分行行长郑超到现场与投资者沟通，但是没有达成协议。12 月 4 日，投资者又到上海市政府去上访。

12 月 4 日，华夏银行副行长李翔以及上海分行有关负责人，与 10 位投资者代表进行了 2 个小时的对话。华夏银行方面表示，将在未来 2 个月内和投资者商定解决方案。

新华人寿董事长关国亮被判处有期徒刑 6 年

3 月 1 日，北京市二中院审理了"中国保险第一大案"的新华人寿前董事长关国亮。

关国亮，52 岁，曾任新华人寿董事长。2007 年 11 月，关国亮因涉嫌挪用资金罪被羁押。公诉机关指控，关国亮在担任新华人寿董事长期间，利用职务便利，与另一被告人马跃合谋，于 2003 年 6～8 月，以马跃帮助新华人寿承保了中国农业发展银行相关保险业务以及马跃经营的上海策衡投资咨询有限公司为新华人寿提供股票咨询等名义，获取了新华人寿 300 万元资金。

对于关国亮挪用资金 2.61 亿元，公诉机关提出三项具体行为：一是 2003 年 4 月挪用 3000 万元用于其弟关国星经营的黑龙江斯达投资有限公司；二是 2003 年挪用 3100 万元至其哥关和平经营的北京华瀛置业有限公司；三是 2004 年挪用 2 亿元至其弟经营的黑龙江贯通投资有限公司。

法院最后以挪用资金罪，判处关国亮有期徒刑 6 年；马跃侵占罪罪名不成立，宣告无罪。

昆明检察院抗诉绿大地欺诈案　认为量刑偏轻

2 月 1 日，*ST 大地发布的重大诉讼公告披露，1 月 31 日收到了昆明市人民检察院的《刑事抗诉书》。昆明市人民检察院认为一审判决确有错误，原审法院对欺诈发行股票罪部分量刑偏轻，应当认定被告单位及各被告人违规披露重要信息罪，并且提出原审审级违法。

昆明市人民检察院在《刑事抗诉书》中指出，应当认定被告单位“绿大地”公司及被告人何学葵、蒋凯西、庞明星、赵海丽、赵海艳构成违规披露重要信息罪。首先，绿大地公司虽然前后两次使用同一虚假信息，但其报告或披露的对象分别是证监会等发行审核部门和公众，对象不同，因此不存在对 2007 年度财务会计报告重复评价的问题；其次，绿大地公司在 2007～2009 年的年度财务会计报告中，3 次违规披露重要信息，已达到“多次”的立案追诉标准；最后，公安机关补充调取的绿大地公司 2008 年、2009 年的半年报，经司法会计鉴定，可以进一步证实本案“多次”提供虚假财务会计报告、违规披露重要信息的事实。

3 月 15 日，已一审判决生效的*ST 大地（002200）涉嫌欺诈发行股票一案在云南省昆明市中级人民法院第二法庭开庭再审。当日庭审主要就程序部分进行辩论，双方集中就昆明市官渡区人民法院的一审审级资格是否合法，以及控方提供新的证据是否有效展开举证与质证。审判长宣布休庭，并表示原审审级违法认定需向最高人民法院申请批示，待最高人民法院答复再另行开庭。

4月4日，*ST大地公布了公司欺诈发行股票案再审的结果，昆明市中级人民法院决定撤销原一审判决、发回原审昆明市官渡区人民法院重新审理。

5月7日，*ST大地案在昆明市中级人民法院重新开庭审理。公诉方就欺诈发行股票和伪造金融票证两项罪名列举了数十名证人证言和数百页的证明材料。面对公诉人指证的罪名，何学葵表示，她没有犯罪的主观故意，她也是在2010年初证监会对公司立案后，在公司自查过程中了解了虚增资产、虚增收入的问题，并且也及时向地方证监局进行了报告；她从未指使、授意他人故意销毁会计凭证，并且至今都未见过伪造的金融票据原件；没有与其他嫌疑人共谋和故意实施欺诈上市。

5月10日，*ST大地举行网上业绩说明会，3月底刚刚上任的公司董事长杨槐璋与投资者进行了网上交流。杨槐璋表示，2011年，因涉嫌欺诈发行股票一案给公司带来的危机全面爆发，给生产经营带来了极大的挑战。受资金紧缺等因素影响，公司2011年度未能实现盈利。但公司对因涉嫌欺诈发行股票和上市后虚增资产、虚增收入形成的前期差错，已根据公安侦查结果及《司法鉴定意见书》进行了追溯调整，还原了公司真实资产状况。2012年2月14日，何学葵向云南省投资控股集团有限公司转让其持有的3000万股限售流通股股份已完成过户，云南省投资控股集团有限公司成为公司控股股东，公司实际控制人缺位的问题从根本上得到了解决。

飞人乔丹起诉拟发行股票上市的中国乔丹

2011年11月21日，中国证监会网站预披露了中国乔丹体育股份有限公司的招股书，IPO拟发行新股11250万股，占发行后总股本的20%，并于上海证券交易所上市。随即引起了轩然大波。

2012年2月23日，美国篮球巨星迈克尔·乔丹宣布，向中国一家法院提起诉讼，指控中国运动服和鞋类生产商乔丹体育股份有限公司侵犯其姓名权。

1984年，乔丹体育股份有限公司成立于福建鞋

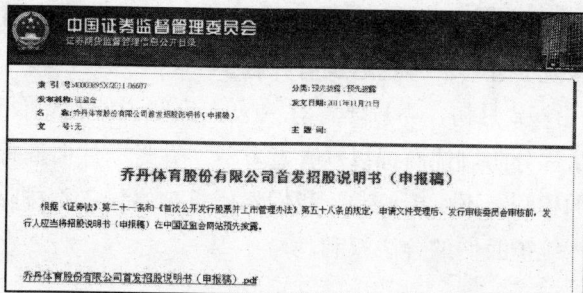
中国证监会网站披露了乔丹体育股份有限公司招股书

都晋江，控股股东是福建百群，乔丹体育的实际控制人为丁国雄、丁也治夫妇，分别持有公司控股股东福建百群 49% 和 51% 的股份，共计间接持有发行后上市公司股份 29128.50 万股，占总股本的 51.78%。

截至 2011 年 6 月 30 日，乔丹体育已建立了覆盖全国 31 个省、直辖市和自治区的市场营销网络，品牌专卖店达 5715 家。2002 年该公司年产值仅 1.2 亿元，到 2010 年公司销售收入高达 29.3 亿元。

乔丹公司在招股说明书中解释美国乔丹与中国乔丹的关系说，"Jordan"作为普通外国人姓氏，并不具有特定性，与美国前职业篮球球星"迈克尔·乔丹"之间不存在一一对应的关系。其与耐克公司不构成直接的市场竞争，并在产品定位、目标消费群体等诸多方面存在较大差异。本公司乔丹品牌与耐克公司 Air Jordan 品牌分辨度较高，一般情况下消费者均可清晰辨识。

迈克尔·乔丹提出了六项诉讼请求，包括要求法院确立乔丹体育停止这种侵权行为；澄清该公司品牌和乔丹本人之间不存在任何关联；精神损害赔偿等。

乔丹特别发出视频声明说，很遗憾一家中国体育服饰公司，在没经过我同意的情况下，用我的中文名字在中国开展业务，这种行为令我受到了伤害。当我了解到有其他企业未经我许可便利用我的中文名字、球衣号码 23 号，甚至试图利用我孩子的名字开展商业活动，我感到非常失望。我计划将诉讼有可能得到的任何经济赔偿用于发展中国的篮球事业。这项诉讼的目的不在于经济诉求，而是旨在对我姓名权的保护，是一个原则性问题。

对于乔丹的起诉行动，耐克发表声明表示，我们支持迈克尔·乔丹一直以来为保护他的品牌、他的姓名使用及他在中国的消费者而做出的努力。我们理解这对于迈克尔·乔丹来说是一件非常重要的事件，并且我们也支持他在此事件上所做出的努力。

球星迈克尔·乔丹对乔丹体育提起诉讼案在 3 月初由上海市第二中级人民法院受理，但是迟迟没有开庭。

12 月初，乔丹体育有关人士反驳说，在案件受理前，公司已经主动注销了部分防御性商标以示善意，但"乔丹"注册商标是经国家行政审批合法使用的权利，不可能放弃。我们希望打破僵局，不排除采取起诉等进一步反击措施来维护我们的合法权利。

泛海建设独立董事刘纪鹏配偶买卖股票遭到质疑

3月13日，深交所官方网站公开信息显示，泛海建设独立董事刘纪鹏配偶刘妍账户，在2012年2月29日到3月2日3天时间内，通过竞价交易的方式，先后买进和卖出泛海建设股票40万股。3月14日，刘纪鹏微博承认属实，买此票事先我、夫人都不知，因她半年前委托一位朋友就不管了，而此友并不知我是泛海独立董事，好在买的时间没在窗口期均合规。发现后经董事会秘书请示深交所和证监局可选择即时卖也可选择6个月后卖，因看着它就别扭，宁可别人说短炒也坚决卖掉，结果买5.21，卖5.23，扣除税费赔76.88元。

刘纪鹏托人卖出泛海建设后，该股即暴跌。网友质疑刘纪鹏知道了内幕信息才赶紧卖出的。

通化金马、吉林制药、复旦复华等所用药用胶囊铬含量超标

4月15日，央视《每周质量报告》播出了《胶囊里的秘密》节目。该节目记者发现，浙江省新昌县年产胶囊1000亿粒左右，约占全国药用胶囊产量的1/3，供应几十家药用胶囊生产企业。

4月16日，国家药监局发布公布："对此次9家涉案企业的13个批次铬超标药用胶囊产品立即暂停销售和使用，待监督检查和产品检验结果明确后，合格产品继续销售，不合格产品依法处理。对违反规定生产销售使用药用空心胶囊的企业，将依法严肃查处。"

按照《食用明胶》行业标准，食用明胶应当使用动物的皮、骨等作为原料，严禁使用制革厂鞣制后的任何工业废料。

通化金马被央视曝光（李几招摄影）

铬，是一种毒性很大的重金属，容易进入人体细胞，对肝、肾等内脏器官和DNA造成损伤，在人体内蓄积具有致癌性并可能诱发基因突变。

央视随即曝光了修正药业13家医药企业用了毒胶囊，其中就有上市公司

通化金马生产的清热通淋胶囊（产品批号：20111007），所用药用胶囊铬含量为87.57mg/kg。

毒胶囊事件曝光后，通化金马股价暴跌8%，香港股市的中资医药股也发生了暴跌。4月16日，通化金马官网被黑。

有关媒体现场调查发现，修正药业和通化金马两家药厂从不检测重金属铬含量。直到4月15日媒体曝光之后，4月16日，他们才开始对重金属铬含量进行检测。

通化金马集团的网站遭黑客袭击，首页信息被篡改（李几招提供）

毒胶囊曝光第二天，通化金马虽然召回涉嫌有害的清热通淋胶囊产品。但是作为被曝光的唯一一家上市公司，却没有发布正式公告。直到4月21日，通化金马姗姗来迟发出了第一则与胶囊有关的公告。公告称，通化金马目前生产的胶囊有19个产品，2011年销售收入8108万元，占公司总收入18147万元的44.68%。目前当地药品监管部门查封了通化金马胶囊剂生产车间，对"问题胶囊"流向进行排查，并对现有胶囊剂的成品、半成品、包材进行查封，现场封存取样送检。公司将暂停销售胶囊剂药品，需要待检验合格后方能重新销售使用。

除了通化金马外，媒体还曝光复旦复华子公司也牵涉"毒胶囊"事件。对此，复旦复华总经理办公室李淑芳对采访的媒体表示，公司虽然也从浙江新昌购买了药用胶囊，但我们公司因为监管严格，没有购入有问题的胶囊。

可是4月24日，复旦复华公告承认，2012年4月20日晚，上海食品药品监督管理局公布了本市明胶空心胶囊抽检结果，上海复旦复华科技股份有限公司控股子公司上海复旦复华药业有限公司从浙江康诺胶囊有限公司购入的明胶空心胶囊中有一件样品铬含量超标。公司发现问题后立即对该批空心胶囊及使用该批空心胶囊生产的库存产品进行封存，对已发出的110401批号的石杉碱甲胶囊16448盒进行召回。

4月24日，复旦复华股价仅下跌0.28%，4月25日，该股居然涨停。

4月27日，国家食品药品监督管理局发布公布胶囊剂药品第三次抽检结果，宣布根据中国食品药品检定研究院和省食品药品检验机构检验报告，包括上市公司通化金马、吉林制药在内的9家药企所产的10个批次胶囊产品，被检出"所用药用胶囊的铬含量严重超出国家药典标准规定",并责成相关省食品药品监管局依法从重从快处理严重违法企业。

4月27日,吉林制药承认,公司被发现部分批次药品所用药用胶囊的铬含量严重超出国家药典标准规定。公司已初步查明2011年共销售毒胶囊21900盒52.56万粒,该胶囊全部来源于浙江省新昌县诚欣胶囊有限公司。

*ST吉药可谓是祸不单行,卷入毒胶囊事件后,5月7日,该公司公告称,因为连续三年亏损今起暂停上市。

之后,又有白云山A、佛慈制药、亚太药业、鲁抗医药、康缘药业、天方药业、华润三九、西南合成、西南药业也被曝出使用了不合格胶囊的行为。

由于青海明胶没有在毒胶囊的名单中,因此,4月16日到23日,该股连续涨停,而同类股票东宝生物此期间也暴涨60%以上。

不过好景不长,4月20日,21世纪网采访了青海西宁深圳印象小区的一名居民肖师傅。肖师傅曝光称,青海明胶厂所用原料动物骨头,很多是从废品站收购的,有一些是从饭馆里面收集来

青海明胶厂区附近居民在公司门口打出横幅抗议污染(欧阳红摄影)

的吃过的骨头。就算是新鲜的骨头也干净不到哪儿去,一到夏天很多苍蝇都从青海明胶厂房飞出来。青海明胶污染环境也屡遭当地居民投诉。青海明胶污染相当严重,也多次收到整改通知,该公司也屡次承诺保护环境,但屡教不改。西宁市环保局开出罚款单,青海明胶都不按时缴纳,后来青海明胶被告到城西人民法院,法院强制从银行账户中划转罚款。

4月24日,青海省食品药品监督管理局公告称:"央视《每周质量报告》栏目曝光国内多家知名药企使用涉嫌铬超标药用空心胶囊后,省食品药品监督管理局对青海明胶有限责任公司和青海明诺胶囊有限公司进行了全面监督检查,并对青海明胶有限责任公司生产的10批(次)明胶和青海明诺胶囊有限公司生产的17批(次)药用空心胶囊进行了监督抽样。经检验,全部符合国家规定。"

4月25日,青海明胶发布澄清公告称,从废品站收购骨头传闻不属实,其生产所用骨料均为向专业骨粒供应商所采购的骨粒。公告披露了前五名骨粒供应商。对于污染问题,该公告承认,2009~2011年,公司受到西宁市环保

局5次处罚，累计罚款金额为37万元。公司于2010年8月13日出具承诺函，新污水处理系统于2010年9月开始建设。目前，新污水处理系统运行良好，各项排放指标均达到国家排放标准。

4月25日，有网友在微博中爆料，用皮革废料制食用明胶的工艺方法早在1991年就申请了专利，到现在已整整21年。

4月26日，国家知识产权局相关负责人接受新华网栏目记者专访时承认，国家知识产权局受理过10件利用皮革废料提取食用明胶的相关专利申请，其中2件曾获得批准，但均已失效，目前没有处于有效状态的相关专利。

4月26日，青海明胶经过5个涨停后，开始暴跌。5月2日，青海明胶临时宣布停牌。5月3日，青海明胶披露，4月27日，焦作市食品药品监督管理局向金箭实业送达了河南省食品药品检验所两份检验报告。报告显示，该局抽检的金箭实业"2143"批号明胶和"2010110312"批号空心胶囊，检验项目"铬含量"结果不符合国家规定。

87家事务所、235名注册会计师受惩戒

2011年，各地方注协共检查了1671家事务所，抽查了上万份业务底稿。对其中87家会计师事务所以及235名注册会计师实施了行业惩戒。其中，15家事务所和18名注册会计师受到公开谴责，47家事务所和58名注册会计师被给予通报批评，25家事务所和159名注册会计师被训诫。

通过检查发现，部分中小事务所的系统风险防范能力和执业质量存在不少问题。此外，一些注册会计师未能严格执行执业准则，审计流于形式。还有个别事务所在对重要审计领域未获取充分、适当证据的情况下，就出具标准审计报告。

连续18年分红的佛山照明连续遭到调查和整改

佛山照明最令人称道的是，该公司1993年上市至今，一直坚持现金分红，且业绩也一直比较稳定。

但是这几年，该公司也出现了麻烦。2008年该公司半年报公布净利润同比减少45.73%，原因是该公司炒股亏损了1.17亿元（2007年佛山照明炒股盈利3.5亿元）。

2009年9月21日，佛山照明披露，该公司监事李建武5月14日卖出其

解禁的公司股票9752股，每股卖出均价10.87元。9月17日，其又买入公司股票2700股，每股均价8.76元。此次买卖股票交易行为违反了证监会的相关规定。

2010年8月12日，佛山照明公告披露，上任还不足3个月的公司董事长庄坚毅、董事会秘书邹建平涉嫌违反证券法律法规，广东证监局决定立案调查。

2010年9月16日，佛山照明公告披露，公司在经过二次核查后发现，确实存在交易方高管在敏感期买卖公司股票的情况。在第一次收到关注函后，佛山照明8月30日回复深交所称，未发现有内幕知情人及其直系亲属在敏感期内买卖公司股票的情况，也未发现内幕人向他人透露以上交易事项的内幕消息的情形。9月3日，深交所再次发出关注函并明确表示"有交易对手方人员在8月18日公告事项筹划期间有买卖公司股票行为，且在公司之前的涉及锂能源投资项目信息披露前后有买卖公司股票"，公司在进一步自查后发现，交易方高管方清、霍广及其直系亲属在前述公告敏感期存在交易公司股票的情况。

2010年11月10日，佛山照明公告称，我公司自2010年下半年以来，连续在信息披露上出现了重大失误。中国证监会广东监管局就此情况，于2010年11月1日向我公司下达了行政监管措施决定书，公司拟采取改进信息披露事务管理工作、提升信息披露质量的措施。

2012年7月6日，佛山照明公告披露，近日收到广东证监局下发的行政监管措施决定书，决定书称，佛山照明2009年年报、2010年中报及年报、2011年中报及年报未披露与佛山施诺奇加州电气有限公司、佛山市斯朗柏企业有限公司的关联关系及关联交易；也未披露与（香港）青海天际稀有元素科技开发有限公司的关联关系及与之共同出资设立青海佛照锂能源开发有限公司的关联交易。广东证监局要求佛山照明在收到决定书之日起10日内补充披露与上述关联方的关联关系及近三年的关联交易情况，在补充披露公告后5日内提交书面报告，以便组织检查验收。

上市公司违规买卖股票情况

限于篇幅，仅列出上市公司和与其相关的机构违规买卖股票的名单，具体违规事实略去。

2012年上市公司和与其相关的机构违规买卖股票被证监会、上交所、深交所处罚的有：

领先科技、光华基金会、九龙山国旅、Resort 公司、Ocean 公司、中国电子科技集团原总会计师杜兰库其妻刘乃华、SST 华塑公司独立董事柴磊、京博控股、四川东合烽投资有限公司法定代表人朱艳芬和资本运营总监龚天明、科陆电子公司董事孟建斌、实益达公司第二大股东冠德成、数码视讯公司监事周昕、浙富股份董事宗佩民、山西证券第二大股东太钢集团、华斯股份监事吴振山和副总经理贺树峰、康盛股份公司副董事长陈伟志、新北洋公司第一大流通股东山东省高新技术创业投资有限公司、佛山照明副总经理邹建平和妻子章敏芝、周星夫（邹建平女婿），中超电缆高管周燕、赵汉军、杨飞，巨龙管业的高管刘国平、罗牛山高管李万有的配偶郑自慧。

上市公司违规、遭谴责、被立案调查等名单

限于篇幅，仅列出上市公司名单，违规、遭谴责、被立案的具体情况略去。

2012 年上市公司上市公司违规、遭谴责、被立案调查的有：

沧州化工、方向光电、ST 零七、S*ST 生化、成发科技、南钢股份、ST 博元、滨化集团、武昌鱼、*ST 光华、汉森制药、中国宝安、科达机电、普旭天成、中基实业、南纺股份、中原高速、小商品城、永安药业、宏盛科技、齐鲁证券、深圳惠程、延华智能、江山化工、新纶科技、紫金矿业、ST 鲁北、巴安水务、大路股份、中国石油、中国国电、ST 大路 B、新大洲 A、农业银行、华工科技、美达股份、ST 天润、亚星化学、新亚制程、山煤国际、贤成矿业、禾嘉股份、东贝 B 股、雪人股份、梧州中恒、涪陵电力、佛山照明、宁波富邦、华昌达、秋林集团、海星科技、亚星化学、ST 天润、*ST 锌电、*ST 华科、ST 天目、惠泉啤酒、多伦股份、海马汽车、渝开发、铁岭新城、万福生科、朗科科技、*ST 金城、国恒铁路、ST 金谷源、钱江摩托、隆平高科、ST 南江 B、彩虹精化、远望谷、超日太阳、华英农业、万福生科、北大荒、*ST 南纺、多伦股份、东贝电器、*ST 炎黄、桂冠电力、天目药业、大元股份、宝安鸿基。

第二章 证券市场违规违法行为

中国证监会通报多起涉嫌内幕交易操纵股价等违规案件

2012 年，中国证监会明显加强了打击内幕交易的力度，多次召开新闻通气会，通报此类案件，限于篇幅，只能列出利用内幕交易操纵股票的名单，具体违规内容略去。

2012 年，中国证监会通报的内幕交易案件如下：

证券分析师徐翔涉嫌操纵市场案件；河南裕丰复合肥有限公司实际控制鲍崇民利用内幕信息调集 3000 多万元资金操纵 ST 海鸟；高晓莉的"抢帽子"买入"紫江企业"；辽宁森能董事李鹏涉嫌内幕交易被逮捕；中油金鸿天然气输送有限公司与吉林领先科技发展股份有限公司开展重组谈判，领先集团董事长李建新及领先科技董事长、领先集团副总裁刘建钢等高管直接参与并知悉内幕信息买入领先科技股票；光华基金会法定代表人任晋阳与内幕信息知情人中油金鸿法定代表人陈某某、中油金鸿董事会秘书姚某某有经济和身份关联，参与内幕交易；国都证券投资银行总部董事总经理王保丰利用相关重组内幕信息交易 ST 天龙。

创新石油及德玛斯特的法定代表人兼董事长毛伟涉嫌内幕交易江苏宏宝五金股份有限公司股票；李文清获知内幕信息利用所控制的金盛投资股票账户买入 70.07 万股天一科技股票非法获利；重庆市总商会投资担保有限公司总经理谭压西获知东方银星重大资产重组事项后，利用其亲属控制的"商会担保"等 4 个账户买入东方银星股票；开元集团董事长兼党委书记丁建明在内幕信息敏感期内买入"江苏开元"股票；中投新亚太中经（北京）投资管理有限公司顾问、操纵行为直接负责的主管人员李杰伟操纵 ST 洛玻股票案件；林郁涉嫌内幕交易案和湖北中泰投资有限公司及刘琪芳涉嫌内幕交易案；魏辰阳和刘锦荣未按规定披露超比例持股信息案；甘肃瀚宇投资有限公司存在内幕交易及非法利用他人账户买卖证券。

江苏人唐园子及其掌控的 8 个账户在 2010 年 4～5 月期间持续交易了海鸥卫浴股票；国信证券深圳投行三部提交洛阳轴承研究所改制上市报告，李绍武为项目负责人介绍本人控制的昕利科技于同年 8 月以发起人战略投资者的身份认购 65 万股轴研科技股份；李绍武利用其在国信证券投资银行部工作的职务便利，还在对深圳莱宝高科股份有限公司、河南佰利联化学股份有限公司、河南四方达超硬材料股份有限公司等 3 家拟上市公司进行改制辅导和保荐上市过程中，通过其配偶邱某、岳母冯某等的名义，持有、转让其股份或买卖其股票；夏自强利用内部信息指令瀚宇投资员工宋某使用瀚宇投资账户买入"ST 皇台"；瀚宇投资还利用其员工宋某、李某的名义开立证券账户进行股票交易。

沈少玲为深圳市彩虹精细化工股份有限公司董事，与彩虹精化董事长兼总经理陈某某为夫妻关系，两人为彩虹精化的实际控制人，他们利用深圳绿世界签订大额订单将给彩虹精化带来大额利润的内幕信息，沈少玲安排同学黄某某借用 5 个证券账户为其买卖股票；方大炭素控股股东辽宁方大集团实业有限公司决定方大炭素通过定向增发进行融资，利用此内幕信息，中国银河证券股份有限公司投资银行总部股票发行部副经理张涛、甘肃弘信会计师事务所有限公司董事长王东海等人、北京海地人矿业权评估事务所评估部总经理崔永杰、甘肃弘信评估师魏亮、北京海地人房地产评估事务所评估师高晓卉、方大集团财务总监、方大炭素董事黄成仁，先后买入"方大炭素"股票。

唐建平操纵航天动力案；王国斌通过 ST 波导操纵市场案；周武秀操纵成飞集成众合机电案；上海丰润借道信托超比例持股案；陈玉璟通过控制本人及其亲属的 4 个证券账户操纵相关债券交易价格。

证监会并购重组委委员吴建敏涉嫌违规立案稽查

5 月 10 日，中国证监会通报了吴建敏涉嫌违法违规案情况。2011 年 11 月 11 日，证监会对原利安达会计师事务所有限责任公司合伙人、北京天健兴业资产评估公司总经理、证监会并购重组委委员吴建敏涉嫌借用他人账户违法违规交易股票行为立案稽查。经过前期紧张调查，12 月，证监会决定解聘吴建敏并购重组委员会委员职务并予以了公告，进一步调查发现吴建敏存在内幕交易行为并涉嫌犯罪，证监会已依法移送公安机关处理。

经查，吴建敏于 2002 年 5 月 15 日开始，借用其朋友苏某某在北京某证券营业部开立的证券账户进行股票交易。2010 年 2 月 10 日，广东科达机电股份有限公司（以下简称科达机电）和佛山市恒力泰机械有限公司（以下简称恒力泰）确定收购计划，4 月 29 日，上述收购信息公开，公开前上述信息为内幕信息。吴建敏作为北京天健兴业资产评估公司总经理，为科达机电收购恒力泰提供资产评估服务，属于《证券法》规定的法定内幕信息知情人。吴建敏借用苏某某账户在 3 月 10 日买入"科达机电"股票 3 万股，成交金额 55.3 万元，5 月 5 日、7 日全部卖出，获利 15 万元。

2009 年 4 月 13 日，中国中材股份有限公司（以下简称中材股份）增资控股甘肃祁连山水泥集团股份有限公司（以下简称祁连山）方案确定，12 月 29 日，上述增资控股信息公开，公开前上述信息为内幕信息。吴建敏作为利安达会计师事务所有限责任公司合伙人，为祁连山提供清产核资审计服务，属于《证券法》规定的法定内幕信息知情人。吴建敏借用苏某某账户在内幕信息价格敏感期买入"祁连山"股票 10 万股，11 月 3 日、16 日全部卖出，成交金额 115.8 万元，获利 28.5 万元。

证监会还依法对吴建敏其他违法违规行为进行了查处。一是吴建敏前述内幕交易"科达机电"的行为同时涉嫌违反《证券法》第四十五条第二款关于"为上市公司出具审计报告、资产评估报告或者法律意见书等文件的证券服务机构和人员，自接受上市公司委托之日起至上述文件公开后五日内，不得买卖该种股票"的规定。二是吴建敏在 2010 年 2 月、2011 年 1 月两次参与为南京红太阳股份有限公司（以下简称红太阳）拟发行股份购买股权项目提供评估服务期间，存在法定禁止期限内违法买卖股票的行为。在上述期间，吴建敏累计买卖"红太阳"股票 14.4 万股，成交金额 214.7 万元，交易盈利 17.9 万元，其行为涉嫌违反《证券法》第四十五条关于证券服务人员禁止在限制股票交易期内买卖股票的规定。对于上述违法违规行为，证监会将按程序依法进行行政处罚。

《焦点访谈》揭露股市"抢帽子"

2011 年 12 月 9 日，中国证监会公布了六起证券市场违法违规案件情况。其中有一起是中恒信公司、薛书荣、郑宏中、杨晓鸿、黎睿咨等"抢帽子"操纵案。

2012 年 2 月 14 日，中央电视台《焦点访谈》栏目专门就此制作了节目播出。这是中央电视台首次播出关于股市"抢帽子"案件的节目。

节目用影像的方式揭露了广东中恒信传媒投资有限公司违规炒作股票的过程。中恒信有 148 个账户，每天操纵交易的股票多的时候达到了几十只。他们利用电视媒体荐股，引诱中小股民买入，然后他们就赶紧卖出。

央视《焦点访谈》栏目播出"抢帽子"节目
（李几招摄影）

骗子在卫星电视节目中忽悠股民买股票（李几招摄影）

中国证监会查处中恒信的运行办公地点是在广州市越秀区水荫路附近的一所居民楼内，在这个面积达 200 多平方米的办公场所，搭建了 3 个演播室。

经查，2007 年 4 月至 2009 年 10 月，薛书荣、郑宏中、杨晓鸿、黎睿咨等人以 70 个自然人名义在 44 家证券营业部开立 112 个资金账户，使用 148 个证券账户，动用超过 20 亿元的资金预先买入他们选定的股票。与此同时，黎睿咨、张宏等人安排人员制作上述股票的荐股 PPT，并将 PPT 传送至薛书荣、郑宏中等人控制的荐股节目主要制作单位——中恒信公司。同时，薛书荣、郑宏中等人先后私下联络 10 家证券公司和 8 家投资咨询机构的 30 名证券分析师，完全按 PPT 内

中恒信办公地点隐藏在这个居民楼内
（李几招摄影）

这些正规的证券分析师帮助忽悠，助纣为虐
（李几招摄影）

容录制荐股节目。薛书荣、郑宏中等人通过广东登立广告有限公司等 7 家公司，以 4483 万元购买了 9 家电视台的早、中、晚证券栏目时段，播放前述荐股节目，吸引投资者入市，并在节目播出当日或第二个交易日，将预先买入的股票迅速卖出获利，以"抢帽子"交易方式操纵股票价格。郑宏中等人通过上述方式共交易股票 552 只，累计交易金额 571.76 亿元，非法获利 4.26 亿元。

2 月 20 日，中国证监会又通报一起典型的"抢帽子"操纵市场案，对时任海通证券股份有限公司机械行业首席分析师叶志刚作出了行政处罚。决定没收叶志刚违法所得 325787 元，并处以 100 万元罚款及 5 年市场禁入。

经查，2006 年 9 月至 2009 年 4 月，在海通证券研究所将叶志刚所撰写的研究报告发送客户前，叶志刚利用本人及所控制的其他账户，多次买入研究报告所推荐的多只股票，并在研究报告发送后卖出获利。

证监会人士讲述破案经过（李几招摄影）

值得注意的是，叶志刚的"抢帽子"违法行为是由其前女友举报的，而且证监会处罚是处以违法所得三倍多的罚款，这个重罚亦属罕见。

中国最大股权诈骗案被告获刑 15 年

1 月 20 日，成都市中院一审了中国最大股权诈骗案，被告人曾汉林是首个被加拿大政府强制遣返，因犯合同诈骗罪被判有期徒刑 15 年，并处罚金 200 万元的诈骗犯。

曾汉林，66 岁，他掏空旗下广东飞龙集团，以"资产重组，借壳上市"为名，利用合同诈骗成都联益（集团）有限公司持有的价值 6800 万元的联益法人股。事发后，曾汉林与家属在 1999 年底经多米尼加潜逃到加拿大。

中国列出的全球通缉的"十大诈骗犯"名单里,他与赖昌星都赫然在目。2011年2月,他被加拿大遣返回国。

判决书认定,飞龙集团以非法占有为目的,在签订和履行合同过程中,隐瞒其负有高额债务、无力支付股权转让款的事实真相,诱骗成都联益(集团)与其签订股权转让协议。之后,又采取先履行小部分合同,出示虚假存款证明和汇款凭证的手段,诱骗成都联益(集团)继续履行合同,骗取其价值6800万元的法人股权后质押贷款并占有使用。该行为已经构成合同诈骗罪,且数额特别巨大。曾汉林作为飞龙集团的董事长、总经理,是单位犯罪中直接负责的主要人员,其行为亦构成合同诈骗罪。

坚决查处保荐人内幕交易等违法违规案件

(1) 1月6日,上海浦东新区人民法院开庭审理中信证券投行部前执行总经理谢风华夫妇犯内幕交易罪。

谢风华(41岁)案是中国股市保荐人代表内幕交易第一案。原中信证券投行部执行总经理、国信证券投行高管谢风华是ST兴业重组的项目操办人,在尚未发布公告前,谢风华自己就在电脑上通过其堂弟的股票账户操作ST兴业,同时将内幕消息透露给其亲友让其买卖ST兴业。

谢风华还介入了万好万家等股票的重组工作,他的妻子安雪梅是华泰证券投资部执行董事,她也利用这些信息进行了内幕交易,非法获利167万元。

2010年3月,中国证监会稽查局突袭中信证券上海投资银行分部,提取谢风华的通话和电脑记录。同年8月,安雪梅被宁波证监局立案调查。

案发后,谢风华以赴港休假为名失踪而引起轩然大波,由此成为国内首个涉嫌内幕交易逃匿的投行人士。经过侦查,发现谢风华夫妇逃往了新西兰,于是上海市公安局发出国际刑警通缉令,在国际警方的协助下,谢风华夫妇双双归案并被上海警方逮捕。

法院最后判决,中信证券投行部前执行总经理谢风华犯内幕交易罪,判处有期徒刑3年,缓刑3年,罚金人民币800万元;原华泰证券投资部执行董事安雪梅犯内幕交易罪,判处有期徒刑1年,缓刑1年,罚金人民币190万元;追缴被告人谢风华、安雪梅违法所得共计人民币7676454.18元。

(2) 1月中旬,中国证监会对保荐代表人岳远斌内幕交易的行为作出行政处罚。

经查，自 2008 年 5 月起，上海华谊（集团）公司开始筹划上海焦化有限公司借壳上海三爱富新材料有限公司（以下简称三爱富）上市事宜，中国国际金融有限公司马某作为项目组成员负责重组方案等事项。

2008 年 6 月 2 日，借壳重组方案确定，马某知悉该内幕信息。2006 年 8 月至 2008 年 2 月，岳远斌与马某同在国泰君安证券公司企业融资总部工作，岳远斌为马某业务领导。2008 年 6 月 3 日，岳远斌从马某处获知内幕信息，随即大量连续买入三爱富股票 42.8 万余股，买入金额 392 万余元，2009 年 2 月至 4 月，上述账户股票卖出后亏损 62 万余元。

中国证监会认为，岳远斌作为保荐代表人无视法律，通过重组项目人员获取内幕信息并重仓买入相关股票，属于典型的非法获取内幕信息并从事内幕交易的行为。岳远斌与马某均否认两级间传递过内幕信息，但种种证据仍可清晰还原该内幕信息传递的路径。证监会决定，对岳远斌处以 20 万元罚款及 5 年市场禁入。

（3）5 月 10 日，中国证监会通报称，2012 年 1 月 10 日，证监会对招商证券原保荐团队负责人李黎明涉嫌在从事项目保荐期间的违法违规事项立案调查。调查发现，李黎明涉嫌职务侵占、内幕交易、违规购买所保荐的拟上市公司股权等多项违法违规行为。

首先，涉嫌职务侵占等经济犯罪行为。2008～2011 年，李黎明作为招商证券保荐团队负责人，在负责保荐深圳漫步者科技股份有限公司（以下简称漫步者）等多家公司证券发行项目的过程中，以自己实际持有股权并控制的上海嘉晨投资咨询有限公司（以下简称上海嘉晨）、万安嘉晨投资咨询有限公司的名义、或借用无锡同诚投资担保有限公司的名义，通过虚构中介业务的方式，侵占招商证券公司资金 3000 余万元。李黎明的上述行为涉嫌构成经济犯罪。

其次，涉嫌内幕交易"漫步者"股票的违法行为。2011 年 3 月初，漫步者拟定 2010 年度利润分配方案。3 月 26 日，漫步者公告该方案。上述事项在公开前属于《证券法》第七十五条规定的内幕信息，价格敏感期为 2011 年 3 月 10～26 日，李黎明作为漫步者上市保荐团队负责人，属于《证券法》第七十四条规定的内幕信息知情人。李黎明利用其弟李某某账户在敏感期内交易漫步者股票，买入金额 281 万元，实际获利 9 万元。

2012 年 4 月 11 日，证监会已将上述李黎明涉嫌职务侵占等经济犯罪和内幕交易违法犯罪的事实、证据移送公安机关。

最后，违规购买所保荐的拟上市公司股权行为。2010 年 3 月，李黎明在担任江西西林科股份有限公司（以下简称江西西林科）上市项目保荐团队负责人期间，以实际控制的上海嘉晨名义，出资 3000 万元购买江西西林科 5‰ 股权。李黎明的上述行为违反了《证券发行上市保荐业务管理办法》第四条"保荐机构及其保荐代表人不得通过从事保荐业务牟取不正当利益"和第五条"保荐代表人及其配偶不得以任何名义或方式持有发行人的股份"的规定，证监会将按照有关程序依法进行行政处罚。

券商"老鼠仓"第一案：西南证券副总裁季敏波被判刑

8 月 21 日，原西南证券副总裁兼投资管理部总经理季敏波涉嫌利用未公开信息交易案在重庆市第一中级人民法院公开开庭审理。10 月 23 日上午，重庆市第一中级人民法院当庭宣判西南证券原副总裁季敏波"利用未公开信息交易罪"罪名成立，判处有期徒刑 3 年，宣告缓期 3 年，并处罚金人民币 60 万元，追缴违法所得。

季敏波一案，是国内证券公司高管利用内幕信息交易，私建"老鼠仓"获刑的第一案。

判决书称，时任西南证券有限公司副总裁、投资管理部总经理季敏波于 2009 年 9 月至 2011 年 8 月，利用因职务便利获取的内幕信息，以及其他未公开信息，买入或卖出景谷林业、海普瑞等 20 余只股票，并明示张某买入景谷林业股票，成交额累计人民币 5460 余万元，非法获利 53 万余元。

法院审理查明，季敏波于 2009 年 3 月 1 日至 2011 年 6 月 30 日，利用因所任职务而掌握西南证券有关自营盘投资决策、股票交易等未公开信息，违反规定，通过其实际控制的 5 个个人证券账户，先于或同期于西南证券公司自营账户，买入或卖出金枫酒业、新中基、英飞拓、世纪鼎利 4 只股票，成交额累计 272 万余元，非法获利 8 万余元。在此期间，季敏波还通过相同方式，通过其私自受托操纵的孙某个人证券账户，先于或同期于西南证券自营账户买入或卖出世纪鼎利、浙江永强、京东方A、九州电气等 20 只股票，成交额达人民币 4815 万余元。

季敏波建"老鼠仓"被判刑
（李几招提供）

季敏波另一项"老鼠仓"犯罪事实是，2011 年 4 月 12 日，他于股市开市集合竞价前，向交易员王芊下达将西南证券公司所持有的 44.98 万股景谷林业股票一次性清除的交易指令，王芊遂以每股 10.36 元的价格申报卖出。同时，季敏波通过实际控制的 5 个个人股票账户，以每股人民币 10.37～10.39 元的价格申报买入景谷林业股票，并实际成交 26.7 万股，成交额累计人民币 277 余万元，非法获利 29 万余元。

此外，季敏波还同时明示张某购入景谷林业股票，张遂以其实际控制的个人证券账户，以每股人民币 10.37 元的价格，委托买入景谷林业股票，并实际成交 9.48 万股，成交额近人民币 98 余万元，非法获利 16 万余元。

证券分析师获得机密经济数据被判刑

2011 年 10 月 24 日，最高人民检察院渎职侵权检察厅副厅长李忠诚在国新办举行的新闻发布会上通报了国家统计局副处级干部孙振、中国人民银行干部伍超明泄露涉密经济数据案件查办情况。

孙振故意泄露国家秘密案。孙振在担任国家统计局办公室秘书室副主任及局领导秘书期间，于 2009 年 6 月至 2011 年 1 月，违反国家保密法规定，先后多次将国家统计局尚未对外公布的涉密统计数据共计 27 项，包括国民生产总值（GDP）、消费者物价指数（CPI）、生产者物价指数（PPI）等重要宏观数据泄露给证券行业从业人员付某、张某等人。这 27 项被泄露的统计数据中有 14 项为机密级国家秘密，13 项为秘密级国家秘密。

国家统计局国民经济综合统计司数据库管理者证实，孙振常以领导名义索要数据表，他曾向两任领导汇报过此事，领导同意将数据给孙振。

国金证券有限公司职员付雷证实，他从 2009 年 6 月开始通过 MSN 聊天工具从孙振处获得国家尚未公布的宏观经济数据，其中有些数据是孙振直接告诉他的，有些是他将从其他渠道获得的市场传闻数据发给孙振，向孙振求证正确与否。

中信建设证券有限责任公司职员张森证言证实，2010 年 12 月，他和孙振在 MSN 上聊天时，孙振透露 2010 年 11 月的 CPI 肯定破 5。而孙振告诉他这个数据的时候，国家统计局 11 月的统计数据并没有公布。

北京市西城区人民法院以故意泄露国家秘密罪依法判处被告人孙振有期徒刑 5 年，判决后被告人孙振没有提出上诉。

中国人民银行金融研究所货币金融史研究室原副主任、副处级干部伍超明故意泄露国家秘密案。伍超明于 2010 年 1 月至 6 月，违反国家保密法规定，将其在价格监测分析行外专家咨询会上合法获悉的、尚未正式公布的涉密统计数据 25 项，先后向一名学者、一名证券媒体记者、一名银行人士，其他人则为券商或者基金公司人士共 15 人泄密达 224 次。经鉴定，上述被泄露的 25 项统计数据均为秘密级国家秘密。北京市西城区人民法院以故意泄露国家秘密罪依法判处被告人伍超明有期徒刑 6 年，判决后被告人伍超明没有提出上诉。

从伍超明处获取过这些泄密数据的共有 15 位，除一名学者、一名证券媒体记者和一名央行天津分行人士外，其余 12 人分别来自 6 家证券投资、管理和咨询机构：博时基金、安信证券、华泰联合证券、东方证券、国信证券和财富证券。

2012 年 4 月底，原国信证券股份有限公司宏观经济分析师林松立，因犯故意泄露国家秘密罪，被北京市西城法院判处有期徒刑 6 个月，缓刑 1 年。

林松立承认，2010 年 12 月 10 日，他向本公司担任策略分析师李某（后离职）泄露了 11 月的 5 项宏观经济数据。李某得到经济数据后，通过手机短信泄露给伍志文——原金麦龙（北京）资产管理有限公司总经理，为了"信息共享"，伍志文把从伍超明那里获得的机密数据先后三次转发给了李某。李某被控制后，林松立也被揪出。

西城区法院审理查明，林松立于 2010 年 12 月 10 日，违反保守国家秘密法的规定，通过 MSN 聊天工具，向李某泄露国家尚未公布的宏观经济数据共计 5 项。经鉴定，其中 3 项为机密级国家秘密、2 项为秘密级国家秘密。

证监会查处中投合拓未按规定披露持股信息案

5 月 10 日，中国证监会通报称，2010 年 3 月 29 日，证监会对"罗某"等账户未按规定披露持股信息案立案调查。调查发现，在北京注册的中投合拓投资控股有限公司（以下简称中投合拓）控制"罗某"账户和"中子汇金（北京）投资管理有限公司"（以下简称汇金投资）账户持有四川中汇医药（集团）股份有限公司（现更名为铁岭新城投资控股股份有限公司，以下简称中汇医药）股票超过其已发行股份达到 5% 时未履行披露义务。

经查，2008 年 9 月 22 日，汇金投资法定代表人苗某某与中投合拓签订了《借款协议》，约定苗某某出借 3000 万元给中投合拓进行证券投资，并收取固定收益。双方还约定，在北京某证券营业部以"罗某"名义和"汇金投资"名义开立两个资金账户，苗某某将出借的 3000 万元汇入"罗某"账户，中投合拓将 1500 万元汇入"汇金投资"账户作为风险抵押金。"罗某"账户和"汇金投资"账户股票交易均由中投合拓进行实际操作。2009 年 2 月 6 日，"罗某"账户和"汇金投资"账户合计持有中汇医药股票 592 万股，占中汇医药已发行股份的 5.17%。中投合拓通过"罗某"账户和"汇金投资"账户合计持有中汇医药已发行股份超过 5% 时未向证监会及相关派出机构、深圳证券交易所作出书面报告，未通知上市公司，也未予以公告。

中投合拓控制"罗某"账户、"汇金投资"账户持有中汇医药股票超过其已发行的股份达到 5% 时未披露的行为。证监会决定，对中投合拓给予警告，并处以 30 万元罚款；对时任中投合拓法定代表人邹毅给予警告，并处以 3 万元罚款。

李旭利：利用内幕交易获刑第一人，"老鼠仓"获刑第三人

6 月 12 日，李旭利案件在上海市第一中级人民法院开庭审理。2011 年 11 月 29 日，证监会曾通报基金经理"老鼠仓"事件，李旭利就在其中，而且是获利最大的。2009 年 2 月 28 日至 5 月 25 日，李旭利利用职务便利，通过其实际控制的两个证券账户，先于或同期于其管理的基金买入或卖出相同股票两只，非法获利 1000 万余元。

李旭利在农村长大，中国人民银行总行研究生部毕业，毕业后首先到南方基金公司，先后担任研究员、交易员、基金经理助理，2000 年开始负责基金天元，此时李旭利仅 26 岁。2004 年，李旭利上升为南方的投资总监。之后李旭利又先后到交银施罗德基金公司、私募基金重阳投资任职。

2010 年 9 月，证监会对李旭利涉嫌利用未公开信息交易股票的行为立案调查，随后，公安机关介入调查。

公诉人指出，李旭利在 2005～2009 年担任交银施罗德基金公司投资总监、投资决策委员会主席期间，利用未公开信

李旭利"老鼠仓"交易被判刑
（欧阳红摄影）

息，非法交易工行和建行两只股票买卖。累计交易（买入）金额达 5226.38 万余元，非法获利金额达 1071.57 万余元。

11 月 23 日，上海市第一中级人民法院宣判，李旭利利用未公开信息交易罪名成立，判处有期徒刑 4 年，罚金 1800 万元人民币。同时，其违法所得人民币 1071.57 万余元予以追缴。

2011 年，许春茂和韩刚就因为"老鼠仓"，各被判处有期徒刑 3 年、1 年。李旭利是"老鼠仓"的第三位获刑者，也是基金经理利用内幕交易获刑的第一人。

股民传播虚假信息　证监会依法严肃查处

9 月 3 日，中国证监会通告称，针对市场上流传的关于中信证券的一系列谣言进行调查，现已初步查明：

（1）"中信证券海外投资出现巨亏 29 亿元"虚假信息的主要发帖人为张某某，男，29 岁，河南省泌阳县人。2004 年 10 月至今他为福建南平个体工商户，于 2007 年开始股票投资，累计投资额为 6 万～7 万元。由于股票投资持续亏损而不满，因听闻 2012 年多家证券公司亏损，便拣最大的证券公司编造亏损信息进而具体精确为"中信证券海外投资巨亏 29 亿元"的虚假信息，并于 2012 年 8 月 13 日 13 时 48 分在东方财富网股吧发布。

（2）"中信证券海外投资亏损 29 亿元，王东明被带走"的主要发帖人为陈某，男，37 岁，浙江杭州人。2011 年 3 月至今其就职于浙江某股权投资管理有限公司。陈某于 1994 年开立证券账户，目前账户金额为 5 万元左右。该虚假信息是陈某根据其 QQ 群内的聊天内容编辑加工而成，并于 2012 年 8 月 13 日 14 时 40 分通过其注册的"卯年申月"微博回复"波段兔王伟"微博时发布的。

（3）"里昂证券出现大规模人员离职"虚假信息的主要发帖人为曹某，男，29 岁，湖北黄石人。2011 年 6 月其就职于某财经网站，于 2011 年开始股票投资，累计投资额为 6 万元。2012 年 8 月 14 日 13 时 7 分，曹某通过其注册的"曹某某"微博发布了该虚假信息。其称发布微博的动机系 8 月 13 日看到中信 A 股大跌，出于财经媒体记者本能对该事件进行核实，在采访过程中针对公司整合、人员是否流失等问题进行询问后将猜测性的信息对外发布。

相关人员的上述行为已涉嫌违反《证券法》第七十八条关于"禁止国家工

作人员、传播媒介从业人员和有关人员编造、传播虚假信息，扰乱证券市场"的规定，证监会将依据《证券法》第二百零六条的规定，依法作出处理。

证监会立案稽查广东新大地发行新股作弊

10月9日，中国证监会通报了对广东新大地进行立案稽查的有关情况。证监会有关部门负责人介绍，证监会于2012年8月对媒体质疑的新大地进行正式立案稽查。在此之前，2011年3月28日，中国证监会受理新大地发行申请；2012年5月18日，中国证监会创业板发审委审核通过新大地的首发申请；7月3日，新大地和保荐机构南京证券有限责任公司向中国证监会提交终止发行上市申请。

证监会有关部门负责人强调，根据《证券法》的相关规定，发行人向中国证监会报送的证券发行申报文件必须真实、准确、完整。无论发行人处于发行申请的哪一阶段，即使已撤回发行申请材料，只要申报文件存在虚假记载、误导性陈述或者重大遗漏，均属重大违法行为，中国证监会将依法严肃处理，追究各相关主体的法律责任。

国都证券经理王保丰内幕交易受审

10月29日，北京市第二中级法院开庭审理国都证券有限责任公司投资银行总部董事总经理王保丰被控内幕交易罪。北京市检察院第二分院起诉指控，2010年，太原天龙集团股份有限公司拟向青岛百华盛投资有限公司等5名特定对象非公开发行股票，时任国都证券有限责任公司投资银行总部董事总经理王保丰系此次非公开发行股票保荐机构的项目负责人。王保丰遂安排国都证券有限责任公司人员研究、拟定了《太原天龙集团股份有限公司非公开发行股票方案》，并于同年8月11日18时许以电子邮件方式将该方案发给太原天龙集团股份有限公司。

王保丰被控内幕交易罪受审

2010 年 11 月 2 日，太原天龙集团股份有限公司发布《重大事项停牌公告》，公告载明公司股票 ST 天龙自 11 月 3 日起停牌，最晚于 11 月 10 日复牌。11 月 10 日，该事项公开披露。

公诉机关指控，太原天龙集团股份有限公司拟非公开发行股票的上述信息，在公开披露前属于《证券法》第七十五条规定的内幕信息，内幕信息敏感期为 2010 年 8 月 12 日至 11 月 9 日。被告人王保丰作为该项目负责人，是上述内幕信息的知情人。他于 2010 年 10 月 29 日至 11 月 2 日，利用赵捷三证券账户累计买入 ST 天龙股票 621099 股，成交金额共计人民币 499 万余元，非法获利共计人民币 37 万余元。被告人王保丰最终实际分得共计人民币 14 万元。

12 月 23 日，北京市第二中级法院一审以内幕交易罪判处王保丰 3 年有期徒刑，缓刑 3 年，并处罚金 38 万元。

散户大胆状告庄家

11 月 1 日，济南中院开庭审理京博控股证券虚假陈述案。原告张翰冰和深圳市锦湖湾投资有限公司、北京高石创新投资有限公司，三者共同向京博控股索赔 908.87 万元。

原告称，京博控股多次违反证券法肆意买卖国通管业股票，造成该股频繁波动，且于期间散播虚假持股信息。2012 年 2 月，状告证监会向京博控股及其董事长马韵升下发了处罚决定书，认定京博控股在 2007 年 7 月 24 日至 2009 年 4 月 9 日多次买卖国通管业违反了《证券法》。在买入国通管业之前，京博控股即持有后者 6% 的股份，经多次增持，京博控股的持股比例一度达到 30.09%，超过《证券法》规定的 30% 要约收购红线，但京博控股却未及时披露这一重要信息，也未向国通管业发出收购股份的要约。其间，京博控股甚至故意放出"烟雾弹"，在持股比例依次超过 10%、20% 的情况下，依然坚称持股比例分别只有 5%、10%。整个过程中，京博控股低吸高抛痕迹明显。张翰冰为代表的投资者认为，京博控股违规买卖国通管业、刻意隐瞒持股事实对中小投资者造成了实质性损害。

2012 年 3 月，中国证监会披露，京博控股自 2007 年 7 月开始前后动用了 2.7 亿元资金炒作国通管业，彼时国通管业股价一度翻倍，京博控股获益不菲。按照规定，京博控股在遭受证监会处罚后，应及时将其间违规所得上缴至国通管业，然而京博控股却迟迟不予上缴。

第三章 中小股民维护自己的权益

聘请调解员：化解股民与证券公司、上市公司的矛盾

中国证监会机关平均每年受理群众来信 3000 多件，其中约 80％为投诉、举报类事项，且相当一部分投诉、举报类事项是涉及投资者与证券经营机构间的民事纠纷。股民和上市公司、券商发生纠纷、矛盾和争议时，解决的办法有：股民写信或上访投诉；上市公司和券商与股民私了；股民打官司。

专业调解是国际上流行的金融纠纷解决方式，具有尊重当事人意愿、及时高效、低成本等特点，既有别于传统的诉讼、仲裁制度，也不同于信访投诉制度，是多元纠纷解决机制的重要组织部分。

2011 年，中国证券业协会成立了证券调解专业委员会，新设立的证券纠纷调解中心，健全了证券纠纷调解组织体系，明确了中国证券业协会与地方证券业协会的协作机制，制定了证券纠纷调解工作实施方案和相关制度。

纠纷调解机制，俗话说，就是私了。它不需要复杂的司法程序，降低诉求代价，减少当事人诉讼负担，缩短解决周期。调解相对于诉讼、仲裁而言更注重协商解决，不具有对抗性。调解过程完全建立在当事人自愿的基础上，在调解机构和调解员调解的基础上使双方当事人达成一致，签署调解协议，完成纠纷处理，使当事人"意思自治"原则得以充分发挥，从而可以缓解证券经营机构与投资者的对抗情绪，化解资本市场矛盾，减轻政府和监管部门的信访压力。

6 月 27 日，中国证券业协会发布了《中国证券业协会证券纠纷调解工作管理办法（试行）》、《中国证券业协会证券纠纷调解规则（试行）》和《中国证券业协会调解员管理办法（试行）》。中国证券业协会成立证券纠纷调解中心，组织实施证券纠纷调解基本制度，并依据基本制度制定实施细则和内部操作流

程等；负责证券纠纷调解申请的受理、调解小组或调解员的指定、调解实施、回访、调解文书制作、档案管理等工作；负责调解员的日常管理等工作；统计分析证券纠纷调解工作的相关信息；负责与法院、仲裁机构以及其他纠纷调解机构的联络交流工作；向证券投资者、会员提供证券纠纷调解业务咨询。

证券调解员以兼职为主，必要时可设专职调解员。调解中心的受理范围包括会员与会员之间发生的证券业务纠纷；会员与投资者之间发生的证券业务纠纷；会员与其他利益相关者之间发生的证券业务纠纷。调解工作对投资者不收取任何费用。

8月28日，中国证券业协会公布了调解员名单，这111名调解员分别来自证券公司、地方证券业协会、地方证监局及律师事务所。

2012年，调解中心通过在线申请平台接收了25起证券纠纷调解申请，受理了其中14起符合受理条件的调解申请，此外，调解中心还通过处理投诉函的方式，受理了1起证券纠纷调解申请。在地方协会的配合下，通过简易调解程序成功调解了6起；3起未达成和解意向，已经终止调解程序；尚有6起还在简易调解处理过程中。15起已受理调解申请的纠纷类型分别为证券交易代理合同纠纷2起、证券投资咨询合同纠纷4起、理财产品合同纠纷1起、劳动合同纠纷7起、融资融券合同纠纷1起。

东盛科技148名中小股民取得胜利获赔1295.84万元

12月7日，东盛科技发布公司关于股民诉讼案件情况的公告，称王琴霞等148名小股东向陕西省西安市中级人民法院起诉公司虚假陈述请求民事赔偿一案，经人民法院主持调解后，已获得全部结案。截至2012年12月7日，公司与这148名原告自愿协商达成如下协议：

（1）公司于和解协议签订之日起10日内向王琴霞等148名股民共支付1295.84万元，逾期各原告可依法申请强制执行。

（2）若公司在履行期限届满后3个月内仍不能付款，则按《中华人民共和国民事诉讼法》第二百二十九条之规定，西安东盛集团有限公司和陕西东盛药业股份有限公司等对公司承担补充赔偿责任。

2012年6月18日，在诉讼时效届满月余之后，东盛科技虚假陈述案重新在西安市中级法院开庭。7月26日，该案的二度开庭审理阶段宣告结束，在随后的法庭调解阶段，经过法院和被告代理律师等多方积极调解，该案终于在庭审结束近 5 个月后获得结案。

东盛科技原名青海同仁。2010 年 5 月 8 日，东盛科技发布公告称，公司于近日收到中国证监会下达的（2010）17 号《行政处罚决定书》，中国证监会认定，东盛科技于 2002～2008 年，未按规定披露将资金提供给控股股东及其他关联方使用、未按规定披露对外担保和银行借款事项，涉案金额合计近 27.7 亿元。中国证监会决定，对东盛科技给予警告，并处以 60 万元罚款；对时任董事长郭家学、董事张斌分别给予警告，并处以 30 万元和 20 万元罚款；对杨红飞等其他 13 名时任董事分别给予警告，并分别处以 3 万元罚款。同时，中国证监会还决定，认定郭家学为市场禁入者，自宣布决定之日起，10 年内不得担任任何上市公司和从事证券业务机构的高级管理人员职务。

该案两年多结案，是中小股民坚持不懈的结果，为今后股民维权提供了重要的参考意义。

川化股份、小天鹅中小股东维权

2011 年 12 月 30 日下午，川化股份有限公司 2000 多名员工聚集在成都川化宾馆门口，与党委副书记兼董事会秘书刘勇及副总经理杨诚对话，要求股份公司及控股集团公司正面回应薪酬、搬迁和控股等问题。

事件的起因是 12 月 30 日天上午，四川化工控股（集团）有限责任公司董事长、党委书记兼川化股份董事长陈晓军在年底总结讲话中承认，公司的效益不好。陈晓军指出，2012 年在业务重组上，川化、泸天化、天华尿素互换包装，互换包装工作由川化、泸天化、天华的主要负责人负责，要以集团公司利益最大化为原则。

陈晓军透露，青白江园区，青白江政府要求川化搬迁，因涉及争取彭州石化产品做原料，涉及人员分流，涉及职工利益，要由川化班子听取部分职工的意见，提出解决的意见和建议，集团公司将尊重川化班子的意见。

陈晓军的讲话，立即引起了员工们的反弹。

员工认为，川化股份的优良资产和资金被控股公司搜刮一空，现在川化股份的员工们借钱发工资已有半年，职工的过年钱还不知在何方？川化股份一直被控股公司当做试验场，结果三胺、禾浦、泡沫的项目上一个亏一个，禾浦的股权被控股和泸天化退出，川化股份从此背上 5000 万元/年的贷款利息包袱……因为陈晓军是从泸天化走出来的，所以陈晓军作为我们川化股份的董事长，竟然把我们公司争取到的天然气划给泸天化，让我们的装置基本停工，为什么？控股集团机关一年的办公费2000万元左右，平均每位控股集团机关人员要消耗100多万元的费用。国资委给了控股公司一次涨工资的指标，但陈晓军还是把指标给了工资比川化人高很多的泸天化。最近一次控股公司会议上，陈晓军再次为难川化股份，要求川化人员分流、搬迁等。川化股份的账面上只有八万元了，贷款已经很困难，马上临近过年，这么多的职工如何过个好年？

对陈晓军提出的"川化、泸天化、天华尿素互换包装"问题，员工们指出，用川化的"天府牌"尿素产品装到泸天化"工农牌"尿素的袋子里头，第一，这是严重违反《商标法》的假冒产品的违法行为，居然出自一个董事长之口。第二，这种做法，我们川化不就成了泸天化股份的生产车间了吗？第三，牺牲川化股份，让川化股份连续亏损，最后川化股票摘牌，然后把川化股份的壳卖掉赚一大笔钱，这也正好实现了陈晓军精心谋划的川化股份和泸天化两只股票合为一只的目的。

员工们认为，陈晓军的报告，整个篇幅都是对泸天化的仁爱，对川化只有哀愁。川化在没有进入控股以前，资产优良并健康发展，但从进入控股以后到现在，却被控股掏空、吃空搞到濒临破产的境地，只能证明以陈晓军为首的控股公司的领导过河拆桥，这是对川化股份的股民不负责任。

员工们甚至发出了呼吁，你我都是川化人，我们一定要携起手来，捍卫我们父辈们创下的川化家业。要求陈晓军赶快下课。

由于控股集团公司表示解决不了问题，当晚22时左右，员工们游行去成绵高速入口堵断交通并打出横幅"要工作，要吃饭"。

由于员工们的行动过激，四五百名防暴警察赶到成绵高速入口现场维持秩序。同时，有关政府官员到现场与员工们对话，希望大家撤离。在厂方口头做出将上调工资400元左右的承诺后，12月31日凌晨1点后，员工们逐渐散去。

川化股份中小股东提出自己的要求
（卢川摄影）

川化股份（000155）由四川化工控股（集团）有限责任公司控股63.49%；而四川省国有资产监督管理委员会持有四川化工控股（集团）有限责任公司100%的股份，是最终控制人。

该公司是一家以生产化肥和化工原料为主的综合性特大型化工企业，是全国 18 个大型化工基地之一；也是我国目前最大的合成氨、氮肥生产企业之一。川化股份于 2000 年 9 月 26 日上市。

2012 年 1 月 4 日、5 日，江苏无锡小天鹅公司也发生了因公司裁员、降低员工工资和不发年终奖，引起 1000 多名员工不满，在公司拉横幅集体讨说法的事件。

小天鹅员工们集体讨说法
（苏天摄影）

小天鹅员工说，公司在没有倒闭的情况下裁员 40%，员工们辛辛苦苦到了年终不发年终奖，还被无故降低工资。

中小股民状告信达证券营销总监

2011 年底，信达证券因涉嫌发布虚假研究报告事件被北京证监局正式受理。信达证券营销总监徐寿文涉嫌编造虚假信息导致股民齐某亏损 40 万元。2012 年 2 月 3 日，齐某正式委托律师向信达证券和徐寿文本人发律师函，要求信达证券及其营销总监徐寿文承担损害赔偿责任。

在 2011 年 3 月 31 日，信达证券营业部市场总监徐寿文对其服务的客户齐某发出"三一重工近期可能有 20% 左右的上涨幅度"，并让其买入三一重工的短信。

同年 4 月 1 日，徐寿文告诉齐某："三一重工要在香港增发，价格是 35 港元，预计 A 股应该到 32 港元以上。"后来由于三一重工暂停香港上市，齐某购买"三一重工"股票最终损失 40 万元。

股民齐某认为徐寿文传播虚假信息，要求索赔经济损失 40 万元。

操纵证券人要与中小股民受损者共同起诉中国证监会及中核钛白

2009 年 4 月 16 日，中国证监会对程文水、刘延泽操纵中核钛白案依法作出行政处罚决定书。中国证监会查明，2008 年 9 月 10～12 日，程文水、刘延泽利用持股优势、资金优势以连续买卖和在自己实际控制的账户组中买卖中核钛白股票的方式，操纵和影响中核钛白交易价格和交易数量。中国证监会认定，程文水和刘延泽二人的行为构成《证券法》规定的"操纵证券市场"行为，并依法对程文水罚款 300 万元、对刘延泽罚款 200 万元。

2009 年 7 月至 2011 年 3 月，18 名中小股民向北京市第二中级人民法院递交了民事起诉书及相关证据材料，对程文水、刘延泽二人操纵中核钛白赔偿纠纷案提起了民事诉讼。18 名股民认为，在程文水、刘延泽的操纵下，中核钛白股票价格从操纵行为实施前一交易日，即 2008 年 9 月 9 日的收盘价 7.52 元，一直跌到操纵行为结束后第一交易日，即 9 月 16 日的开盘价 6.46 元，跌幅为 14.096%；而同期深证成指跌幅仅有 1.618%。程文水、刘延泽操纵中核钛白的行为结束后，在操纵行为的影响下，中核钛白股价连续 3 个交易日跌停，投资者损失惨重。中核钛白同期的财务经营状况、所属行业景气程度和大盘指数等均没有发生显著变化，显然，股价下跌与二人的操纵行为有因果关系。

2011 年 12 月 15 日，北京市第二中级人民法院对 18 名中小股民诉程文水、刘延泽二人操纵中核钛白（*ST 钛白）民事赔偿案作出一审判决。北京市第二中级人民法院认为，买卖股票系投资行为，投资本身即存在盈亏风险。股票的涨跌受该上市公司的财务、经营状况、所属行业景气程度以及大盘指数等因素影响，原告投资中核钛白股票产生的损失，不能认定是由涉案操纵行为直接造成的，对于原告要求程文水、刘延泽赔偿损失的诉讼请求不予支持，驳回上述投资者的全部诉讼请求。北京市第二中级人民法院驳回原告的诉讼请求，案件受理费由原告承担。之后有 7 名投资者提起上诉。

2012 年 2 月 24 日，北京市高级人民法院进行了二审开庭。程文水、刘延泽的代理律师认为，程文水、刘延泽持有中核钛白股票，因股价持续下跌，账面损失 2 亿多元，是该事件中最大的受害者。为了把股票"倒卖"给别人，程文水同意刘延泽以在跌停板价格出售的方式倒仓，但没有想到被市场全部抢走，导致倒仓失败。两人自认为损失太大，将亏损的主要原因归根于证监会、发行股票的证券公司和中核钛白联合造假，并声称愿意联合所有在该事件中的受损者，去最高人民法院共同起诉中国证监会及中核钛白公司。

2012 年 5 月 11 日，北京市高级人民法院审理判决：驳回上诉，维持原判。

该案是 2005 年 10 月《证券法》规定操纵证券市场行为民事赔偿责任后，最早起诉到法院，并由法院最早以操纵证券交易赔偿纠纷案由作出民事判决的案件。虽然中小股民败诉了，但是对证券市场如何更好地保护中小股民的权益提供了借鉴意义。

联合置地不服处罚起诉中国证监会

2011 年 11 月 21 日，中国证监会依法作出行政处罚决定书，认为联合置地存在利用他人账户从事证券交易的违法行为，责令联合置地改正违法行为，没收违法所得 61736851.98 元；对严某某给予警告，并处以 10 万元罚款。

2007 年 1～5 月，联合置地与北京腾骏置业投资有限公司、北京丰盈房地产开发有限公司、大业国际租赁有限公司、北京东方利优科技发展有限公司、郭某、贾某 6 个法人和个人签订了一系列协议。按照协议约定，联合置地将其共计 2 亿多元自有资金及其他有权使用资金，分别委托给上述 6 个账户的名义人投资 A 股市场，收益由联合置地与账户名义人分享。6 个账户名义人于同期先后开立证券账户，自开户至 2007 年 9 月 17 日，6 个账户证券交易获利共计 6173 万余元。经查，联合置地与上述 6 个账户的名义人之间存在人员、股权及资金方面的关联。根据上述委托理财协议的约定及实际履行情况，联合置地实际上直接控制账户资金，并直接聘请操盘人员白某管理 6 个账户的证券交易，联合置地获取各账户 50％以上不等的分成收益。证监会指出，联合置地在自身开立有资金及股票账户的前提下，为隐蔽操作，转而使用与其有关联关系的其他法人或个人的账户进行股票交易，并通过形式上的委托理财协议安排，企图掩盖其实际控制并使用相关账户的主观意图及事实。

证监会有关部门负责人指出，这是典型的法人利用他人账户交易的违法违规案件，且违法主体联合置地是中外合作企业，这是首家因借他人账户从事 A 股证券交易获证监会处罚的合资企业。

对此，联合置地不服，向北京一中院提起诉讼，认为被告作出的行政处罚决定书主要证据不足，并且作出的行政处罚决定书超过了《中华人民共和国行政处罚法》规定的时效。联合置地请求法院依法撤销中国证监会作出的行政处罚决定书。

饭局上荐股 东北证券起诉股民杨立成败诉

2011 年 4 月 9 日，作为东北证券天津卫津路证券营业部的大客户杨立成参加了该营业部举行的"2011 年第二季度投资策略报告会"。当晚，东北证券机构策略部经理冯志远与杨立成等人一起吃饭，推荐了新兴铸管股票，称其目标价 18 元以上。杨立成不久即以 12 元左右的价格购进新兴铸管股票 10 万多股，谁知该股大跌，至 2011 年 12 月，饭局上荐股导致杨立成账面损失达到 50 万余元。

2011 年 10 月，杨立成账面损失达到 50 万余元的帖子在天涯、猫扑等一些论坛出现，杨立成的博客和微博中也披露了此内容。12 月 2 日，《经济参考报》发表了《年末"荐股"扎堆　股民谨防被忽悠》，文中报道了此事。

12 月 19 日，东北证券天津营业部将杨立成告上法庭。该诉讼状称，杨立成在互联网上多次发表的虚假信息已经严重侵犯了东北证券的合法权益。这些虚假信息的主要内容是指两篇共计不足 1000 字的文章——《东北证券乱推股票造成很多股民巨额亏损》、《谈谈东北证券天津营业部经营方略》，在天涯、猫扑等 9 家网站转发，东北证券对此发表情况进行了公证。东北证券的诉讼请求为：判令杨立成立即停止侵权行为，公开赔礼道歉，恢复原告名誉；判令杨立成支付原告为制止侵权行为支出的公证费 1300 元，诉讼费用由杨立成承担。

杨立成认为，自己在一些帖吧和论坛里反映东北证券的情况都是属实的，东北证券是恶人先告状。

杨立成说，东北证券的起诉书中只是公证了这两篇文章在 9 家网站转发过，并没有公证和证明这个发帖人就是我。我替它证明，《谈谈东北证券天津营业部经营方略》是我写的，别人帮我转发的《东北证券乱推股票造成很多股民巨额亏损》不是我写的也不是我转发的，但说的也都是实情。

杨立成在《谈谈东北证券天津营业部经营方略》中揭露，东北证券分析师经常把大盘方向看错，使股民长期亏损，在 A 股上市的 18 家上市券商当中，东北证券是唯一一家在 2011 年出现业绩亏损的。2011 年东北证券自营业务亏损高达 1.9 亿元。杨立成说，东北证券的经纪人一年到头说了无数只股票，没说对过一只，光靠忽悠，这是我的亲身感受，我的经纪人的业务知识很差，不能给我提供参考意见。

杨立成还说，那场报告会是由东北证券天津营业部总经理黄蔚然主持的，当时冯志远称新兴铸管后续并购题材进展顺利，机构大量吃货，上半年第一目标位在 18 元以上，未来还要涨。我并不是那场报告会唯一的受害者。当时一起去参加报告会的还有另外 8 位股民，都是大客户，之后也都不同程度地购买了新兴铸管，但有的人一看形势不对就马上出手了，大家共损失百万元以上。

还有的大客户反映，那天冯志远推荐了七八只股票，重点推荐了新兴铸管，并说很多基金都投了新兴铸管，机构还在增仓。当时还说让冯志远多推荐点好股，到时给他分钱，他也默许了。

《经济参考报》记者曾向冯志远求证此事。冯志远表示，他2011年没有去过天津，更没有给这些股民推荐过股票，东北证券没有做过新兴铸管的研究报告，杨立成所述之事子虚乌有。该案件第一次开庭时，东北证券天津营业部的全权代理律师声称，冯志远不认识杨立成等人，2011年也没有到天津来宣讲，杨立成所述之事子虚乌有。

但当时主持报告会的黄蔚然证实说，冯志远曾给杨立成等人作过报告。报告会上冯志远对新兴铸管的预测源于东北证券的研究报告。

杨立成说，我们在场的人都能证明冯志远来过天津，并且给我们作过报告，他怎么能不承认自己来过呢。

杨立成说，他与另外8位股民联名将东北证券虚假传播之事举报到中国证券监督管理委员会天津监管局。天津监管局对此的回复为：冯志远具有证券投资咨询业务执业资格，属合法展业；调查取得的证据（包括你们提供的证据）中，未发现其存在向客户推荐股票时承诺保证投资收益，或代客户作出投资决策的违规行为。

杨立成等人对天津监管局的回复非常不满，随即到北京中国证监会反映情况。

杨立成的行动惹恼了东北证券天津营业部，将他驱出了营业部的贵宾室，还给他打恐吓电话。

2012年3月23日，天津和平区法院经过二次开庭审理下达判决书，驳回原告东北证券的诉讼请求，东北证券天津卫津路证券营业部败诉，中小股民取得了胜利。

证监会首次受理股民投诉天相投资涉嫌传播虚假信息

4月13日，股民王某、夏某投诉天相投资顾问有限公司涉嫌以虚假信息或市场传言发布研究报告，4月25日，中国证监会北京证监局正式受理。

以前也有中小股民先后向证监会投诉过信达证券、平安证券等证券公司涉嫌发布虚假研报，但是证监会不予受理，此次受理投诉天相投资顾问有限公司，则是开了证监会受理涉嫌虚假研究报告的先河。

该股民投诉称，2011年3月9日，天相投资顾问公司发布了《彩虹股份：2010年实现扭亏为盈的研究报告》。该报告认为，彩虹股份已经真正成为全球第五家、国内第一家液晶玻璃基板生产企业，随着国内高世代液晶面板线陆续投产、液晶玻璃基板高速增长，看好公司新业务前景。应该对彩虹股份做出"增持"评级，预计公司2011～2013年的每股收益分别为 0.60 元、1.19 元和 1.57元，按 2011 年 3 月 8 日股票价格测算，对应动态市盈率分别为 26 倍、13 倍和 10 倍。

可是实际上，彩虹公司 2011 年净利润亏损了 56733.48 万元。其股价从 2011 年的 3 月 8 日收盘价 16.01 元一路下挫，到 2012 年 4 月 13 日股民投诉日为止，其股价已经跌到了收盘价 6.64 元，暴跌了 58.53％。显然天相投资顾问公司的盈利分析与彩虹公司 2011 年亏损业绩完全相反。

股民王某投诉信中称，这些表述是严重误导投资者的信息。因为全球只有五家企业可以生产液晶玻璃基板，说彩虹股份是第五家，似乎全球有很多家，实际上彩虹是排名最后的可生产液晶玻璃基板的生产企业。天相投资顾问发布虚假研报的行为，涉嫌违反证监会《关于规范面向公众开展的证券投资咨询业务行为若干问题的通知》等规定，应受到查处。

北京证监局受理股民的投诉

板块四

基金、券商和其他机构概况

第一章 基金概况

基金亏损 5004 亿元　管理费收 288.64 亿元还狡辩

　　截至 2012 年 3 月底，共有 71 家基金管理公司。2011 年，64 家基金公司旗下的基金亏损为 5004 亿元，其中股票型基金和混合型基金分别亏损 3147 亿元和 1523 亿元。亏损的基金可分配净收益为－2129 亿元，基民无钱可分。2012 年，基金总盈利为 1267.71 亿元，总亏损为 2315.11 亿元，基民还是无钱可分。

　　基金亏损，但收取的管理费却是旱涝保收。2011 年，64 家基金公司收取管理费为 288.64 亿元，比 2010 年仅减少 14.64 亿元。2012 年，其受理费为 260.42 亿元，略有下降。

　　基金公司炒股亏损，可是管理费旱涝保收的做法，引起基民的极大不满。许多人呼吁基金公司应该实行奖罚机制。

　　3 月 30 日，中国证监会有关负责人在媒体通气会上表示，对于基金亏损却收取管理费 288.64 亿元的质疑，该负责人解释说，基金收取管理费是属于信托方式，投资收益或亏损均由投资者承担。

　　很多基金管理人也这样狡辩说，在各只基金的招募说明书、基金合同中都有明示。我们当今社会里，很缺乏的一种东西，那就是契约精神。收取管理费，是符合契约规定的。普遍亏损不应归罪基金，只要基金公司和基金经理尽职勤勉，发挥了其专业理财价值，其收取管理费就是合理的。

　　对管理层的解释和基金管理人的诡辩，基民非常不满。纷纷在网上发帖说：什么契约精神？我们就是被骗子忽悠了。基金人在基民买基金的时候不提契约精神，有的甚至还承诺绝对不会亏损。

　　对于投资者质疑基金管理公司"旱涝保收"收费模式的合理性问题，中国证监会基金部负责人洪磊4月下旬在随同郭树清到广东调研与股民座谈时指出，中国证监会十分重视，正研究如何进一步完善市场竞争机制，加强对公募基金和基金经理的约束。

由于基金2011年亏损，891只基金中具有分红能力（即2011年底可分配净收益为正）的只有247只，占比仅为27.72%。

2010年各类基金还具有988.2亿元的可分配红利的能力，但是2011年各类基金（不包括货币市场基金）可分配净收益为－2128.59亿元，分红能力严重萎缩。

到2012年底，有关网站调查，2012年12.23%的被调查者投资基金亏损在30%以上；17.9%的被调查者亏损10%～30%；22.71%的被调查者亏损10%以内；33.19%的被调查者盈利在10%以下；盈利超过10%的被调查者占比为13.97%。

调查显示，49.05%的被调查者认为，目前基金业最需要改进的方面是基金业绩不佳，没有体现专业理财的水平，31.18%的被调查者认为基金公司对投资者利益关注不够。

55.4%的被调查者认为自己炒股收益高于基金，33.09%的被调查者认为两者差不多，11.51%的被调查者认为基金收益高。

基金管理办法修订

6月20日，中国证监会召开新闻通气会，正式向社会公布了《关于修改〈证券投资基金运作管理办法〉第六条及第十二条的决定》。

第一，删除了第六条第8项的规定"申请募集基金，拟任基金管理人应满足：前只获准募集的基金，基金合同已经生效"。这实际上是放松了基金管理人的条件，允许基金管理公司同时上报多只基金的募集申请，不管基金合同是否已经生效，不会影响基金管理人的任职。

第二，修改《运作办法》第十二条，增加了"基金管理公司在募集基金时，使用公司股东资金、公司固有资金、公司高级管理人员或基金经理等人员资金认购基金的金额不少于1000万元人民币，且持有期限不少于3年；基金募集份额总额不少于5000万份，基金募集金额不少于5000万元人民币；基金份额持有人的人数不少于200人"。这样就为今后推出发起式基金预留了政策空间。

9 月 28 日，证监会公布了新修改的《证券投资基金管理公司管理办法》。该办法规定，设立基金管理公司，注册资本不低于 1 亿元人民币，持续经营 3 个以上完整的会计年度，最近 3 年没有因违法违规行为受到行政处罚或者刑事处罚；中外合资基金管理公司的境外股东实缴资本不少于 3 亿元人民币的等值可自由兑换货币；一家机构或者受同一实际控制人控制的多家机构参股基金管理公司的数量不得超过 2 家，其中控股基金管理公司的数量不得超过 1 家。

12 月 28 日，十一届全国人大常委会第三十次会议经表决，通过了修订后的《证券投资基金法》。新基金法对私募基金松绑，其有关规定是：合格投资者制度，规定非公开募集基金只能向合格投资者募集，合格投资者应达到规定的收入水平或者资产规模，具备一定的风险识别能力和承担能力，合格投资者累计不得超过 200 人。

新基金法对证券监督管理机构工作人员离职后作出规定："国务院证券监督管理机构工作人员在任职期间，或者离职后在《公务员法》规定的期限内，不得在被监管的机构中担任职务。"

根据《公务员法》对公务员离职后的有关任职规定，此规定意味着证监会监管领导人员离职 3 年内不得在基金公司任职，证监会监管工作人员离职 2 年内不得在基金公司任职。

颁布特定客户资产管理业务试点办法

9 月 26 日，证监会颁布了《基金管理公司特定客户资产管理业务试点办法》。该办法规定，资产管理人通过设立资产管理计划从事特定资产管理业务，可以采取为单一客户办理特定资产管理业务；为特定的多个客户办理特定资产管理业务。资产管理计划资产应当用于的投资范围是现金、银行存款、股票、债券、证券投资基金、央行票据、非金融企业债务融资工具、资产支持证券、商品期货及其他金融衍生品；未通过证券交易所转让的股权、债权及其他财产权利。基金管理公司应当设立专门的子公司，通过设立专项资产管理计划开展专项资产管理业务。为单一客户办理特定资产管理业务的，客户委托的初始资产不得低于 3000 万元人民币；为多个客户办理特定资产管理业务的，符合条件的特定客户，是指委托投资单个资产管理计划初始金额不低于 100 万元人民币，且能够识别、判断和承担相应投资风险的自然人、法人、依法成立的组织或中国证监会认可的其他特定客户。资产管理人、资产托管人应当在每年结束之日起 3 个月内，编制特定资产管理业务管理年度报告和托管年度报告，并报中国证监会备案。

证监会规范基金询价　绝不姑息乱报价的行为

在新股询价的过程中，主要问题是，承销商干扰报价，让基金公司、证券类、保险类机构提高或修改报价。

2012 年 1 月 13 日，中国证监会对各家基金公司下发了《关于加强新股询价申购管理有关问题的通知》。该通知要求，各公司在询价过程中充分发挥机构投资者的应有作用，维护基金行业声誉。公司及员工不得受人请托进行报价，不得进行非理性报价，不得在报价申购过程中有任何利益冲突行为。基金监管部和相关派出机构将加强对基金参与新股询价和申购的监管，对违规行为，发现一起查处一起，绝不姑息，并将依法对相关责任人采取相应监管措施。

2011 年，华宝兴业基金曾排除干扰，宣布暂停参与新股询价。2012 年 1 月上旬，信达澳银基金也宣布暂停参与新股询价和网下配售，不参加安排接待新股发行路演和推介活动。

信达澳银基金有关人士认为，一方面，目前新股发行数量太多，我们精力确实不够；另一方面，现在参与配售盈利有限，还常常亏钱，因此，才做出上述决定。

中国证监会此次发文，未对这些基金公司退出新股询价表态，但是提出了理性报价，说明证监会不希望基金公司都退出新股询价。

2 月 3 日，中国证监会有关部门负责人表示，目前券商在新股发行的询价过程中，都会为询价机构提供一份估值报告，其中涉及相关行业的整体估值情况，即行业的平均市盈率。券商提供的这种市盈率水平，缺乏规范性，"操作空间比较大"，可能对投资者存在误导。证监会已经要求参与报价的询价机构提交投资决策的相关研究报告。证监会对这些材料进行研究，重点关注其研究报告和报价决策的逻辑关系。

过渡性安排：基金审批制改为注册制

12 月 13 日，中国证监会发布实施了《关于深化基金审核制度改革有关问题的通知》及其配套措施，其主要改革是，基金产品审核通道制取消，基金公司可根据市场需求自行决定上报数量和类型。基金产品审核期限将会缩短，常规产品按照简易程序在 20 个工作日内完成审核。实行简易程序审核的常规产品包括普通股票型（混合型）、债券型、指数型、货币基金、发起式基金、常规合格境内机构投资者（QDII）产品及单市场交易型开放式指数基金（ETF）。

证监会有关负责人透露，本次改革是基金产品审核由审核制向注册制转变的过渡性安排，目前将争取尽快审核已申报产品，自 2013 年 1 月 1 日起产品审核将"新老划断"。关于创新基金产品论证，将从由监管机构论证改为由中国基金业协会组织评审论证，对通过论证的创新产品可以给予一定保护期。

公募基金参与股指期货投资忧心忡忡

2 月 10 日，中国证监会召开了新闻通气会。证监会有关部门负责人表示，公募基金参与股指期货的各项准备工作已经就绪，基金公司可根据自身情况就招募书中已有的相关产品设计，平稳推进。

2010 年 4 月 16 日，股指期货上市。4 月 21 日，证监会下发了《证券投资基金参与股指期货交易指引》。但基金公司却对此反应平淡，很少参与。

2010 年 7 月，南方小康基金发行，该基金第一个提出了要投资股指期货。接着，2011 年 3 月发行的国泰保本混合型基金也明确规定了可投股指期货的条款。之后跟进的就是大摩华鑫的因子精选策略股票型基金。但这三只基金光说不练，没有付诸实际行动。其原因是，基金对具体如何投资股指期货不熟悉，担心风险过高而忧心忡忡。

不过汇添富、易方达、华宝兴业、银华、国投瑞银等都已经在"一对一"和"一对多"产品中开始了股指期货投资。

基金从业人员缺乏炒股经验

一个普通的基金公司管理上亿元到数百亿元的资金为基民们炒股，但是每年的收益都令人失望。其原因是多方面的，但是有一点很说明问题，就是基金从业人员缺乏炒股的经验。2011 年，共有 699 人担任基金经理，可是他们平均从业年限仅有 2.72 年，其中最长的也不过 13 年（中国股市成立 22 年了），最短的不到 1 个月。从业超过 4 年的有 178 人，3～4 年的有 79 名，2～3 年的有 108 人，1～2 年的有 149 人，仅 1 年的有 185 人，新手占了 26％。还有就是基金女经理的比例约为 15％。

可见，基金的大部分从业人员没有经历过股市的大风大浪，所以炒股的经验、技术甚至不如一部分老股民。因此，基金亏损就不足为奇了。

上市公司投资基金亏损严重

由于基金的炒股水平不高，导致上市公司投资基金亏损。有 11 家上市公司持有基金份额，共亏损 888.84 万元。

例如，ST 中原 2011 年四季度投资国联安双禧 B 60 万份，共亏损 5.77 万元。北京城乡 2011 年底持有国富弹性市值、博时主题、光大优势、上投摩根亚太优势和景顺精选基金，合计亏损达 489.09 万元。重庆路桥 2011 年底持有益民多利、益民货币、嘉实货币和浦银价值基金，合计亏损 12.28 万元。博瑞传播投资基金亏损 183.43 万元。

上交所修订交易型开放式指数基金业务细则

2012 年 3 月 23 日，上交所发布了修订后的《上海证券交易所交易型开放式指数基金业务实施细则》。该细则规定，投资者买卖在本所上市的基金份额的，可以通过代办证券公司及本所其他会员进行申报。基金管理人可以采用网上和网下两种方式发售基金份额。投资者申购基金份额的，应当拥有对应的足额组合证券、现金或其他约定对价。投资者赎回基金份额的，应当拥有对应的足额基金份额。

为配合该细则，4 月 6 日，上交所发布了《上海证券交易所交易型开放式指数基金管理公司运营风险管理业务指引》。该指引规定，基金管理公司应当建立具有自动报警功能的风险监控系统，实时监控交易所交易基金运作情况。

华宝兴业恢复参与新股发行的询价

2011 年，许多基金哄抬新股发行价。当年 12 月 28 日，华宝兴业基金公司发布声明说，鉴于近期新股发行节奏密集，发行人所处的行业面较宽，地域分布较广，该公司无法在短期内完成对发行人的充分调研并给予科学、合理的询价意见。为提高公司投研工作效率，公司决定即日起旗下所管理的公募基金暂停参与各发行人的 IPO 询价，暂停接待各发行人、保荐机构的 IPO 路演。

华宝兴业基金此举开创了基金暂时不参与新股申购的先例。对此，网友纷纷赞扬。不过华宝兴业基金在公告中留下一个"小尾巴"——公司将密切跟踪股票市场状况和新股发行询价结果的变化，适时恢复参与新股询价业务，届时将不做特别提示。

就在该基金信誓旦旦说"届时将不做特别提示"的时候，2012 年 5 月 3 日，华宝兴业发公告称，本公司此前曾提示将密切跟踪股票市场状况和新股发行询价结果的变化，适时恢复参与新股询价业务，届时将不做特别提示。但考虑到本公司暂停参与新股发行询价一事获得了市场各方及媒体广泛关注，为便于市场各方及媒体及时了解相关情况，本公司特发布本公告。

公告称，考虑到目前国内股票市场状况和近期新股询价结果的变化，本公司决定自明日起本公司管理的公募基金恢复参与各发行人的 IPO 询价，恢复接待各发行人、保荐机构的 IPO 路演。

基金申购新股遭到破发打击

自从管理层改革新股发行办法后，特别是新股上市当天就可以全流通后，以申购新股为主的基金就遭到了破发的打击。

6 月 11 日，中国汽研上市就跌破发行价，收盘下跌了 7.56%。进入 6 月以来，新股上市首日有 9 只新股破发，这使动用几百亿元参与网下申购新股的基金惨遭亏损。

其中，中国汽研网下申购时，报价入围的基金配售对象共有 45 个，拟申购 124660 万股，投入的申购资金累计高达 102.2212 亿元。最后入围国汽研网下获配机构名单的是，工银瑞信双利债基、工银瑞信四季收益债基、工银瑞信添颐债基、工银瑞信信用添利债基、工银瑞信增强收益债基、工银瑞信中小盘成长基金，共计获得配售 814.88 万股。

由于中国汽研上市首日就破发，这几只基金当日即浮亏 505.23 万元。

此外，参与配售其他新股的基金，由于 6 月之后上市新股破发增加，其亏损也大幅增加。新股不败的神话打了折扣。

私募基金操纵市场　欺骗基民

张超管理的"紫石一期"私募基金于 2011 年 1 月 1 日成立，当年 12 月到期，规模 1.5 亿元。他自己兼公司董事长、执行董事、投资总监等多职。

2011 年上半年，"紫石一期"以 43.48% 的收益率排名所有阳光私募产品的第一名，也是基金全行业的冠军。2011 年全年，该产品也以 35.98% 的收益率位于头名。

之后，张超又连发"紫石超越"和"紫石超盈"两只产品，都获得热销。可是股市没有"大师"和专家，这两只产品业绩最大跌幅超过三成，到 2012 年 6 月 22 日，其产品单位净值分别为 0.7459 元和 0.705 元。结果，投资者去找张超，发现他销声匿迹了。

张超 1978 年出生，对外炫耀自己是天津大学计算机学士，1998 年开始炒股，擅长用计算机构建软件模型进行数量化投资。2004 年以 30 万元的本金在股市获得数百倍回报。

张超涉嫌内幕交易被证监会调查

不过，据有关调查，张超仅为高中学历，其对外宣称的炒股业绩纯属编造。

2011 年下半年，张超涉嫌内幕交易被证监会调查，2012 年 3 月被监控，但是他摆脱监控，滞留美国数月不归，其妻子为某券商销售人员，或有涉案嫌疑，也被警方调查。

2011 年 12 月，证监会通报的几次违法违规案件中，就包括阳光私募基金操纵市场等事件。在私募行业中，忽悠股民的比比皆是。2009 年业绩排名第一的广州新价值，2009 年私募冠军罗伟广，2010 年常士杉掌管的"世通 1 期"等，都蒙出过炒股业绩，可是业绩最后都是昙花一现，全线败退，基民损失惨重。

第二章 券商概况

外资参股证券公司、证券公司设立子公司条件放宽

10月17日，中国证监会修改了《外资参股证券公司设立规则》，其中第十条修改为："境外股东持股比例或者在外资参股证券公司中拥有的权益比例，累计（包括直接持有和间接控制）不得超过49％。境内股东中的内资证券公司，应当至少有1名的持股比例或者在外资参股证券公司中拥有的权益比例不低于49％。内资证券公司变更为外资参股证券公司后，应当至少有1名内资股东的持股比例不低于49％。"

第二十五条第一款修改为："境外投资者可以依法通过证券交易所的证券交易持有上市内资证券公司股份，或者与上市内资证券公司建立战略合作关系并经中国证监会批准持有上市内资证券公司股份，上市内资证券公司经批准的业务范围不变；在控股股东为内资股东的前提下，上市内资证券公司不受至少有1名内资股东的持股比例不低于49％的限制。"

同日，中国证监会还公布了修改《证券公司设立子公司试行规定》的决定。

证券公司高管任职资格监管办法修订

10月20人，新修改的《证券公司董事、监事和高级管理人员任职资格监管办法》颁布，该办法第十七条修改为："从事证券工作10年以上或曾担任金融机构部门负责人以上职务8年以上的人员，申请证券公司董事长、副董事长、独立董事、监事会主席、高管人员和分支机构负责人的任职资格的，学历要求可以放宽至大专。"第三十九条改为第三十七条，修改为："证券公司高管

人员和分支机构负责人最多可以在证券公司参股的 2 家公司兼任董事、监事，但不得在上述公司兼任董事、监事以外的职务，不得在其他营利性机构兼职或者从事其他经营性活动。"第六十条改为第五十八条，修改为："法定代表人、高管人员、分支机构负责人离任审计期间，不得在其他证券公司担任董事、监事、高管人员和分支机构负责人。"

证券公司直接投资业务放宽

11 月 5 日，中国证券业协会发布了《证券公司直接投资业务规范》。该规范明确了直投基金实行备案制，可以实行跟投机制，扩大直接投资业务范围至创业投资基金、并购基金、夹层基金等，并放宽了直投子公司及其下属机构不得负债经营的限制。直投子公司可以进行与股权相关的债权投资，或投资于与股权投资相关的其他投资基金。直投子公司及其下属机构可以设立和管理股权投资基金、创业投资基金、并购基金、夹层基金等直投基金，以及以前述基金为主要投资对象的直投基金。允许直投子公司及其下属机构、直投基金由于补充流动性或进行并购需要过桥贷款时负债经营，但负债期限不得超过 12 个月，负债余额不得超过注册资本或实缴出资总额的 30%。

2011 年，证券公司直接投资机构设立直投基金政策放行，允许证券公司成立直投基金，募集并管理客户资金进行股权投资。2011 年，有 6 家券商直投机构参与设立直投基金 8 只。

2004 年 11 月，规模为 1 亿欧元的中国—比利时直接股权投资基金成立，基金管理机构为海富产业投资基金管理有限公司，由中国海通证券股份有限公司和比利时富通基金管理公司合资组建。海通证券在中比基金中占比 10%，并在海富产业基金中占比 67%。

风险资本准备计算标准大幅降低　管理层为券商经营再松绑

11 月 19 日，证监会发布实施了新规《关于修改〈关于证券公司风险资本准备计算标准的规定〉的决定》、《关于调整证券公司净资本计算标准的规定（2012 年修订）》和《关于修改〈关于证券公司证券自营业务投资范围及有关事项的规定〉的决定》。这三个规定将券商的风险资本准备计算标准再次大幅降低，下调了券商部分项目的净资本扣减标准，券商自营投资品种范围大幅放宽。这样的"降二增一"，为证券公司创新发展在制度层面打开了广阔空间。

以上两个规定要求证券公司经营证券自营业务的，对未进行风险对冲的证券衍生品、权益类证券和固定收益类证券分别按投资规模的 20％、15％、8％计算风险资本准备。明确了具备证券自营业务资格的证券公司可以从事金融衍生产品交易。证券公司证券自营投资品种清单中，增加了"已经在全国中小企业股份转让系统挂牌转让的证券"和"已经和依法可以在符合规定的区域性股权交易市场挂牌转让的私募债券，已经在符合规定的区域性股权交易市场挂牌转让的股票"。

证券柜台交易启动

12 月 21 日，中国证券业协会发布了《证券公司柜台交易业务规范》，海通证券、国泰君安证券、国信证券、申银万国证券、中信建投证券、广发证券、兴业证券 7 家证券公司开始了启动柜台交易业务试点。

柜台交易，是指证券公司与特定交易对手方在集中交易场所之外进行的交易或为投资者在集中交易场所之外进行交易提供服务的行为。

证券公司柜台交易的产品包括经国家有关部门或其授权机构批准、备案或认可的在集中交易场所之外发行或销售的基础金融产品和金融衍生产品。

证券公司应当健全合规管理制度，在进行柜台交易前，应当采取有效措施了解投资者的身份、财产与收入状况、信用状况、金融知识、投资经验、风险承受能力等情况。证券公司按照柜台交易合同约定的方式，为投资者办理交易结算，应当记录投资者柜台交易产品的持有及变动状况。证券公司应当及时、准确、完整地记载与柜台交易有关的信息，并按照《证券法》的规定予以妥善保存。

12 月 24 日，广发证券、兴业证券公告称，公司柜台市场实施方案备案获证券业协会同意。

券商次级债规定修订　次级债运作宽松

12 月 27 日，证监会修订发布了《证券公司次级债管理规定》。其修订主要包括六方面内容：一是扩充了证券公司次级债的内涵，明确了证券公司次级债是指证券公司借入的清偿顺序在普通债之后的债务，明确了既包括向股东或机构投资者借入的次级债务，也包括证券公司通过交易场所发行的次级债券。二是扩大了证券公司次级债的机构投资者范围。从原来规定的净资产在 2000 万元以上的法人或投资组织，扩大到经国家金融监管部门批准设立的金融机构及其面向投资者发行的理财产品、注册资本不低于人民币 1000 万元的企业法人以及合伙人认缴出资总额不低于人民币 5000 万元、实缴出资总额不低于人民币 1000 万元的合伙企业。三是缩短了长期次级债的期限，放宽了长期次级债计入净资本的限制。按照该规定，到期期限在 3 年、2 年、1 年以上的长期次级债，可分别按 100%、70%、50% 的比例计入净资本。同时，规定 1 年以上（不含 1 年）的次级债为长期次级债。四是允许次级债券依次在证券交易所、全国间银行市场或其他中国证监会认可的场所发行、转让。五是简化了证券公司发行或计入次级债的内部决策程序。只要公司有关程序符合公司法和公司章程的规定即可，不强制要求公司股东（大）会决议通过。六是允许证券公司次级债券采取"储架发行"。证券公司在中国证监会一次批准的额度内，根据需要自主分期发行次级债券，增强发行债券的灵活性、便利性。

2012 年，证券公司质押式债券回购累计发生额 3.58 万亿元，买断式债券回购累计发生额 1.78 万亿元；证券公司通过同业拆借累计拆入资金 1.56 万亿元。

证券公司推销金融产品要实行投资者适当性制度

多层次资本市场的发展，造就了金融产品种类繁多，为了更好地管理风险，需要加强投资者适当性制度建设，把合适的金融产品或金融服务提供给合适的客户。12 月 30 日，中国证券业协会发布了《证券公司投资者适当性制度指引》，该指引规定，证券公司向客户销售金融产品或提供金融服务时，除客户的姓名（或名称）、身份、住址、职业等基本信息外，还应当了解财务状况、投资知识、投资经验、投资目标和风险目标等必要信息。将财务状况细化为收入来源和数额、净资产、资产数额（包括金融类资产和不动产）和未清偿的数额较大债务等；投资目标，包括投资期限、投资品种和收益预期等。该指引把客户分为专业投资者和非专业投资者，专业投资者，指金融机构、专业投资机构等。该指引要求，证券公司不得对工作人员采取鼓励其销售不适当金融产品或不适当金融服务的考核、激励机制和措施，证券公司及其工作人员不得为了自身利益，违反或降低投资者适当性责任。

2011 年券商亏损面达 16%

2011 年，全国共有证券公司 109 家，与 2010 年相比，仅增加了 3 家，营业部网点数量为 5032 家，比 2010 年增加了 404 家。银河证券拥有 224 家营业部，位于第一名；第二名是华泰证券 213 家。证券营业部数量排名靠前的省份依次是：上海 482 家、广东 459 家、江苏 335 家、浙江 315 家、北京 256 家、深圳 220 家；排名靠后的是：宁夏 22 家、青海 13 家、西藏 4 家。

2011 年，证券公司总资产规模合计 1.57 万亿元，同比减少 20.30%；全部证券公司净资产规模合计为 6303 亿元，同比增加 11.28%；实现营业收入 1360 亿元，同比下降 28.83%；实现净利润 394 亿元，同比下降 49.23%。证券行业代理买卖证券业务净收入达 689 亿元，证券承销与保荐及财务顾问业务净收入 241 亿元，受托客户资产管理业务净收入 21 亿元，证券投资收益（含公允价值变动）50 亿元。经纪、承销保荐及财务顾问业务依然是证券公司主要收入来源。

2011 年，证券公司注册从业人员数达到 261802 人。其中，注册为一般从业人员 194241 人，证券经纪业务营销人员 9371 人，证券经纪人 37456 人，证券投资咨询业务（分析师）1958 人，证券投资咨询业务（投资顾问）18231 人，证券投资咨询业务（其他）545 人。

截至 2011 年底，通过中国证监会年检的证券投资咨询公司共有 88 家，分地区来看，排名前 3 位的分别是上海 19 家、北京 18 家、深圳 9 家。在中国证券业协会登记注册的执业总人数为 1215 人。

2011 年，经审计的证券公司规模的总资产、净资产、净资本三项排名中，中信证券、海通证券、国泰君安、华泰证券、广发证券 5 家券商占据了前 5 名。中信证券以 1143.9 亿元的总资产、737.7 亿元净资产、500.3 亿元净资本的成绩位居第一名。

值得注意的是，合资券商高盛高华、瑞银证券、中金公司的业绩不如国内券商，排名在 60 名之外。

2011 年，有 18 家券商出现亏损，东北证券亏损 1.648 亿元，位居倒数第一名。

郭树清告诫券商不要把股民当傻子

5月7日，全国证券公司创新发展研讨会召开。中国证监会主席郭树清在会上特别指出，证券公司要采取最严格、最严厉的措施，强化诚信责任和法律意识，把投资者当傻瓜来圈钱的日子一去不复返了。坚决杜绝人情报价，送礼，证监会以最严厉的手段打击这一行为，甚至可以修法。新股发行价格一定要有道理，80倍估值没意见，但一定要充分说明。

郭树清指出，证券公司是市场的组织者、参与者，市场是否有秩序，是否公开、公平、公正，投资者合法权益是否得到足够保护，证监会有责任，市场参与主体都有责任。证券公司更要承担好社会责任，牢固树立诚实守信、依法合规、关心国家、热爱人民、扶贫济困、绿色环保的理念，绝不能让华尔街式的少数金融机构与社会大众的分裂，在我们这里出现。

郭树清强调，创新要注意把握几项原则：一是严格区分公募和私募，逐步完善投资者适当性制度；二是永远不要做自己不懂的产品；三是不取不义之财，不能蒙蔽客户、欺骗客户，这是好的投资银行和差的投资银行的根本区别；四是要将风险敞口始终保持在可以控制的范围内；五是时刻做好经营状况向最坏方向发展的准备。

深交所修改保荐人工作职责

11月22日，深交所发布《保荐工作指引》和《保荐工作评价办法》，取代了现行的《中小板保荐工作指引》和《中小板保荐工作评价办法》。本次颁布的《保荐工作指引》和《保荐工作评价办法》，统一适用于主板、中小板和创业板，进一步规范保荐机构的持续督导工作，适应多层次资本市场发展的要求。

新版《保荐工作指引》整体上减轻了保荐机构的部分持续督导工作，但同时增加了对信息披露质量较差公司的持续督导要求，充分体现出分类监管的理念和思路。例如，根据新规，在持续督导期间，如果公司上一年度信息披露工作考核结果为C或者D的，保荐机构和保荐代表人应当至少每季度对公司进行一次定期现场检查。若公司出现违规担保、大股东非经营性占款等情形，保荐机构应在知悉日起15日内就相关事项进行专项现场检查。

投行狂收保荐费 登上"最黑"投行排行榜

2月3日，网易财经公布了2011年最黑的投行。以总分计，平安证券以84分的总分居"最黑"投行排行榜的榜首，其原因是：

（1）平安证券在2011年保荐了34家公司的IPO，16.7亿元的承销与保荐费在国内投行排名第一。34家公司有8家（安利股份、巴安水务、春兴精工、德力股份、方直科技、瑞丰高材、神农大丰、方正证券）在上市当年就立马变脸发布了业绩预减，但是这8家IPO公司累计给平安证券带来了高达3.59亿元的承销收入。平安证券也成为A股"最黑"的投行。

（2）平安证券保荐的34个项目中，有20个在2011年的最后一个交易日还是处于破发状态，占全部项目的60%左右。

（3）2011年平安银行保荐破发的20个项目中，有过半的项目上市当年的跌幅高于大盘2011年的跌幅。其中，在2011年4月上市的理邦仪器和贝因美是平安证券保荐项目中破发幅度最大的，分别破发了46%和45%。

（4）2011年共有56个投行保荐了277个IPO项目，平安证券在所有投行中得分84分，高居榜首。

排列第二的"黑"投行是国信证券，其原因是：

国信证券在2011年共承销了29个项目的首发，为29家公司募集了245.7亿元的资金，同时获得承销与保荐费12.5亿元，平均每个项目获得0.43亿元的收入。不过在国信证券保荐的29个项目中有20个项目在2011年12月30日仍处于破发状态，破发率约80%。总得分80分，高居榜眼。

中投证券和海通证券并列获得"黑"投行第三名，其原因是：

（1）中投证券在2011年保荐了8个项目，结果全都破发，但是中投证券却从这8个项目中收取了2.76亿元的承销保荐费，同时为这8家公司募得58.9亿元资金。中投证券总分为37分。

（2）海通证券在2011年承销了14个项目，其中12个项目破发，破发率80%以上。海通证券2011年出现了道明光学和姚记扑克的乌龙事件。

随意粘贴没有校对 保代资格声明惊人一致

1月18日，中国证监会网站刊出的申请保荐代表人资格公示中，申银万国的郑春定、华西证券的唐忠富、首创证券的周木红、国泰君安的杨鹏、国信证券的朱仙掌、兴业证券的刘茂锋、华泰联合的沙伟、安信证券的邬海波等的末尾，居然出现了"未在中信证券股份有限公司以外的其他商业机构兼职"的同样内容。

1月20日，中国证监会网站刊发的另一个申请保荐代表人资格公示中，国信证券的程思思、长城证券的林长华、瑞银证券的王曦和华龙证券的朱翔坚4位"准保代"在向证监会申请保荐代表人资格的声明中，也出现了"未在中信证券股份有限公司以外的其他商业机构兼职"的同样内容。

2011年12月31日刊发的《余燕等4人申请保荐代表人资格公示》中，来自中信证券的陈智罡申请保荐代表人资格的声明中有"未在中信证券股份有限公司以外的其他商业机构兼职"的内容，而此内容出现在2012年上述两份资格公示中，可见是随意粘贴没有校对而致。

这种随意粘贴没有校对的事件2011年也发生过。2011年，道明光学的上市保荐书推荐结论中就出现了与先行上市的姚记扑克的保荐书推荐的同样结论。海通证券投行人员还在道明光学的上市保荐书中误将发行前后市盈率搞反。

珈伟股份业绩变脸　国泰君安受罚

由国泰君安保荐的珈伟股份2012年5月11日刚刚上市，就在中报预计，2012年1～9月累计净利润同比下降90%以上，该股的急剧变脸，舆论哗然。10月10日，中国证监会对珈伟股份采取了监管谈话并出具警示函的监管措施，保荐人国泰君安被出具警示函，3个月内不受理其出具文件。

中国证监会认为，在珈伟股份发行上市过程中，对于珈伟股份存在的2012年第一季度销售收入及净利润出现较大幅度下滑且将对全年业绩产生重大影响的事项，珈伟股份及相关中介机构在向证监会提交的关于珈伟股份会后重大事项的承诺函中未如实说明，珈伟股份及保荐机构、签字保荐代表人亦未在招股过程中作相应的补充公告或说明。

证券行业准备金支出可在企业所得税税前扣除

2月27日，财政部、国家税务总局联合下发通知，明确自2011年1月1日起至2015年12月31日，证券行业准备金支出可在企业所得税税前扣除。

上海、深圳证券交易所按交易所交易收取经手费的 20％、会员年费的 10％提取的证券交易所风险基金，在各基金净资产不超过 10 亿元的额度内，准予在企业所得税税前扣除。中国证券登记结算公司所属上海分公司、深圳分公司按证券登记结算公司业务收入的 20％提取的证券结算风险基金，在各基金净资产不超过 30 亿元的额度内，准予在企业所得税税前扣除。证券公司作为结算会员缴纳的证券结算风险基金，准予在企业所得税税前扣除。

上海、深圳证券交易所在风险基金分别达到规定的上限后，按交易经手费的 20％缴纳的证券投资者保护基金，准予在企业所得税税前扣除。证券公司按其营业收入的 0.5％～5％缴纳的证券投资者保护基金，准予在企业所得税税前扣除。

股民没有享受交易费用降低的好处

4 月 30 日，沪深两所和中国证券登记结算公司宣布，降低 A 股交易的相关收费标准。调整后，沪深两所的 A 股交易经手费将按照成交金额的 0.087‰双向收取；结算公司上海分公司的 A 股交易过户费将按照成交面额的 0.375‰双向收取。同时，沪深两所按照上市公司股本规模分档收取上市初费和上市年费，并对创业板公司实行减半收取。调整后的收费标准于 6 月 1 日起实施。A 股交易经手费及过户费相关收费标准总体降幅为 25％，降低费用的年度总额约 30 亿元。

2011 年股票总成交金额为 42.16 万亿元，沪深交易所共收取经手费 90 多亿元。如果按照调整后的标准 0.087‰计算，那么 2011 年经手费将减少约 20 亿元。

不过，大多数券商认为，降低收费标准是证券公司交给交易所的规费，跟股民佣金无关。因为，普通股民买卖股票的交易费用包括单边征收 1‰的印花税、0.4‰～3‰的佣金、1‰的过户费等。如果券商不降低投资者费用，此利好对股民而言就是画饼充饥。

第三章 | 其他机构概况

QFII 和 QDII 获得较大发展

截至 2012 年 12 月，已经有 169 家合格的境外机构投资者（QFII）获得共计 374.43 亿美元的投资额度；107 家合格的境内机构投资者 QDII 获得共计 855.77 亿美元的投资额度。QFII 账户总资产规模达到 2656 亿元，其中股票、债券和银行存款占比分别为 74.5%、13.7% 和 9.6%，QFII 持股市值约占 A 股流通市值的 1.09%。

12 月中旬，国家外汇管理局对《合格境外机构投资者境内证券投资外汇管理规定》作出修改，明确主权基金、央行及货币当局等机构投资额度上限可超过等值 10 亿美元。以前要求开设的"人民币特殊账户"，在修订之后的办法中不再要求。该规定还新增加了一条规定，即合格投资者可在投资本金锁定期结束后，分期、分批汇出本金和收益，但合格投资者每月汇出资金（本金、收益）总额不得超过其上年底境内总资产的 20%。

7 月 27 日，中国证监会发布了《关于实施〈合格境外机构投资者境内证券投资管理办法〉有关问题的规定》。该规定主要内容包括：一是降低 QFII 资格要求，鼓励境外长期资金进入；二是满足 QFII 选择多个交易券商的需求，增加运作便利；三是允许 QFII 投资银行间债券市场和中小企业私募债，扩大投资范围；四是将所有境外投资者的持股比例由 20% 提高到 30%。

2011 年，QFII 机构汇入资金 22 亿美元，较 2010 年减少 10 亿美元，下降 32%；汇出资金 14 亿美元，较 2010 年增加 8 亿美元，上升 142%；净汇入资金 8 亿美元，较 2010 年减少 18 亿美元，下降 70%。截至 2011 年底，国家外汇管理局累计批准 110 家 QFII 机构共计 216 亿美元的境内证券投资额度，QFII 机构累计汇入投资资金 205 亿美元，累计汇出资金 44 亿美元，累计净汇入资金 161 亿美元。

截至 2011 年底，QFII 总资产中股票资产的比例高达七成。

截至 2011 年底，QDII 项下资产配置的第一位是股票，占比 64%；第二位是基金（包括股票型基金），占比 20%。QDII 自 2011 年以来，投资于黄金、石油、房地产等相关资产在整体资产配置中的占比较小。

央行规定 RQFII 资金具体运作办法

2012 年，外汇局累计批准 24 家 RQFII 共计 670 亿元投资额度，股票类 RQFII 的总额度为 430 亿元，债券类 RQFII 的额度为 240 亿元。

1 月 4 日，中国人民银行下发有关通知，规定人民币合格境外机构投资者试点机构在香港募集人民币进行境内证券投资的资产配置时，在获批的投资额度内，资金投资于股票及股票类基金不得超过募集规模的 20%，不少于募集规模 80% 的资金投资于固定收益证券，包括各类债券及固定收益类基金。

该通知要求，试点机构应当根据相关规定，选择一家同时具有合格境外机构投资者托管人资格和银行间债券市场结算代理人资格的境内商业银行（托管及结算代理银行），开立境外机构人民币基本存款账户（基本存款账户）和境外机构人民币专用存款账户（专用存款账户）。试点机构可以在托管及结算代理银行开立三类专用存款账户，分别用于银行间债券市场交易、交易所债券市场交易和股票市场交易的资金结算。除开放式基金外，试点机构如需汇出投资收益的，应当提供境内会计师事务所出具的审计报告和相关税务证明。

社会保障基金炒股回报仅为 0.85%　划归国有股权 2119 亿元

3 月 15 日，全国社会保障基金理事会第四届理事大会第二次会议在北京召开。会议发布的报告称，社保基金会于 2003 年 6 月开始投资股票，历年股票资产占全部资产的比例平均为 19.22%，累计获得投资收益为 1326 亿元，占全部投资收益的 46%；累计投资收益率为 364.5%，年化投资收益率[①]为 18.61%，比全部基金累计平均收益率高出 10 个多百分点。

---

① 年化投资收益率是指把当前收益率，如日收益率、周收益率、月收益率换算成年收益率来计算，是一种理论收益率，并不是真正的已取得的收益率。

2011年基金投资已实现收益431亿元，实现收益率5.58%；交易类资产当期公允价值变动额为-357亿元，全年基金投资收益74亿元，投资收益率0.85%。在2001~2011年的11年中，全国社保基金共实现投资收益2847亿元，年均收益率为8.41%，比同期通货膨胀率高出6个百分点。

从2006年12月开始，社保基金会受托管理中央财政补助9个试点省市做实个人账户资金。截至2011年底，共受托管理个人账户基金本金543.62亿元，获得记账收益及风险准备金114.31亿元，年均投资收益率为10.27%，超过同期通货膨胀率近8个百分点，比承诺收益率高出6.8个百分点。

2011年财政性净拨入资金483亿元。其中，中央财政预算拨款150亿元，彩票公益金拨入172亿元，国有股减转持收入161亿元。截至2011年底，中央财政性资金累计拨入4920亿元，其中，中央财政预算拨款1898亿元，彩票公益金拨入903亿元，国有股减转持收入2119亿元。自2009年6月国有股转持政策出台至2011年底，共实现境内国有股追溯转持74亿股，发行市值554亿元，分别占应追溯转持股份和发行市值的82%和87%。

截至2011年底，社保基金会投资运营总资产8689亿元，其中，直接投资资产为5042亿元，占58.03%；委托投资资产为3647亿元，占41.97%。到2011年底，各大类资产的实际比例分别为，固定收益占50.66%，股票资产占32.39%，实业投资占16.31%，现金及等价物占0.64%。

2011年，全国社保基金投资收益总额73.37亿元，靠投资中国工商银行的分红所得达27.7亿元，加上持股比例较高的中国银行、交通银行和中国农业银行，社保基金从这4家大行赚得的股利占其投资收益总额的比例高达84%。如果算上购买"原始股"的低成本对交易类资产公允价值变动收益的贡献，存钱在银行并从银行股分红是社保基金这几年来赚钱的主要办法。

2012年社保基金会确定的五项重点工作：一是继续多渠道筹集社会保障基金；二是认真审定和执行各类资产配置计划；三是做好各类投资工作，努力提高投资收益水平；四是以《全国社会保障基金条例》为重点，加快推进法规制度建设；五是加强内部管理，推动和谐机构建设。

社保基金一级市场持股国电电力

12月12日，中国证监会发审委审核通过了国电电力面向社保基金和国电集团非公开发行A股股票，中国社保基金将投资20亿元取得国电电力9.17

亿股，持股比例达 5.32％，成为国电电力第二大股东，持股锁定期 3 年。

国电电力是五大发电集团之一——中国国电集团下属的骨干发电企业，拥有合理的电源结构，水火风配比均衡。作为核心资产，国电电力还是国电集团在火电和水电业务方面的整合平台。国电电力自 1997 年上市以来，已通过分红送股累计分红达 90.58 亿元。2010～2012 年每年现金分红不低于当年实现的可分配利润的 50％，超过了证监会规定的底线。根据公司规划，国电电力今后每年以现金方式分配的利润，将不低于当年实现的可分配利润的 50％。

2012 年上半年，全国社保基金组合分别增持国投电力 2970 万股、1060 万股和 780 万股，社保基金 103 组合增持国电电力 4499 万股。

地方养老金首次进入股市大胆炒股

郭树清担任证监会主席后，就提出让地方养老金进入股市。2010 年，中国参保总人数达到 2.57 亿人，其中，职工 1.94 亿人，离退休人员 6305 万人。2010 年城镇职工基本养老保险当期结余 2865 亿元，增长率为 10.32％；而养老金累计结余 15365 亿元，比 2009 年增加 2839 亿元，增长率为 22.66％。

3 月 19 日，全国社保基金理事会和广东省政府在北京签订了委托投资协议，资金将分批到位，委托投资期限暂定两年。3 月 20 日，全国社保基金理事会发布消息称，经国务院批准，社保基金理事会受广东省政府委托，投资运营广东城镇职工基本养老保险结存资金 1000 亿元。社保基金理事会保证，将坚持更为审慎的方针，新增资金将更多配置到固定收益类产品中，确保实现基金保值增值。

地方养老金进入股市炒股，在全国尚属首次。

企业年金新开 187 个账户积极炒股

2012 年 2 月，企业年金在沪深两市新开 187 个账户，同比上升两倍，环比上升 60％，创下相关统计 14 个月以来的历史新高。

到 2010 年底，共有 1335 万人加入到企业年金计划中，相当于基本养老保险参保人数的 6.88％。1990～2005 年，企业年金基金为 680 亿元。2006～2010 年，企业年金基金为 2809 亿元。

2010 年，11 家法人受托机构管理 33210 家企业共计 563.45 万名职工的企业年金，受托基金 1474.65 亿元。2010 年，16 家账户管理人管理 37053 家企业账户和 1334.58 万个个人账户。2010 年，有 10 家金融机构托管企业年金 2809.24 亿元，有 21 家金融机构参与管理的资产为 2452.98 亿元。2006～2010 年，企业年金基金投资组合数量平稳增长，2006 年 34 个投资组合平均基金规模 0.71 亿元，2010 年共 1504 个组合平均基金规模 1.66 亿元。尽管 2010 年中国股市不太理想，但是 21 家投资管理人整体加权平均收益率为 3.41%，累计年化投资收益率达到 6.06%。

证券投资咨询机构年检严格

2011 年，证券投资咨询机构总资产 25 亿元，净资产 17 亿元，注册资本 12 亿元，共有员工 4800 多人，实现年度营业收入 15 亿元，净利润 3.5 亿元。

3 月 9 日，证监会发布公告，向社会公告证券投资咨询机构 2011 年度年检标准及工作安排，启动该年度年检工作。

参加 2011 年度年检的证券投资咨询机构共 84 家，另有被立案稽查的 4 家机构不参加年检。

9 月 6 日，中国证监会公布了首批通过证券投资咨询机构 2011 年度年检的 76 家机构名单。而被立案稽查的 4 家证券投资咨询机构分别是：北京禧达丰证券投资顾问有限公司、广东百灵信投资管理有限公司、哈尔滨新思路投资咨询有限公司和哈尔滨大富证券投资顾问有限公司。上述 4 家证券投资咨询机构已被立案稽查，暂停新增证券投资咨询业务，暂停新增证券投资咨询业务客户，继续配合调查，在立案稽查期间现有证券投资咨询业务客户到期止。

暂不作出年检结果的 1 家证券投资咨询机构是大连华讯投资咨询有限公司。公告称，该机构控股股东及北京分公司被北京市公安机关立案调查，高管人员正在接受调查，暂不作出年检结果。

盘体运行总体轨迹

第一章 盘体万花筒

中国证券投资者保护基金调查发现 80％股民亏损

　　为全面了解股民在 2011 年的盈亏和其他情况，2012 年 1 月 1～19 日，中国证券投资者保护基金公司依托覆盖全国个人（自然人）证券投资者的固定样本库，开展了 2011 年度证券投资者综合调查。全国个人投资者固定样本库是由从全国 31 个省、自治区、直辖市（港、澳、台除外）中所有个人（自然人）证券投资者中，采用分层、PPS 抽样、配额抽样等方法，抽取覆盖 50 个城市、46 家证券公司、246 家营业部的 5235 名个人证券投资者构成的。此次调查共发放问卷 5235 份，最终回收有效问卷 4746 份，有效回收率为 90.66％。

　　中国证券投资者保护基金对 2011 年股民情况进行了调查，结果显示：股民年龄主要集中在 35～44 岁的中年人，占调查总数的 32.64％，同比 2010 年上升 4.47％。然后是 25～34 岁，占比为 29.37％；45～54 岁的股民占参与调查总人数的 19.28％；而 55 岁及以上的占 14.20％；25 岁以下的股民所占比例最少，仅为 4.51％。

　　从股民学历情况来看，博士学历者占调查总数的 0.76％，硕士学历者占比为 4.70％，本科学历者占比为 44.04％，大专学历者占比为 28.70％，四者合计为 78.20％。其中，本科学历者同比上升 11.91％，大专学历者同比上升 3 个百分点。

　　从投资者职业来看，公务员占比为 2.74％，事业单位职员占比为 21.85％，国企员工占比为 18.86％，私企、外企职员占比为 19.53％，自由职业者占比为 21.77％，离退休人员占比为 11.21％，而农民、在校学生和失业人员合计占比仅为 4.05％。

　　中低收入者占多数，近 81.16％的股民月收入在 6000 元以下。其中，

39.17％的股民月均收入在 1000～3000 元，38.37％的股民月收入在 3000～6000 元，而高于 1 万元的股民占比为 5.48％，月收入为 1 万～3 万元的股民占比仅为 1.07％。

股民投入股市的资金主要来自家庭储蓄和工资收入，其中 58.47％的股民用家庭储蓄投资股票，36.33％的股民用工资收入投资，而向私人借款、房屋抵押等银行贷款的比例仅为参与调查投资者的 5.2％。

地级市及以上城市的股民分布较多，占全部股民的 89.69％，较 2010 年大幅上升 20.34％。此外，县级市股民占 7.59％，乡镇和农村股民仅占 2.09％和 0.63％。

买卖股票如何分析？55.35％的股民自己分析投资股票，主要通过技术分析把握趋势；44.08％的股民也是自己分析股票，但主要通过基本面分析进行投资；40.64％的股民通过证券营业部推荐进行股票投资。在自己分析形成决策的股民中，主要通过技术分析选择股票的股民要多于主要通过基本面分析把握趋势的股民。

2011 年，盈利的股民仅为 22.05％，亏损的占 77.94％。其中，盈利 30％以上的股民占 2.65％，而亏损 30％以上的股民占 22.04％，亏损 50％以上的股民占 11.40％。而 2010 年出现亏损的股民占参与调查股民的 48.49％，2011 年亏损的股民比 2010 年增加了 29.45％。

62.05％的股民认同是市场内幕交易太多导致中小股民遭受损失，50.55％的股民选择了是对市场和公司的基本面把握不够准确所致，而 48.46％的股民选择了是上市公司信息披露不及时、不充分造成的，另有 46.19％的股民选择了是对宏观经济变化趋势和国家政策把握不清所致。

从入市时间与盈利的关系来看，新股民亏损比例最高。2001～2005 年入市的股民中盈利的比例最高，占比为 30.17％。而 2009 年之后入市的股民亏损比例日渐增高，2011 年的新入市股民中亏损的占比达到了 86.32％。

令人深思的是，2011 年，持股时间越短，股民的损失就越少。股民中持股时间越短的股民盈利占比越高，平均一周换手一次或更短的股民中盈利的比例占 28.57％，投资周期在 1 个月左右的股民盈利比例为 27.97％，而股民 1～3 个月换手一次的股民中盈利的人数占 22.72％，平均投资周期在 6 个月以上的股民盈利比例最低，仅占调查总数的 10.16％。

股市下跌后，有 51.81％的股民没有止损计划，同时在设置止损的股民中，仅有 3.03％的股民会严格执行止损计划，说明股民的止损理念不强。

央视采访你幸福吗：股民笑说股市下跌

9 月 29 日，中央电视台《新闻联播》播出了喜迎党的十八大走基层·百姓心声假日调查"你幸福吗"，其中调查了一位在天津曙光市场做买卖的个体商户，央视记者问：你幸福吗？

这位年轻商户说（原话）："每天上班挺好的，不是幸福吗，挣钱，就是股市股票有点跌，对不对啊？"他说完不好意思地哈哈笑，看电视的观众也不禁会意一笑。

你幸福吗，就是股市股票有点跌

（李几招摄影）

中国证监会力挺蓝筹股　为期 3 个月回报投资者

面对蓝筹股的低迷，6 月 12 日，中国证监会发布《近期投资者关注热点 50 问（三）》，大力倡导投资蓝筹股。

证监会解释说，倡导投资蓝筹股，实际上倡导的是投资理念，不是简单的针对哪一只股票。建议广大投资者坚守大局观，秉持从容心，建立自己的价值投资理念，寻找有价值的蓝筹股。

5～8 月，股市持续低迷、股民悲观失望，9 月初，中国证监会投资者保护局下发了《关于深入开展"积极回报投资者"主题宣传活动的通知》，要求各证监局围绕"积极回报投资者"，展开为期 3 个月的主题宣传活动，要求各证监局要把"回报"等市场的真实情况告诉投资者，帮助投资者了解股息率、复利等分析上市公司基本面的指标和概念，解疑释惑，持续营造理性投资、价值投资、长期投资的舆论环境。

百万资金炒股者寥寥无几

2012 年，中国证券登记结算公司统计数据显示，A 股 98％散户持流通市值不超过 50 万元，超过 100 万元的只占 0.89%，1000 万元以上的只有 17000 余户。

A 股自然人持仓账户数约为 5600 万元，其中流通市值 1 万元以下的账户占比 35.67%；市值 1 万～10 万元的账户占比 49.16%；市值 10 万～50 万元的账户占比 12.67%；市值 50 万～100 万元的账户占比 1.51%；市值 100 万～500 万元的账户 49 万个，占比 0.89%；市值 500 万～1000 万元的账户 35564 个，占比 0.06%；1000 万元以上的账户 17987 个；1 亿元以上的 826 个。

可见，流通市值在 10 万元以下的账户占比高达 85%，而大资金客户人数出现明显下滑，持有流通市值在 100 万元以上的比重还不到 1%。

深交所认为中小股民整体呈现投机倾向

4 月下旬，深交所发布了《深市投资者结构与行为的分析》。该分析指出，截至 2011 年 12 月 30 日，深市投资者累计开户总数超过 8000 万户，参加过交易的投资者户数超过 2800 万户。2011 年深市 A 股个人投资者的持股户数占比为 99.83%，其中资金规模较小的中小散户的户数占比较高。2007～2011 年，个人投资者交易金额占比仍较高，超过八成以上。2011 年个人投资者资金周转率为 6.35%，高于机构投资者资金周转率水平 4 倍以上，但是低于 2009 年资金周转率水平。个人投资者中，资金少的投资者交易频繁程度更高，远高于资金大的投资者，其资金周转率是资金大的投资者资金周转率的近 2 倍。

新股发行失败卷土重来

贵阳朗玛信息技术股份有限公司的主营业务为社区性语音增值业务，主要产品为电话对对碰。1 月 11 日，朗玛信息结束询价，结果参与询价的机构仅有 18 家，不足法定的 20 家，由此中止发行新股。

随即朗玛信息卷土重来。1 月 31 日，朗玛信息宣布重新启动 1340 万股的新股发行，但是迫于压力，其发行价格下调为 22.44 元/股（上次价格下限为 34.58 元/股）。

2 月 8 日，朗玛信息网上定价发行 A 股 1072 万股，中签率为 2.2951763828%，超额认购倍数 44 倍。可见，股民们还是积极申购。

2月16日，朗玛信息上市，当日上升82.53％，2月20日竟然涨停。之后又连续上升。

5月4日，江阴海达橡塑股份有限公司因提供有效申报的询价机构不足20家，也中止发行。这是第三只因报价不足20家而被迫中止发行的新股。5月18～21日，该股重新启动了询价。

2011年八菱科技也因询价的机构不足20家，由此中止发行新股。但是之后八凌科技再次启动发行新股成功上市。

中国股市创立以来，因为各种原因彻底停止或暂缓发行新股。包括1999年海南凯立，2000年通海高科，2009年立立电子，2010年宁波恒久、高德红外、星网锐捷、新大新材，2010年胜景山河，2011年八凌科技。

冠华股份卷土重来二次申请发行新股再次被否决

2月8日，冠华股份卷土重来二次上会申请发行新股。《每日经济新闻》发表了张冬晴根据线人举报揭露冠华股份第二次上会的违规问题。

早在2010年6月23日，冠华股份首次上会就被否，其原因是，2010年6月23日举行的第96次发审会上，冠华股份因2008年经营模式发生重大变化且其后经营时间较短，无法判断公司持续盈利能力等主要问题与《首次公开发行股票并上市管理办法》（证监会令第32号）第三十条、第三十七条的规定不符。此外，冠华股份上市之前凌薏投资等10家股东突击入股也是被否的不便公开的原因。

2010年的招股书透露：2007年10月10日，冠华股份筹划上市前，曾以每股3.11元的价格增资扩股引进10家股东，其中凌薏投资出资324.89万元，占增资后总股本的6.13％；焦庆科技出资98.10万元，占增资后总股本的1.88％；宏颂不锈钢出资98万元，占增资后总股本的1.88％；柳飞五金出资30万元，占增资后总股本的0.57％；其余参与增资股东为东浦投资等公司。

凌薏投资为季玉芳个人独资、焦庆科技法人代表为焦庆龙、宏颂不锈钢法人代表为吴江、柳飞五金为仇柳飞个人独资，发行前各股东之间不存在关联关系。

2012年2月3日，冠华股份披露了新版的招股书，其显示：凌薏投资当时的实际控制人季玉芳为发行人董事长兼实际控制人黄华峰的岳母；焦庆科技当时的实际控制人奚俊为发行人财务总监奚兴昌的女儿；宏颂不锈钢当时的实际控制人吴江（持股 60%）为发行人董事会秘书兼副总经理吴美的堂弟，吴娟（持股 40%）为吴美的姐姐，吴娟未参与宏颂不锈钢的经营管理；柳飞五金当时的实际控制人仇柳飞为发行人董事兼副总经理方文斌的外甥。

可见，这是一个家族公司，发行人、实际控制人、董事和高管存在重大关联关系。但是，原来的招股书中却隐瞒了这些重大关联关系信息。

2012 年的招股书透露，10 家股东增资入股被清理了，由此清除了这些重大关联关系。当时由发行人董事会秘书兼副总经理吴美的堂弟吴江、姐姐吴美共同持有的宏颂不锈钢已全部转股给苏美丽、戴伟平。发行人董事长兼实际控制人黄华峰岳母季玉芳个人独资的凌薏投资变更为袁海燕。发行人财务总监奚兴昌女儿奚俊旗下的焦庆科技将股权全部转给毛菊芳和陆明德。

股权虽然清理干净了，可是具有重大关联关系的凌薏投资等 10 家公司突击入股的问题，却存在重大遗漏信息问题。

按照《首次公开发行股票并上市管理办法》第六十四条的有关规定，除依照《证券法》的有关规定处罚外，证监会将终止审核并在 36 个月内不受理发行人的股票发行申请。

可见，冠华股份仍处于 36 个月的不受理期，但是 2012 年 2 月 8 日却再次上会，这属于重大违规行为。

冠华股份违规二次上会引起了证监会的重视。2 月 8 日晚，中国证监会披露了当天发审委 2012 年第 22 次会议审核信息，结果冠华股份没有通过，再次被否。

重庆川仪卖壳之后欲开再度上市先河

6 月，中国证监会公布了重庆川仪自动化股份有限公司招股说明书，该公司曾经于 1996 年 8 月 30 日在深交所上市，1997 年、1998 年连续亏损，1999 年被 ST 特别处理，之后进行过资产重组和股权转让，公司先后更名为重庆华立控股股份有限公司、重庆华立药业股份有限公司、重庆华智控股股份有限公司、浙江华智控股股份有限公司。

已经是面目全非的重庆川仪现在又要卷土重来，在上交所发行新股并上市。招股书称，1999～2011 年，净利润逐年增加，由 1999 年的亏损 3900 万元到 2011 年的盈利 1.76 亿元。目前，公司是国内最大的综合性自动化仪表生产企业，控股股东为四联集团，持有 1.43 亿股，占发行前总股本的 48.34%。

重庆市国资委持有四联集团 100％的股权，为公司的实际控制人。

重庆川仪卖壳后再次申请 IPO，这是第一例，令人质疑。

新股上市首次提示炒新风险　洛阳钼业暴涨 220％

4 月 11 日，隆基股份在沪市上市，该公司第一个带头有特别提示，即"本公司股票将在上海证券交易所上市。相关统计显示，2009～2011 年，日均持有市值 10 万元以下的中小投资者，在沪市新股上市 10 个交易日内买入的，亏损账户数过半，尤其是在上市首日因盘中价格涨幅过大被临时停牌的新股交易中，股价大幅拉升阶段追高买入的，亏损账户数超过 90％。本公司提醒投资者应充分了解股票市场风险及本公司披露的风险因素，在新股上市初期切忌盲目跟风'炒新'，应当审慎决策、理性投资。"结果，该股当日下跌了 5.95％。

近几年，有不少新股上市当天就跌破发行价的，例如，2004 年，苏泊尔和美欣达上市，打破了新股不败的神话，两家公司上市首日分别下跌 8.27％和 9％。2010 年、2011 年新股上市首日破发比例分别为 7％、30％。2012 年，上市首日下跌的有，加加食品下跌 26.33％，裕兴股份下跌 16.50％，慈星股份下跌 13.66，江南嘉捷下跌 11.37％等。

2012 年，新股首日暴涨上升的有：隆鑫通用暴涨 103.04％，蓝盾股份暴涨 93.63％，吉视传媒暴涨 87.43％，朗玛信息上升 82.53％，中科金财 82.09％，吴通通讯 69.25％，荣科科技上升 57.70％等。

2 月 15 日，中国交建开始申购，确定发行价格为 5.4 元/股，发行市盈率为 7.68 倍，是 2009 年新股发行市盈率最低的。网上申购户数近 50 万户，冻结资金超过 1700 亿元，网上中签率为 1.28％。

中国交建此次发行采取换股吸收合并路桥建设的方式，其换股比例确定为 2.69：1，即在本次换股吸收合并中每股路桥建设股票可以换取 2.69 股中国交建 A 股股票。

中国交建网上和网下发行时，战略投资者认购了 1.85 亿股。网上发行 4.13 亿股，网下发行 2.25 亿股。结果 3 家联席主承销商中银国际、国泰君安和中信证券共动用资金 5.5 亿元包销了约 1.02 亿股。这是自 2005 年实施 IPO 询价制度以来首次出现主承销商包销的情况。

3 月 9 日，中国交建上市，当日上升了 23.33％，但是之后就一路下跌。

9 月 21 日，洛阳钼业公告发行新股，股市闻讯下跌，9 月 26 日沪指跌破了 2000 点，生不逢时的洛阳钼业申报价格都在 6 元以上，南方广利回报债券型证券投资基金申报价格甚至达到了 9 元。但是，沪指跌破 2000 点后，管理层考虑到股市必须稳定，因此，洛阳钼业的发行价在监管层"干预"下，确定为 3 元。10 月 9 日，该股上市，开盘大涨 190%，盘中因换手率达 80%，被上交所临时停牌至 14 点 55 分，收盘该股为 9.63 元，暴涨 221%，为 2010 年以来新股首日上市暴涨第一名。第二天，该股继续涨停。

总体看，新股上市当天就上升的占 70%，所以股民申购新股，如果中签了，当天就卖肯定赚钱。

所以，作者总结：新股不申白不申（没有手续费等），白申新股谁不申（没有中签退回原款），申了新股也许不白申（万一中签），新股赚钱下次还得申（新股上市暴涨就赚钱）。

南大光电：未上市就变脸　业绩下滑股价上升

南大光电发行价 66 元创造了 2012 年发行价最高的奇迹，但是更为离奇的是，8 月 3 日，南大光电上市前夜，即曝出公司 2012 年 1～9 月的净利润为 8200 万～9600 万元，相比 2011 年 1～9 月净利润 15925.65 万元，同比下滑约 40%。南大光电业绩"变脸"之快，也没有在招股说明书中做出风险提示，令股民震惊愤怒。

尽管该股业绩下滑，可是 8 月 7 日，南大光电首日上市，以 81.7 元高开，收盘 81.82 元，上升了 23.97%。可见，中国股市的炒作特征。

人民网 8.55 亿元募集资金闲置　复旦大学学生犀利提问

4 月 5 日，人民网刊登招股书开始发行股票，此次发行了 6910.57 万股，发行后总股本为 2.76 亿股，股票发行价 20 元/股，对应市盈率 46.13 倍，较行业平均市盈率溢价 5.15%，最后人民网募集的资金达 13.82 亿元。

值得注意的是，人民网募集资金投资项目的资金需求量为 5.27 亿元，可实际募集资金为 13.82 亿元，超出了 8.55 亿元。这些超募资金，人民网没有明确的使用计划，只能按规定存放于募集资金专户中。

人民网股价开盘报 31.01 元，大涨 55.05%，10 点，该股因较开盘上涨 10%

遭临停。10 点 30 分复牌仅 8 分钟，因换手达 80％再度停牌。14 点 55 分复牌，收盘为 34.72 元，上升 73.6％。仅次于沪市吉视传媒的 87.43％的涨幅。

截至收盘，人民网收报 34.72 元，市盈率达 68 倍，按此计算，人民网的市值高达 95.83 亿元。第二天，人民网涨停，之后又连续上升，令人瞠目结舌。

人民网上市首日，参与爆炒的主要为中小股民，个人账户买入金额占总成交额比例为 97.6％。买入 50 万元以下的账户数 1.1 万个，账户数量占比 95.6％，买入金额占个人账户买入总额的比例为 34.5％。买入金额超过 500 万元的账户仅 33 个，账户数量占比 0.3％，买入金额占个人账户买入总额的比例为 23.5％。上交所对人民网首日交易中出现新股异常交易行为的几个

人民日报社社长张研农在上市仪式上致辞，
央视《新闻联播》专门予以报道
（上图为蒋阳摄影，下图为李几招摄影）

股民，及时采取了警示措施，向相关投资者所在营业部发出了警示函，并对存在严重异常交易行为且经提醒仍不改正的"赖某某"、"楼某"等 4 个账户，及时采取了盘中暂停当日交易措施。

人民网股票遭爆炒被 2 次停牌（李几招提供）

5 月 17 日，上交所对外发布新闻稿称，已对人民网、翠微股份和怡球资源等新股交易中出现的异常交易行为账户予以口头或书面警示，同时对多个账户采取了盘中暂停当日交易的处罚措施，并有若干账户被限制交易 3 个月。

4 月 26 日，《人民日报》领导借人民网上市的机会，专程到复旦大学进行了"《人民日报》校园行——复旦大学之行"活动。人民日报社社长张研农、

副总编辑谢国明、人民网总裁兼总编辑廖玒等率人民日报社一些编辑记者走进复旦大学，与复旦学子现场交流对话。

张研农就人民网上市问题说，没想到在当前股市低迷的情况下，人民网却申购踊跃，效果很好。后来按规则定在20～22.5元，为了让利于民，最终人民网取消了下限。

人民日报社社长张研农做演讲说股价定20元是让利股民（任望摄影）

在对话环节，有学生问：究竟是什么能让人民网先于新华网上市，而上市之后究竟是靠什么来回馈股民，所以说，我想知道人民网为什么上市？

人民网总裁兼总编辑廖玒回答说，人民网能够上市，三句话，政策好、天帮忙、人努力。我们本来发行价是20～22.5元，但是我们报社领导张社长本着一句话，叫做宁低勿高，让利于民。我们按照20元发行。差这个2.5元，对于人民网来说，这一次少募集资金1.8亿元，但是我们还是想着眼于长远，人民网应该带一个好头。整个人民网发行，我说是两个第一，两个百里挑一。两个第一是，人民网是中国第一家上市的新闻网站，是中国媒体第一家整体上市的。两个百里挑一是，我们网下申购，机构买股票是1.7%。网上，就是老百姓买我们股票的中签率是1.5%。100个人1.5个中。我们感觉其实不管机构还是股民，不仅仅是对人民网的一个肯定、一个信任，更多的可能是对我们后面大股东——《人民日报》的信任，是对中国文化体制改革整个方向的一个信任。所以对于我们一家即将上市的公司来讲，担子也很重，压力也很大，希望大家多多支持。

"《人民日报》校园行系列活动——复旦大学之行"会议现场（任望摄影）

还有学生问：人民网上市后，我了解到《人民日报》股份占60%以上，其余比较多的都是国资的一些企业。这一次上市是一种姿态，这是服务于打通民间和官方两个舆论场的任务，还是更多允许多元资本的进入，通过这个多元资本进入文化产业，能推动我们国家文化体制的进一步改革吗？

人民网总裁兼总编辑廖玒回答说，你说的这个数据可能不太准确，人民网上市后，《人民日报》占 47％左右，《环球时报》大概占 8％。我们目前 15 家股东，包括《人民日报》、《环球时报》、《中国汽车报》、《京华时报》，还有上海的 SMG 和北广传媒，以及中国移动、中国电信、中国联通、中国石化，目前看都是央企，但是上市之后，如果大家能买到股票，也就成为人民网股东了。上市之后对于人民网而言，包括我理解文化体制改革，也是希望人民网借力资本市场进一步完善它的体制机制，进一步激发它的活力。

浙江世宝微股票发行　居然暴涨 626.7％

　　10 月 26 日，新股浙江世宝开始申购，该公司专业从事汽车转向器的生产，三大业务分别是用于商用车的液压助力循环球转向器、用于乘用车的液压助力齿轮齿条转向器、转向节。

　　浙江世宝是 H 股回归 A 股，发行量为 1500 万股，发行价为 2.58 元，募集资金 3870 万元，较其募资计划 5.1 亿元缩水九成多。浙江世宝 2.58 元的发行价，比创下 2010 年全球最大 IPO 的中国农业银行还要低 0.1 元。2009 年 IPO 重启之后，募资规模最小的新股是 2011 年上市的创业板新股东宝生物，总共发行了 1900 万股，募集资金 1.71 亿元。此次浙江世宝缩股降价发行，是 2009 年 IPO 重启以来，发行价最低的 A 股。可谓是微股票。

　　由于该股票盘子小，只有 1500 万股；股价低，仅为 2.58 元；发行市盈率低，为 7.17 倍；认购倍数高，网下达到 714 倍，网上为 742 倍，网上中签率低，仅为 0.13％，创 A 股 3 年新低，网上冻结资金 100 亿元。所以，许多机构和股民都预测该股价格可能翻番为 3～6 元。

　　为防止爆炒浙江世宝，11 月 1 日，深交所有关负责人在该股上市前一日表示，不希望洛阳钼业遭遇爆炒的一幕在浙江世宝重演。已经要求浙江世宝在上市前做好风险提示工作，特别要求公司补充披露业绩下滑及募集资金不到位的风险，并对坏账准备计提比例逐年下降做

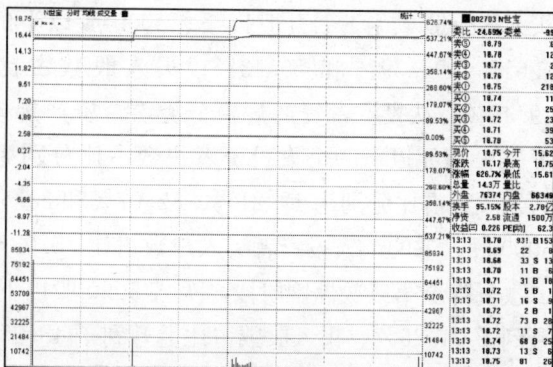

浙江世宝首日上市暴涨 505％（李几招提供）

出说明，希望广大投资者理性投资。该负责人特别指出，市场主体的自律也非常关键。如果市场主体的行为没有任何底线，制度设计再完美，监管措施再严格，也无济于事。希望市场各方一起努力，维护市场的有序运行，把市场化改革持续稳步地推向前进。

该公司也发出警告说，预计全年净利润将同比下降 27.35%～30.89%，同时称，公司本次募集资金净额仅有 2971 万元，而公司的 3 个拟投资项目预计总投资金额为 8.44 亿元，可见募集资金的缺口非常大。此外，截至 9 月 30 日，公司现金只有 3500 万元，欠银行的长短期贷款合计却达 1.97 亿元，可见，该公司的前景并不乐观。

11 月 2 日，该股票上市，结果令人吃惊，开盘 15.62 元，暴涨 505%，因为换手率超过 50%，被深交所临时停牌。上午 10:30 复牌后，该股再因涨幅超过 10% 遭临停。午后复牌后继续大涨，第三度被临时停牌。最后收盘暴涨了 626.74%，报 18.75 元，换手率达 95.15%。创新股上市首日最大涨幅等多项纪录。

可是在中国香港，该股价曾一度大跌逾 4%，截至收盘，报 2.68 港元，跌幅 3.60%。

从收盘后公布的龙虎榜数据来看，两家机构席位分别卖出 5288 万元及 5106 万元，分列该股卖出榜第二、三位；而卖出榜第一位的国金证券北京金融街营业部则为 5916 万元，3 个席位卖出金额合计 1.63 亿元，占该股总成交额的 68%，可见网下申购获配 3 家机构均已平仓。深交所数据显示，中小股民是浙江世宝首日买入的主力，全日个人投资者买入股数占比 99.86%，基金等专业机构首日未买入，仅有 7 家一般机构少量买入，买入股数占比 0.14%。全日买入的账户共 5581 个，分布在 2657 个营业部。从买入成交股数分类看，买入 5 万股以上、1 万股以下、5000 股以下的个人投资者户数占比分别为 0.61%、94.59% 和 89.43%；买入股数占比分别为 23.66%、42.70% 和 29.44%。从投资者资产规模分类看，资产规模在 500 万元以上、50 万元以下、10 万元以下的个人投资者户数占比分别为 0.66%、90.90% 和 62.95%；买入股数占比分别为 12.21%、52.07% 和 20.40%。开盘集合竞价阶段，买入 5000 股以下的个人投资者买入户数占比 75.08%，买入股数占比 13.47%；第二次复牌至第三次停牌阶段，买入 5000 股以下的个人投资者买入户数占比上升到了 94.26%，买入股数占比上升到了 48.95%。

深交所有关负责人盘后再次重申，鉴于浙江世宝市盈率高达 52 倍，交易所督促上市公司及时发布公告进一步警示风险，提醒投资者理性投资，防止盲目追高炒新。

浙江世宝此番表演，创下A股历史上多项纪录：

（1）IPO募资缩水较原计划缩水超过90％。

（2）最快上市日期，浙江世宝10月30日完成发行工作后，11月2日便登陆A股市场。

（3）涨幅第一。

（4）最短停牌纪录，浙江世宝开盘后1秒内便因触及换手率超过50％的条件而被临时停牌。

（5）业绩很差，还能发行新股。

（6）深交所和该公司首次对未上市的新股发出警告，结果还是暴涨。

（7）炒股者大胆挑战管理层抑制炒作新股的规定底线，尤其是郭树清上任以来反复告诫不要炒新，沪深两所也纷纷出台抑制新股炒作的规则，可是股民还是越来越疯狂。

（8）更令人关注的纪录是：由于许多大机构（QFII、社保基金、券商、保险公司、信托公司、基金）没有申购该股，所以该公司前十大股东仅有7位，包括吴巧丽在内的10497位中小股民，因中签500股，合计起来，居然位于第7位，进入了该公司前十大股东。

前十大股东依次为：浙江世宝控股集团有限公司、张世权、兵工财务有限责任公司、国都证券有限责任公司、长城人寿保险股份有限公司自有资金、海通证券股份有限公司客户信用交易担保证券、吴巧丽等10497位。第八位、第九位和第十位空缺。

有中签的股民说，这辈子能进一次前十大股东，知足了。这些中签的股民如果在18元左右卖出，就轻松获利9000元左右。

11月5日周一，首日遭爆炒的浙江世宝开盘即跌停，但是在短短十分钟之后，又打开了跌停，其股价直线拉升，最高价位到18.74元。之后就一路下跌，在临收盘前20分钟左右，浙江世宝再次被砸至跌停板，公司收盘股价报16.88元。

11月5日盘后的资金流向表明，当天主力资金的特大单和大单资金净流出金额分别为947.77万元和2298.23万元，而散户资金净流入3720.84万元。

11月6日，该股价低开，下午开盘，在巨大抛盘的压力下，该股价跌停，报收15.19元。11月30日，该股价跌到最低价11.35元，之后再次大幅反弹，到12月底，该股价收盘16.53元。

机构申购新股谨慎小心

2011 年至 2012 年初，由于部分新股上市首日就纷纷跌破发行价，机构的新股询价的积极性受挫。

2011 年 11 月 1 日至 2012 年 1 月 31 日，有 40 只新股发行，包括 24 只中小板新股、12 只创业板新股和 4 只沪市新股。

共有 156 家机构参与了这 40 只新股的询价，占 285 家询价机构总数的 55.74%，有 129 家机构连续 3 个月未参与新股询价，占比达到 45.26%；不参与创业板询价的机构达到了 65.26%。在 285 家询价机构中，连续 3 个月，仅有不足 99 家参与了创业板新股的询价。

在基金公司方面，连续 3 个月没有参与创业板新股询价的公司达到了 19 家，占有询价资格基金公司总数的 30% 以上；连续 3 个月未参加所有新股询价的基金公司有 3 家，都是小基金公司。

未参与询价比例最高的机构是合格境外机构投资者（QFII），达到了 92.11%，38 家机构中只有 3 家机构参与过询价。QFII 一年多以来只参与过不到 50 次新股询价。

29 家信托公司和 30 家财务公司，也连续 3 个月未参与新股询价，占比分别为 69.05% 和 68.18%。

27 家券商和 5 家保险机构也连续 3 个月未参与新股询价，占比分别为 31.4% 和 38.46%。

此外，有 186 家、156 家和 148 家机构连续 3 个月没有参与创业板、中小板和沪市新股的询价，占比分别达到了 65.26%、54.74% 和 51.93%，未参与创业板询价机构比例最高，已经接近询价机构总数的 2/3。

有 42 家机构参与了沪市新股询价而没有参与创业板的新股询价；有 19 家机构参与了中小板或创业板的新股询价，而连续 3 个月没有参与沪市大盘股的新股询价。

此外，机构申购新股的积极性也有下降。百隆东方发行时，按下限 13.6 元/股申购，网下初步配售比例竟然高达 48.39%，如果按上限 15 元发行的话，很可能就发行失败，最后经回拨后，网下和网上中签率达 29% 和 6.33%。类似的还有华东重机，网下中签率为 21.46%。结果这 2 只股票上市当日就分别下跌了 9.34% 和 9.11%。

但是总体看，机构还是热情参与新股发行的。例如，深市改革后发行的18只新股，平均每只股票获得118家配售对象的报价，较改革前的70家提高了69%；每家配售对象的平均报价申购数量增至650万股，较改革前的378万股增加了72%。全流通前，新股的网下中签率为21.97%；全流通后，经过回拨，机构网下中签率平均下降到7.67%。

第一批全流通新股上市　当日有机构跑路甩卖也有机构大胆买入

沪深两所原来规定，新股上市日起3个月，网下配售股票才可以上市流通。从2012年5月23日起，沪深两所规定网下配售的股票当天就可以上市流通，此举意在增加流通量抑制爆炒新股。在深交所上市的浙江美大网下累计发行1500万股，东诚生化网下发行810万股，顺威股份网下发行1200万股。2012年5月25日，浙江美大、东诚生化、顺威股份3只新股上市当天，就不受限制全部可以上市流通了。

上市当天，浙江美大收盘上涨16.88%，东诚生化收盘上涨10%，顺威股份收盘下跌2.72%。为此机构和散户夺路而逃，抛压沉重。

从上市当日全流通的情况看，浙江美大的5个机构席位合计卖出1.09亿元，占该股当天4.5亿元成交额的24.22%；顺威股份的4个机构席位合计卖出0.42亿元，占该股当天2.4亿元成交额的17.5%；东诚生化的3个机构席位合计卖出1.42亿元，占该股当天6.2亿元成交额的22.9%。

5月29日，沪市首只全流通股票华贸物流上市，排位前几名大机构纷纷卖出，第一席卖出金额高达3017万元；第二席是国泰君安资产管理部，卖出1073万元；第三席的卖出金额为1066万元。

由于大资金纷纷出逃，该股换手率一度触碰到80%而停牌。华贸物流收盘报8.06元，上涨20.87%。

可见，新股上市当日全流通后，机构都是跑路甩卖。同时新股全流通上市，对"新股不败"的爆炒起到一定的抑制作用。

这4只股票配售股不受限制，当日全部可以上市流通，由此成为全流通的首批股票。

6月1日，第二批全流通上市的德威新材、华灿光电与海达股份，机构、基金、主力继续跑路。

新股全流通后，第一批和第二批跑路的卖出席位前5名中，机构占27席，占比高达近 70%，大多卖出金额都在 1000 万元以上。之后，又先后有中国汽研等新股遭机构的疯狂抛售后当日破发。

新股上市全流通后，首日平均涨幅由 25% 降至 9%；深市全流通后上市的 12 只新股，网下配售机构首日卖出比例平均为 52.41%，首日后 10 个交易日内卖出比例为 10.67%，合计卖出比例 63.08%。

虽然有机构卖出，但是机构买入的比例高于卖出的比例。深市全流通后上市的 12 只新股，上市首日机构投资者买入比例平均为 1.58%，高于全流通前的 1.08%。首日后的 10 个交易日，机构投资者买入比例平均为 2.32%，略高于全流通前的 1.85%。这不免令人深思。

此外，全流通后，深市发行的 18 只新股发行市盈率平均为 30.61 倍，仅高于行业市盈率 4.23%，显著低于全流通前的 22.56%；全流通后每只新股平均超募资金为 1.34 亿元，较全流通前的 2.17 亿元下降了 38%。

深市全流通后上市的 12 只新股，平均开盘、收盘涨幅分别为 7.48%、7.62%，而全流通前新股平均开盘、收盘涨幅则分别为 26.03%、24.15%。12 家公司上市首日有 6 家破发，全流通前 48 家公司上市首日有 7 家公司破发，全流通后的破发比例为 50%，涨跌互现，新股申购风险有所加大。

ST 股票复牌暴涨　持股人一夜暴富

2009 年 3 月 13 日，江苏申龙停牌进行资产重组。资产重组过程中，ST 申龙以每股 3 元的价格增发 A 股股份换股吸收合并海润光伏。海润光伏全部资产、负债、业务和人员借此重组 ST 申龙，实现了借壳整体上市。

2012 年 1 月 6 日，该公司发布 2011 年业绩快报称预计实现盈利，其中归属于上市公司股东的净利润 40678.99 万元。

2 月 17 日，ST 申龙资产重组成功后在上海证券交易所恢复上市交易，由于复牌不设涨跌幅限制，该股开盘立刻暴涨 349.6%，最高暴涨 350%，最后报收 10.74 元，对比停牌前的收盘价上涨 286%。让三年套牢的股民一朝解套获利。

比如，停牌前，广州股民汪六生持有 ST 申龙 199 万股，广州股民谢林生持有 87 万股，分别占流通股股本的 0.77% 和 0.34%。他们俩的持股成本估价是 5~6 元。此次 ST 申龙复牌，粗略估算他们俩的账面浮盈达到 1000 万元以上。

10月19日，华数传媒借壳*ST嘉瑞（停牌长达6年）上市，开盘报12元，大幅高开500％。截至收盘，华数传媒报14.42元，大涨621％，盘中2次被停牌。历史上日涨幅前两名的是原ST棱光和ST仁和。

《理财周报》发布证券分析师水平分析报告

2月6日，《理财周报》中国分析师实验室发布了对1293名证券分析师水平的分析。该分析报告共采集了证券分析师对2011年中国股市的1986家上市公司的105594份研究市场报告，包含了15897份宏观研究报告和策略研究报告以及89697份个股研究报告和行业研究报告。

中国分析师实验室的分析结果显示，2011年市场上的个股和行业报告共有86967份，涉及25个大行业。给予最高级的"强烈推荐"和"买入"评级的报告共计28064份，占比32.27％；而给予"卖出"、"回避"、"减持"建议的报告仅为212份，占比0.24％。事实证明，2011年上证指数全年跌幅达21.68％，而25个行业的平均跌幅约为27.88％。其中，机械设备、交运设备、家用电器的板块跌幅超过35％，成为下跌最严重的三大行业。可见分析师对行业的判断失误。

2011年预测偏离度超过20％以上的报告共有25454份，约占报告总数的29.27％；预测偏离度超过100％的报告共有404份，约占0.46％。在食品饮料、通信设备和计算机设备业中，预测偏离度高的研究报告占比高达86.21％、85.59％和84.55％。

最不靠谱研究报告排行榜前14名

推荐买入股票	分析师	目标价（元）	2011年底收盘价（元）	实际跌幅（％）
博云新材	江海证券王炳楠	73.60	12.80	98.26
奥克股份	华泰联合王海生	86.00	15.50	81.98
立思辰	安信证券侯利	50.00	9.57	80.86
机器人	安信证券张仲杰	90.30	17.73	80.37
同方股份	华创证券高利	43.00	8.80	79.53
青岛海尔	安信证券赵志成	38.00	8.93	76.50
卧龙电气	华泰联合王海生	21.00	5.05	75.95
海南航空	广发证券杨志清	16.55	4.48	72.93

续表

推荐买入股票	分析师	目标价（元）	2011年底收盘价（元）	实际跌幅（%）
中国重工	光大证券陆洲	18.00	5.11	71.61
中国太保	国都证券邓婷	66.00	19.21	70.89
天威保变	华泰联合王海生	35.00	11.18	68.06
乐山电力	华泰联合王海生	26.00	8.31	68.04
京东方A	中航证券薄小明	4.60	1.71	62.83
中国农业银行	齐鲁证券程娇翼	3.39	2.62	22.71

分析师重大误判榜前100名

研究员	所在公司	总研究报告（份）	重大误判（%）
郑媛	中银国际	10	100.00
安鹏	长江证券	10	100.00
赵梅玲	安信证券	11	100.00
易欢欢	国金证券	11	100.00
王鹏	瑞银证券	11	100.00
谭志勇	安信证券	12	100.00
密叶舟	瑞银证券	17	100.00
张露	群益证券	18	100.00
王书伟	安信证券	18	100.00
彭子姮	瑞银证券	18	100.00
黎莹	群益证券	20	100.00
王席鑫	光大证券	22	100.00
李博	瑞银证券	22	100.00
符健	光大证券	22	100.00
徐鹏	高华证券	23	100.00
黄立图	广发证券	25	100.00
胡嘉铭	群益证券	26	100.00
张力扬	光大证券	43	97.67
崔玉芹	光大证券	41	97.56
陈浩武	光大证券	66	96.97
葛峥	广发证券	28	96.43
魏萌	中航证券	27	96.30

续表

研究员	所在公司	总研究报告（份）	重大误判（%）
马宁	高华证券	27	96.30
李秋实	国泰君安	27	96.30
史萍	民生证券	26	96.15
徐胜利	安信证券	24	95.83
钱风奇	高华证券	90	95.56
韩永	高华证券	105	95.24
邹敏	安信证券	37	94.59
赵琳	瑞银证券	18	94.44
黄付生	中信建投	17	94.12
蒲世林	海通证券	16	93.75
石磊	光大证券	15	93.33
陈国喜	瑞银证券	14	92.86
刘韧	中信建投	14	92.86
涂羚波	民族证券	69	92.75
张绍坤	中航证券	68	92.65
崔娟	民族证券	68	92.65
吕娟	国泰君安	66	92.42
刘晓峰	民族证券	66	92.42
陆天	高华证券	13	92.31
任静	国泰君安	26	92.31
吕江峰	中信建投	26	92.31
关健鑫	民族证券	26	92.31
王飞	广发证券	113	92.04
廖绪发	高华证券	113	92.04
张丽华	民族证券	37	91.89
刘荟	群益证券	12	91.67
李铁	安信证券	94	91.49
罗樨	中信建投	69	91.30
于娃丽	民族证券	34	91.18
黄文戈	民生证券	11	90.91
花长劲	广发证券	11	90.91

续表

研究员	所在公司	总研究报告（份）	重大误判（%）
陈莹	中信建投	22	90.91
高晓春	中信建投	180	90.56
张帆	中信证券	10	90.00
徐莹	群益证券	10	90.00
赖燊生	群益证券	20	90.00
张驰飞	华泰证券	30	90.00
王莺	民生证券	59	89.83
林海	广发证券	39	89.74
朱佳	中信证券	124	89.52
周家杏	国元证券	19	89.47
熊杰	华泰证券	19	89.47
周诚	高华证券	18	88.89
孙贤兵	高华证券	18	88.89
魏兴耘	国泰君安	151	88.74
康凯	国泰君安	88	88.64
方馨	国泰君安	60	88.33
魏涛2	中信建投	77	88.31
黎韦清	广发证券	17	88.24
江维娜	东方证券	17	88.24
王卓	国泰君安	17	88.24
王凤华	宏源证券	59	88.14
董丁	广发证券	42	88.10
高辉	国泰君安	25	88.00
肖征	广发证券	65	87.69
周刚	高华证券	16	87.50
陈奇	群益证券	16	87.50
徐军平	广发证券	23	86.96
桑永亮	国泰君安	23	86.96
汪前明	光大证券	140	85.00
陈夷华	中信建投	16	81.25
王海生	华泰联合	235	80.43

续表

研究员	所在公司	总研究报告（份）	重大误判（%）
袁浩然	广发证券	105	80.00
戴春荣	中信建投	68	73.53
陈子仪	海通证券	93	72.04
倪晓曼	中银国际	39	71.79
符彩霞	民族证券	140	71.43
亓辰	广发证券	41	70.73
胡文洲	中银国际	134	68.66
王鹏2	中投证券	183	62.30
周思立	东北证券	247	57.09
张镭	中投证券	379	55.94
韩玲	广发证券	268	54.85
银国宏	东兴证券	117	50.43
魏成钢	上海证券	88	50.00
周军	东方证券	167	35.33
王晞	兴业证券	612	33.99
陈亮	华宝证券	113	46.90%

清明节祭奠股市

4月4日清明节，有些股民开车回家扫墓时，不满股市下跌，在高速公路上停车烧纸。警察赶到问其何故。股民说，股市已经死了，我给股市烧纸呢！

清明节期间，网易财经推出了"祭奠股市的专题栏目"。该栏目悲痛地指出，让我们一起祭奠中国股市过去的22年，祭奠我们艰难困苦的炒股生活，祭奠我们亏损的金钱；纪念我们逝去的青春，纪念我们淡忘的梦想，纪念我们还不曾放下的激情和欲望，纪念那些奋然离开这个市场的人们；愿亏损一去不再，愿暴跌举步维艰，愿"圈钱鬼"、"套现鬼"、"造假鬼"、"内幕鬼"、"坑爹鬼"、"跟跌鬼"、"外围皆涨

清明节网易开设专栏祭奠股市（李几招提供）

我独跌鬼"统统成为无人祭祀的"若敖氏之鬼";愿上市公司"洁齐而清明",愿监管层"气清景明",愿投资者生财有道,"万物皆显"。

在 A 股历史上,沪指单日跌幅逾 5% 的交易日有 103 天,跌幅逾 10% 的有 11 天,单日最大跌幅为 1995 年 5 月 23 日的 16.39%。网易财经将单日跌幅超过 5% 的日子,命为"股灾日"。

此外,该栏目统计了 6124 点以来暴跌最多的 20 只股票,见下表:

跌幅排名	证券简称	跌幅（%）	跌幅排名	证券简称	跌幅（%）
1	中国远洋	90.7337	11	上实发展	81.4711
2	中国铝业	88.3934	12	云南铜业	81.4229
3	鞍钢股份	85.6343	13	南山铝业	80.604
4	中海发展	85.2489	14	京东方 A	80.579
5	太平洋	83.8242	15	锌业股份	80.5091
6	西部矿业	83.2603	16	山河智能	80.4942
7	武钢股份	83.2308	17	振华重工	80.4066
8	广济药业	82.4385	18	东方航空	80.3728
9	太钢不锈	81.730	19	中国重汽	80.3643
10	海马汽车	81.5584	20	招商轮船	80.2879

到 2012 年上半年,共有 67 只个股(其中 13 只在 2008 年 6 月 25 日以前上市,54 只在 2008 年 6 月 25 日以后上市)创出近 4 年的新低,这 13 只个股的股价低于 2008 年的 1600 多点的位置。

这些个股中,股价比 2008 年 11 月 4 日(其间沪综指收盘点位最低日)跌幅最大的为合众思壮,跌幅为 71.11%,然后有天原集团、东方日升等 23 只个股期间跌幅均超过 50%。在 13 只 2008 年 6 月 25 日以前上市创新低的个股中,属天威保变跌幅最大,为 28.23%,另有马钢股份、鞍钢股份等 6 只个股跌幅都超过 20%。

股市跌跌不休　证监会表态不停发新股却悄悄停发新股

5 月开始,股市就阴跌不止,2100 点都危在旦夕,此时,各大论坛、股吧、证券营业部,股民都纷纷呼吁暂停新股发行。6 月 28 日,网友谈论校长在天涯论坛发帖号召"千万股民大签名:强烈要求证监会停发新股、停止 IPO!"的活动。

该帖子点击次数超 40 万，回复近 5000 条，绝大部分股民表示支持。

6 月 29 日，中国证监会有关部门负责人表示，新股发行停还是不停是市场博弈的结果，不管是大盘股还是小盘股，它的投资价值应由市场和投资者来判断。

7 月上旬，沪指跌破 2200 点后，市场要求新股停发呼声高涨，对此，7 月 13 日，证监会投资者保护局晚间发

股民要求停发新股（欧阳红摄影）

布文章，回答股民的问题专门强调，新股发行并不会对资金供求产生大的影响。停发新股是一种行政管制行为，从过往的经验看，停发新股也并不能对市场环境有实质性改善。

7 月 16 日周一开盘，沪指暴跌，之后就连续下跌，击破了 2132 点。

7 月下旬，中国证监会副主席姚刚在接受媒体采访时表示，将股指下跌归咎于新股发行的看法在过去就有，现在仍可听到这种担忧。新股发行不是影响股市涨跌的重要因素。

股民利用 9·18 游行之际，打出标语要求拯救股市
（欧阳红摄影）

8 月 3 日，证监会召开新闻通气会，通气会上有关部门负责人表示，部分投资者认为"股市下跌的一个原因是新股发行，建议停发新股"，事实上基本面因素是导致市场走弱的主要因素，停发新股对提振二级市场的作用有限。

到 9 月，股市还是跌跌不休，2000 点保卫战打响，沪深两市的"一元股"出现，分别是*ST 东电、山鹰纸业、马钢股份、TCL 集团、名流置业、京东方 A、四川长虹、山东钢铁、*ST 能山和中国中冶，百元股仅剩贵州茅台、洋河股份，A 股加权平均股价已跌至 6.7 元，较年初下跌逾 10%。

9 月 18 日，各地出现保卫钓鱼岛游行，在游行队伍中，有股民打出要求"拯救股市"的标语。

尽管证监会说不会停止新股发行，可是 11 月 2 日到 2012 年底，新股发行

无声无息地停止了。

阳谷华泰、星辉车模僵尸股 90 分钟无成交

10 月 24 日，阳谷华泰出现持续了 1 小时零 5 分无成交的状况。11 月 26 日，星辉车模开盘后居然无人买卖，价格一直停留在前一交易日收盘价 15.80 元，许多股民以为是停牌了，直到上午 11:06，星辉车模才有了第一笔交易，成交量为 100 股，交易价格为 15.55 元/股。之后 7 分钟，才迎来第二笔交易。下午开盘后，星辉车模两笔成交最长间隔时间为 27 分钟。全天该股成交 538 手，成交金额仅为 84 万元，跌幅为 1.52%。

阳谷华泰出现持续 1 小时零 5 分无成交的状况
（李几招提供）

当天，高盟新材仅成交 339 手，排在成交量低迷首位；群兴玩具成交 392 手，排第二位；排在第三位的宝信软件，成交 469 手；第四位是星辉车模。

星辉车模几乎没有成交量（李几招提供）

第二章 上半年：沪指冲高 **2400** 点后跌破 **2200** 点

一月：郭树清"一跌"股市到底　开门虽绿兔年收盘红

1月4日，沪深两市正式开市迎接 2012 年。元旦期间，外围股市普涨，但是沪深两市至收盘，上证综指与深证成指分别下跌 1.37％和 2.50％，众所期盼的"开门红"没有实现。

在 2011 年 11 月 10 日，刚刚走马上任的证监会主席郭树清在国际金融论坛 2011 全球年会上首次公开亮相。郭树清在此次 20 分钟发言中，对股市只字未提。戴相龙主持会议解释说，全世界的证监会领导人好像都有一个风格，宁静致远，敏于行，而讷于言。但是我相信他该做的还会做，该讲的还会讲。

值得一提的是，郭树清首次出场上台时踩空一级台阶被绊倒，一旁的戴相龙立即上前搀扶。郭树清幽默地说，我刚走上来不平衡摔了一跤，见到老首长太激动了（戴相龙任央行行长时，郭树清为副行长）。

对此，我幽默地对股民说，郭树清主席这一跌，表明股市跌到底了，郭主席弯腰屈腿示意告诉股民要抄底啊。

果然，1月6日，沪指探底 2132.63 点后就开始企稳上升。1月9日，市场传闻中国石化、中国神华、中国联通三大权重股大股东在二级市场进行了增持。中国石化、中国神华、中国联通 3 只股票的总市值分别位列 A 股市场的第五、第六、第二十三位，它们股票占市场权重大，其股票走势，直接影响到大盘。当日，上证指数大涨 2.89％，一举收复了 2200 点。收盘后此消息予以证实。1月9日，中国神华大涨 7.17％，神华集团于当日增持公司 1080 万股 A 股股份；中国石化接控股股东中国石化集团通知，中国石化集团通过上交所交易系统和在香港二级市场分别增持了公司部分 A 股和 H 股；中国联通的控股股东中国联合网络通信集团有限公司通过上交所交易系统增持了公司股份

440.49 万股，占公司股份总额的 0.02%。

之后，股市一发不可收拾，1 月 10 日、17 日沪指大涨。1 月 20 日，是沪深两市兔年最后一个交易日，结果沪指冲上 2300 点，收盘为 2319 点，红盘报收。

1 月沪指最终收在 2319 点，深指收在 861 点，深成指收在 9466 点。月 K 线沪指、深证成指均为小阳线，深证综指为小阴线。

二月：股市震荡上升到 2400 点

2 月 1 日，股市开盘不利，中阴线报收。之后的几天，股市开始反弹到 2300 点上方。2 月 7 日，两市又震荡走低，盘中击破 2300 点整数关口，股票出现普跌格局。

但是从此开始，股市连续上升。到 2 月 22 日，沪指突破 2400 点。2 月 27 日，沪指高达 2478 点，尽管后来有些震荡，但是 2 月的整体表现让很多股民喜笑颜开。上证指数的月度累计涨幅达 5.93%，为 2010 年 11 月以来月涨幅最大。创业板和中小板则分别上升达 13.36% 和 12%。

股民们正在抄底买入股票（李几招摄影）

2 月，几乎所有的个股和板块都实现了突破性上涨，宇顺电子等一些个股的涨幅甚至接近 100%。

2 月沪指最终收在 2428 点，深指收在 956 点，深成指收在 10054 点。月 K 线均为中阳线。

三月：股市"两会"行情冲高回落

3 月 5 日，"两会"召开。股市大体在 2400 点上下震荡，稳步上升，比较平静。3 月 14 日，"两会"闭幕，温总理 10 点 30 分召开记者招待会，他在回答房价问题时称，现在我可以明确地告诉大家，房价还远远没有回到合理价位。因此，调控不能放松。如果放松，将前功尽弃，而且会造成房地产市场的混乱，不利于房地产长期健康和稳定发展。此外，中国证监会要求券商在投资者教育、承销、投资和咨询环节四管齐下，全面防范炒新。要求券商自营和资管业务不要跟风炒新，保荐承销收入、投行部门、保荐代表人提成和奖励不得与超募资金直接挂钩。此外，日本、美国及欧盟针对中国限制稀土出口问题，13 日以违反世界贸易组织（WTO）协议为由向 WTO 提起诉讼。

借助这些信息，再加上冲破 2500 点压力很大，3 月 14 日下午大盘突然瞬间高位跳水，沪指收盘 2391.23 点，跌 64.56 点，跌幅 2.63％；深成指报收 10094.9 点，跌 332.35 点，跌幅 3.19％。

3 月 15 日，消息面传来，中共中央决定张德江同志兼任重庆市委委员、常委、书记；薄熙来同志不再兼任重庆市委书记、常委、委员职务。受此消息影响，重庆板块跌幅居前，中国嘉陵、重庆实业和渝开发跌幅超过 5％，重庆啤酒跌 8.23％领跌。

3 月 16 日、19 日，股市有所好转。但负面消息是，花旗折价一成抛售 5 亿股浦发银行股票；农产品价格上升，特别是全国大葱价格"向钱冲"暴涨达到 80％；地方银行 IPO 提速，仅参股城商行和地方股份行的 A 股上市公司就有 60 家左右；3 月 20 日起成品油价格再度上调等。3 月 20 日，大盘收一根光头光脚中阴线，最终沪指报收 2376.84 点，下跌 33.34 点，2400 点整数关失守。

3 月 28 日，消息面传来国务院副总理王岐山 3 月 27 日在北京考察中关村非上市公司股份转让试点工作。深交所副总经理陈鸿桥表示，未来深交所将加大力度，推动"小而新、生面孔"的企业上市，推进小微型企业的发展。这两条市场扩容的消息导致两市暴跌，沪指收报 2284.88 点，跌 62.30 点，跌幅 2.65％。

股民正在关心"两会"行情（李几招摄影）

此外，"禁止用公款买高档酒"的消息，导致以贵州茅台为首的高端白酒股价应声下跌，其中贵州茅台狂跌 6.37％，也影响了大盘。

之后到月底，大盘还是没有起色，"两会"行情冲高回落结束。

3 月沪指最终收在 2262 点，深指收在 891 点，深成指收在 9410 点。月 K 线均为中阴线。

四月：股市稳步上升 2400 点失而复得

　　清明节过后的 4 月 5 日，沪深两市表现不错，沪指 2300 点失而复得，收盘沪指报 2302.24 点，涨 39.45 点，涨幅 1.74%。之后几天股市慢慢整固。4 月 12 日，在深圳将出台系列重大金融创新的重大利好消息的鼓舞下，深圳本地股全面爆发，带动大盘一路震荡走高，沪指相继突破 20 日线、60 日线后站上半年线，深成指更是大涨逾 2% 重新回到万点上方。收盘沪指报 2350.86 点，涨 41.93 点，涨幅 1.82%，成交量 873.2 亿元；深成指报 10007.7 点，涨 205.33 点，涨幅 2.09%，成交量 781.8 亿元。两市成交量明显放大。做多热情全面爆发，逾 50 只股票涨停。

　　4 月 16 日，"毒胶囊"事件曝光，没有涉及的青海明胶涨停，之后又连续涨停。4 月 17 日，中国证监会主席郭树清参加了 2012 年湖北省资本市场建设工作会议，郭树清表示，资本市场与科技创新、文化创意整合不合理；资本市场与农业、工业对接不好；社会保障基金与资本市场对接不紧密。股市闻讯后技术性调整暴跌，但是 4 月 18 日，金融板块带动大盘走高，大盘展开新一波直线拉升行情，收盘沪指报 2380.85 点，涨 45.86 点。

　　4 月 20 日，大盘再度展开上攻，两市八成个股上扬，超过 20 只个股涨停、券商、金改概念、高铁板块成为推动大盘上涨的主要动力，午后沪指成功收复 2400 点。收盘沪指报 2406.06 点，涨 28.26 点，涨幅 1.19%。

　　4 月 23 日，受创业板退市制度将于 5 月 1 日起正式实施的影响，创业板暴跌重挫近 5%，创业板仅有 5 只股票上升，其余都暴跌。跌停的为 35 个。主板市场也受到拖累震荡盘跌，沪失守 2400 点，收盘沪指报 2388.58 点，跌 18.27 点，跌幅 0.76%，成交量 1094 亿元。深成指报 10076.0 点，跌 54.99 点，跌幅 0.54%，成交量 885.7 亿元。

红马甲紧张关注盘体发展
（李几招摄影）

　　4 月 24 日，股市稳住。4 月 25 日，沪指再次收复 2400 点，之后股市在 2400 点左右小幅震荡。

　　4 月 27 日，人民网在上交所挂牌上市，10 点，该股因较开盘上涨 10% 遭临停。10 点 30 分复牌仅 8 分钟，因换手达 80％再度停牌。14 点 55 分复牌，收盘为 34.72 元，上升 73.6％。第二天，人民网涨停，令人瞠目结舌，由此带动股市小幅上升。

4 月沪指最终收在 2396 点，深指收在 940 点，深成指收在 10180 点。月 K 线均为小阳线。

五月：股市冲高回落跌破 2400 点

5 月 2 日，受到"五一"期间出台的多重利好消息影响（A 股交易费用 6 月 1 日起降低 25％，证监会发布《进一步深化新股发行体制改革指导意见》，沪深交易所发布完善退市制度征求意见稿，国内四大期货交易所全线下调交易手续费），两市股指高位震荡上升，有色金属、煤炭、保险等板块涨幅居前，收盘沪指报 2438.44 点，涨 42.12 点。

由于沪深交易所分别发布退市制度的征求方案，ST 板块逆市大跌，74 只 ST 股票跌停。

股民盼望 5 月红（李几招摄影）

5 月 3 日，新股翠微股份首日上市。当日该股收盘报 14.08 元，较发行价上涨 56.4％，也带动了大盘小幅上升。由于翠微股份当日盘中出现异常波动情形，被上交所实施了盘中临时停牌措施。同时，上交所向出现新股异常交易行为的相关投资者所在营业部发出了警示函，并对存在严重异常交易行为且经提醒仍不改正的"黄某某"等 2 个账户，及时采取了盘中暂停当日交易措施。

5 月 9 日，受黄岩岛海域局势紧张的影响，军工股的船舶制造板块、飞机制造板块走势强劲。但是大盘害怕南海局势升级，大盘后震荡走低，收盘沪指报 2408.59 点，勉强守住 2400 点。

5 月 11 日，统计局公布 4 月经济数据，当月，CPI 同比上涨 3.4％。受此影响，大盘一度跌破 2400 点整数关口，收盘沪指报 2394.98 点，跌 15.25 点，跌幅 0.63％。

5 月 14 日，受到央行第二次宣布调降存金率利好消息刺激，股市高开到 2400 点上方，可惜随后受到该周市场将有 7 只新股发行影响，股市震荡下挫，

2400 点再次跌破，收盘沪指报 2380.73 点，跌 14.25 点，跌幅 0.59%。但是人民网却逆市涨停。该股自上市以来，股价较发行价 20 元已大涨 135.25%，令人刮目相看。

5 月 16 日，管理层宣布采用五大措施推动机构投资者入市，但是受到希腊危机和欧盟对华投资趋弱影响，大盘疲软无力，收盘沪指报 2346.19 点，跌 28.56 点，跌幅 1.21%。

5 月 17 日，在央行行长周小川"一如既往地支持证券市场发展"的鼓舞下，大盘做多热情爆发，收盘沪指报 2378.89 点，涨 32.70 点。

5 月 18 日，两市股指再次下跌，收盘沪指报 2344.52 点，跌 34.37 点，跌幅 1.44%。之后股市半死不活。

5 月 25 日，浙江美大、东诚生化、顺威股份 3 只新股上市，这是全部可以上市流通的第一批股票。上市当天，浙江美大收盘上涨 16.88%，东诚生化收盘上涨 10%，顺威股份收盘下跌了 2.72%。为此机构和散户夺路而逃，抛压沉重。从上市当日全流通的情况看，浙江美大的 5 个机构席位合计卖出 1.09 亿元，占到该股当天 4.5 亿元成交额的 24.22%；顺威股份的 4 个机构席位合计卖出 0.42 亿元，占到该股当天 2.4 亿元成交额的 17.5%；东诚生化的 3 个机构席位合计卖出 1.42 亿元，占到该股当天 6.2 亿元成交额的 22.9%。

5 月 28 日，在国家发改委对交通、能源、水利等加快重大项目审批的利好影响下，两市震荡走高，收盘沪指报 2361.37 点，涨 27.82 点；深成指 10104.1 点，涨 219.41 点。5 月 29 日，两市继续上升，收盘沪指报 2389.64 点，涨 28.27 点，涨幅 1.20%。之后，股市在此盘整到月底。

5 月沪指最终收在 2372 点，深指收在 967 点，深成指收在 10141 点。月 K 线深综指为小阳线，其他为小阴线。

六月：股市跌破 2200 点　央视错报为哪般

6 月 1 日，股市走势比较平稳，但是 6 月 4 日，受到"国家发改委等八部委再度把国际板提上议程"消息的影响，两市双双大幅低开，沪指开盘为 2346.98 点，之后就一蹶不振，沪指失守半年线，收盘沪指为 2309.58 点，跌 64.89 点，跌幅 2.73%，创年内最大单日跌幅。

不过当天的央视的第二套财经频道的《整点看财经》，将当天的沪指收盘点位报错为下降了 64.88 点，这是为什么，令人浮想联翩。

6月7日，受到国际板惯性的影响，沪指下跌破 2300 点整数关口，收盘沪指报 2293.13 点，跌 16.42 点，跌幅 0.71%。到 6 月 19 日，沪指围绕 2300 点震荡。

6月20日，证监会宣布将把所有境外投资者的持股限制由 20% 提高到 30%，但是沪指不理会该利好，跌破了 2300 点。之后，股市连续下跌，到 6 月 25 日，沪指跳水创出 5 个月内新低，

6月4日，沪指下跌了 64.89 点
（李几招提供）

跌破 2240 点，再次跌破 10 年前最高点 2245.43 点位。6 月 28 日，沪指跌破了 2200 点。

6月29日，沪深股市双双震荡翻红，收盘沪指报 2225.43 点，收复 2200 点。

6月沪指最终收在 2225 点，深指收在 921 点，深成指收在 9500 点。月 K 线均为中阴线。

第三章 下半年：沪指跌到"1949建国底"后暴涨

七月：股市跌破2132点

7月6～12日，证监会5天新受理39家首次公开募股（IPO）申请，由此引发股市利空。7月9日，闽灿坤跌破面值可能退市的利空，导致B股暴跌，连累A股连续下跌，沪指收盘跌破2200点，收在2170.81点。

之后股市一蹶不振，7月21日，北京大雨导致严重城市内涝。7月24日，沪深两市双双重挫，水利建设成为炒作对象，主营水泵业务的利欧股份、主营水利管道制造的青龙管业、与都市排水相关的个股如新界泵业、新疆天业、国统股份等均有2％～3％涨幅。但是大盘不振，2132点的年初低点被瞬间击破。7月26日，2132点彻底跌破。

7月27日，上交所就《上海证券交易所风险警示股票交易实施细则（征求意见稿）》公开征求意见，其中规定"风险警示股票价格的涨幅限制为1％，跌幅限制为5％"。结果市场*ST和ST股票连续暴跌。沪指2100点成为新的争夺目标。

7月31日，沪指震荡低探到2100.25点，最后报收2103.63点，勉强守住2100点。

7月沪指最终收在2103点，深指收在849点，深成指收在9059点。月K线均为中阴线。

八月：沪指逼近2000点

8月1日，股市"开门红"，沪指守住2100点。8月3日，证监会明确不会停发新股，近期不会降印花税。股市闻讯不跌反涨，继续反弹到8月9日。

8月10日，发改委决定上调汽柴油价，上市公司成本加大，加上B股退市的利空，股市停止上升步伐。8月13日，国务院楼市督察组定调从严控房

价反弹，证监会8月起优先安排西部企业IPO审核，上交所对隆鑫通用上市首日盘中因出现异常波动情形发出警告，交行130亿股定向增发等消息影响下，股市开始下跌，当日出现大阴线，之后股市连续暴跌，8月22日，沪指最低点跌破2100点，创近40个月新低。8月24日，沪指报收2092.10点，跌20.97点，跌幅0.99％，彻底跌穿了2100点。

8月27日，转融通试点启动，市场对其恐惧万分，股市暴跌一个大阴线。尽管后来有宝钢股份以不超过每股5元的价格回购股票等利好，但股市还是节节败退，如同伦敦奥运会跳水一样，8月股市是一个跳水行情。

股市跳水，股民无可奈何
（李几招摄影）

8月沪指最终收在2047点，深指收在838点，深成指收在8210点。月K线均为中阴线。

九月：股市极度低迷　跌破2000点

沪指跌破了2000点（李几招提供）

9月初，股市基本稳住。9月7日，消息面发出，发改委最近密集审批多项基建及轨交项目，投资金额将近万亿元；有传言证监会正配合有关部门研究差异化征收红利税等，股市闻讯双双高开，板块全线飘红，截至收盘两市超过70只个股涨停，收盘沪指报2127.76点，涨75.85点，涨幅3.7％，

收盘创8个月最大单日涨幅。

之后股市在2100点盘整，行情没有再延续。9月17日，消息面有"A股将迎解禁高峰，四季度解禁市值高达5800亿元"的利空消息，两市双双低开，收盘沪指跌破2100点，报2078.50点，跌45.35点，跌幅2.14％。

之后，股市一泻千里，到9月26日，沪指跌破了2000点，最低点到1999.48点，此时很多人都看空到1500点，甚至1000点。

9月27日，做多资金入场，在证券、保险等金融股的带领下强势拉升，股市大幅反弹，沪指收盘2056.32点，大涨52.15点，收复了2000点；9月28日，股市再接再厉，涨29.85点，收盘在2086.17点。

9月沪指最终收在2086点，深指收在853点，深成指收在8679点。月K线均为小阳线。

十月：维稳行情　重返2100点再次跌破

经过"十一"长假长休市后，10月8日，两市开盘，受国内旅游市场影响，旅游酒店股表现活跃，但是股市冲高回落，收盘沪指下跌11.75点，跌幅0.56％，报2074.42点。"十一"后的股市"开门黑"，加剧了市场看空的气氛。就在人们绝望时，10月9日，股市开始暴涨。

10月11日晚7点，瑞典诺贝尔委员会宣布，2012年诺贝尔文学奖获得者为中国作家莫言，受此刺激，10月12日，股市里的文化传媒类股票高开，新华传媒、大地传媒、奥飞动漫、时代出版等开盘直接封在涨停板上，可惜好景不长，除新华传媒外（中间也被打开过涨停），其他的文化传媒类股票高开低走，几只封停的股票也陆续被打开，"莫言效应"就此结束。

面对下跌股民抱头痛不欲生
（李几招摄影）

10月17日，温家宝总理主持召开国务院常务会议，安排部署四季度经济工作。其中特别提到，要促进资本市场稳定健康发展。国务院对股市的支持态度，使股市开始上升，10月18日，沪指摆脱了2100点的徘徊，冲到2131.69点。之后在2100点徘徊。

10 月 22 日，《投资者报》记者称，证监会一直在着手研究 IPO 由审核制向备案制过渡，目前已经获得了国务院领导的首肯，新股发行制度改革有可能在党的十八大后推出。10 月 26 日，证监会相关部门负责人表示，个别媒体关于新股发行启用备案制的报道不实。但是股市还是闻讯下跌，2100 点再次跌破。

但是随着召开党的十八大越来越近，维稳行情再次展开，10 月 27～31 日，股市企稳。

10 月沪指最终收在 2068 点，深指收在 844 点，深成指收在 8469 点。月 K 线均为小阴线。

十一月：酒鬼酒领跌　2000 点再次跌破

11 月 1 日，股市在党的十八大即将召开的利好下暴涨，沪指一举收复了 2100 点。之后连续 3 天小幅上升。11 月 8 日，党的十八大召开，股市逢利好出货，当天沪指再次跌破 2100 点。11 月 13 日，党的十八大即将结束，沪指当日暴跌，之后，股市结束了十八大行情，一路下跌。

11 月 16 日，中国证监会副主席刘新华在"第八届中国证券市场年会"上表示，当前和今后一段时期，证监会将积极推进证券公司创新发展，落实已推出和即将推出的创新措施，推进各类资产管理发展，协调相关部门修订完善保险资金、社保基金、QFII 等长期资金投资运营的相关法规政策及规则制度，促进各类长期资金进入资本市场。

股市下跌，营业部冷冷清清（李几招摄影）

可是股市不领情，11 月 17 日，沪指跌破 2000 点。之后在 2000 点左右盘整几天后，在酒鬼酒的重大利空的打击下，重创整个白酒板块，并进而拖累大盘，沪指节节败退，11 月 27 日，沪指彻底跌破了 2000 点，到 11 月 30 日，沪指最低点到 1959 点。

11 月沪指最终收在 1980 点，深指收在 752 点，深成指收在 7903 点。月 K 线均为中阴线。

十二月："1949点建国底"之后开始暴涨

面对11月的下跌，市场一片悲观，有股民编写了沪指下跌编年史调侃（作者予以改编）：第一步跌到香港回归底：1997（年/点）；第二步跌到改革开放底：1978（年/点）；第三步跌到建国底：1949（年/点）；第四步跌到民国时期底：1912（年/点）；第五步跌到甲午战争底：1894（年/点）；第六步跌到明末清初底：1644（年/点）；第七步跌到唐末宋初底：(穿越回归到沪指) 的1000（年/点）。

有股民模仿辽宁航母舰载飞机起飞姿势
希望股市上升

还有分析说，12月，合计限售股解禁市值约为1809亿元，比11月的1110亿元增加了近699亿元，增加幅度约为63%，是2011年9月以来的最高解禁市值。所以，股市继续下跌不可避免。

而作者此时认为，股市底部越来越近，1900点不可能跌破，股市说不定哪天就突然发力暴涨。果然，12月4日，沪指最低点到"建国底"1949.46点后，开始上升。

12月5日，中央政治局会议定调2013年经济工作，在此政策的鼓舞下，股市暴涨，沪指一举收复了2000点，收报2031点，上涨2.87%，沪深两市股票几乎全线上行，巨大的红色柱体大快人心。之后，在中央经济工作会议（12月15~16日）即将召开的利好下，股市连续发力上攻，12月14日，上证综指放量大涨，收盘报2150.63点，涨幅达4.32%，创3年来最大单日涨幅。12月21日，在证监会"放松大陆企业不再设定关于企业规模、盈利、筹资额方面的条件，企业只要符合境外上市地的要求，可自主向证监会提出境外上市申请"消息的影响下，沪指迅速拉高，并创出反弹以来新高的2190.40点。但之后获利盘涌出，收盘沪指报2153.31点，跌15.04点。之后沪指节节上升，12月25日，越过2200点。12月31日，股市迎来2012年最后一个交易日，沪指一路上涨，重回十年前的高点2245点之上，收盘时，沪指上涨35.88点，涨幅1.61%，报收于2269.13点，成交额1055.4亿元；深成指上涨89.49点，涨幅0.99%，报收于9116.48点，成交额912.6亿元。整个12月，沪指大涨14.6%。

12月沪指最终收在 2269.13 点，深指收在 881.17 点，深成指收在 9116.48 点。月 K 线均为中阳线。

沪深股市全年走势图

沪深两市全年走势为冲高回落再反弹（李几招提供）

2012年70％的股民亏损

2012 年，70％的股民亏损，其中 42.1％的股民亏损 30％以上，20.3％的股民亏损 10％～30％，7.6％的股民亏损 10％以下；10.6％的股民收益持平；19.4％的股民盈利，赚 30％以上的股民为 4.2％，赚 10％～30％的股民为 7.4％，赚 10％以下的股民为 7.8％（作者根据统计数据汇编）。

板块六

股市资料库

2012 年中国股市指标与 2011 年同期、同类相比一览表

项　目	2012 年	2011 年	同期、同类相比
上市公司数量（家）	2494	2342	增加 152
上市股票数量（只）	2558	2428	增加 130
股票总发行股本（亿股）	27525.39	26645.89	增加 879.50
上市流通股本（亿股）	14953.87	14852.10	增加 101.77
股票市场总值（万亿元）	87.45	21.48	增加 65.97
流通市值（万亿元）	60.71	16.53	增加 44.18
股票成交额（万亿元）	32.45	42.67	下降 10.22
上海 A 股首发筹资额（亿元）	338.63	1003.96	减少 665.33
中小板筹资额（亿元）	349.26	1017.25	减少 667.99
创业板筹资额（亿元）	346.49	782.11	减少 435.62
配股筹资额（亿元）	140.15	407.54	减少 267.39
增发筹资额（亿元）	95.553	281.94	减少 186.39
上市公司债券筹资额（亿元）	3320.98	2403.20	增加 917.78
基金筹资额（亿元）	5729.40	2576.39	增加 3153.01
非公开发行筹资额（亿元）	1979.05	1445.19	增加 533.86
股民开户人数（A、B）（亿户）	1.71	1.65	增加 0.06
上证指数收盘（点）	2269.13	2199.42	上升 69.71
深证指数收盘（点）	881.17	866.65	上升 14.52
深成指数收盘（点）	9116.48	8918.82	上升 197.66

2012 年沪深股市涨跌幅前 5 名

沪深涨幅前 5 名			沪深跌幅前 5 名		
代码	简称	涨幅（%）	代码	简称	跌幅（%）
000156	华数传媒	421.50	002214	大立科技	61.16
000409	ST 泰复	204.58	600537	亿晶光电	60.82
600209	罗顿发展	159.10	002416	爱施德	54.97
600988	ST 宝龙	152.85	002397	梦洁家纺	54.38
000671	阳光城	144.09	300111	向日葵	53.08

沪指与世界主要股指涨幅比较简表

股指（%）\n年份	中国沪指	美国道琼斯	伦敦金融时报	日经225	法兰克福DAX	巴黎CAC	中国香港恒生
2001	−20.62	−20.62	−18.23	−23.52	−17.39	−21.97	−24.50
2002	−17.51	−17.75	−25.19	−16.67	−44.50	−34.40	−18.89
2003	10.26	24.98	13.46	24.45	39.30	15.19	29.66
2004	−15.40	3.31	7.67	7.61	7.34	7.59	13.15
2005	−8.33	0.61	16.38	40.24	26.74	23.42	4.54
2006	130.43	16.29	10.71	6.92	21.04	16.55	34.20
2007	96.66	7.24	3.99	−11.13	21.94	0.99	37.09
2008	−65.39	−33.84	−31.33	−42.15	−40.37	−42.70	−48.27
2009	79.98	18.82	22.07	19.04	23.85	22.32	52.02
2010	−14.31	11.02	9.00	−3.28	16.06	−3.84	5.32
2011	−21.68	5.53	−5.55	−17.10	−14.69	−16.95	−19.97
2012	3.17	5.89	5.84	22.94	29.21	15.23	22.91

注：2012年全球股市涨幅前3名是：委内瑞拉IBC指数上升300.30%，夺得冠军；埃及开罗CASE30指数上升49.50%，位居亚军；泰国综指上升35.70%，屈居第三。

与2011年比较，全球股市总体看处于恢复上升态势，委内瑞拉、埃及开罗和泰国综指位于前3名外，特别是希腊ASE指数上升了32.50%，位于第5名，而2011年，该指数暴跌53%，是暴跌冠军。此外，菲律宾、印度、南非的股市指数上升都在20%以上；俄罗斯、巴西的股市也有不错表现。

位居全球股市跌幅前3名的是：塞浦路斯股票指数，下跌60%；乌克兰股票指数，下跌34%；西班牙股票指数，下跌5.30%。

通过以上指标可以看出2012年中国股市有以下特点：

（1）中国股市年底反弹，扭转了下跌的态势，跌幅比2011年缩小，摆脱了跌幅的队伍，进入上升的行列。

（2）股市的融资额继续下降，首发、增发、配股等所有融资额下降了10.50%。

（3）沪深两市冲高回落再反弹，股票指数均创造了3年以来的新低，股民炒股人数增加，但是70%以上的股民亏损。

证券市场有关法规、规章、通知等一览表

公布时间 （2012 年）	法规、规章、通知等	制定单位	实行时间 （2012 年）
1 月 4 日	2011 年上市公司年度报告摘要披露格式	证监会	发布之日起施行
1 月 4 日	中国证券监督管理委员会上市公司并购重组审核委员会工作规程（2011 年修订）	证监会	发布之日起施行
1 月 10 日	关于证券机构技术和制度准备完成后个人转让上市公司限售股有关个人所得税问题的通知	财政部 税务总局	3 月 1 日
2 月 3 日	关于调整证券资格会计师事务所申请条件的通知	财政部 证监会	发布之日起施行
2 月 3 日	关于加强新股询价申购管理有关问题通知	证监会	发布之日起施行
2 月 10 日	关于人民法院为防范化解金融风险和推进金融改革发展提供司法保障的指导意见	高法院	发布之日起施行
2 月 13 日	证券公司合规管理有效性评估指引	证券业协会	发布之日起施行
2 月 20 日	关于修改《上市公司收购管理办法》第六十二条及第六十三条的决定	证监会	发布之日起施行
3 月 8 日	上交所关于加强新股上市初期交易监管的通知；深交所关于完善首次公开发行股票上市首日盘中临时停牌制度的通知	沪深两所	发布之日起施行
3 月 8 日	关于加强新股上市初期客户交易行为管理工作的通知	上交所	发布之日起施行
3 月 12 日	关于证券公司切实履行职责防范和抑制新股炒作行为的通知	证监会	发布之日起施行
3 月 17 日	关于进一步加强保荐业务监管有关问题的意见	证监会	发布之日起施行
3 月 19 日	证券资信评级机构执业行为准则	证券业协会	发布之日起施行
3 月 23 日	上海证券交易所交易型开放式指数基金业务实施细则	上交所	发布之日起施行
3 月 23 日	上市公司监管指引第 1 号——上市公司实施重大资产重组后存在未弥补亏损情形的监管要求	证监会	发布之日起施行
3 月 29 日	关于办理内幕交易、泄露内幕信息刑事案件具体应用法律若干问题的解释	高法院 高检院	6 月 1 日
4 月 6 日	上海证券交易所交易型开放式指数基金管理公司运营风险管理业务指引	上交所	发布之日起施行

续表

公布时间 （2012 年）	法规、规章、通知等	制定单位	实行时间 （2012 年）
4 月 11 日	关于证券公司风险资本准备计算标准的规定	证监会	发布之日起施行
4 月 18 日	上市公司股东及其一致行动人增持股份行为指引	上交所	发布之日起施行
4 月 20 日	深圳证券交易所创业板股票上市规则（2012 年修订）	深交所	发布之日起施行
4 月 28 日	关于进一步深化新股发行体制改革的指导意见	证监会	发布之日起施行
5 月 4 日	关于进一步落实上市公司现金分红有关事项的通知	证监会	发布之日起施行
5 月 17 日	关于餐饮等生活服务类公司首次公开发行股票并上市信息披露指引（试行）	证监会	发布之日起施行
5 月 18 日	关于修改《证券发行与承销管理办法》的决定	证监会	发布之日起施行
5 月 23 日	关于交易所交易基金作为融资融券标的证券相关事项的通知	上交所	发布之日起施行
5 月 23 日	关于办理证券期货违法犯罪案件工作若干问题的意见	证监会 高法院等	发布之日起施行
5 月 23 日	关于进一步提高首次公开发行股票公司财务信息披露质量有关问题的意见	证监会	发布之日起施行
5 月 25 日	上海证券交易所交易型开放式指数基金流动性服务业务指引	上交所	发布之日起施行
5 月 25 日	开放式基金业务数据交换协议	证监会	发布之日起施行
5 月 30 日	关于新股发行定价相关问题的通知	证监会	发布之日起施行
6 月 11 日	深圳证券交易所新股上市初期异常交易行为监控指引	深交所	发布之日起施行
6 月 12 日	关于基金从业人员投资证券投资基金有关事项的规定	证监会	发布之日起施行
6 月 18 日	关于进一步加强上市公司投资者关系管理工作的通知	上交所	发布之日起施行
6 月 19 日	证券研究报告执业规范、证券分析师执业行为准则	证券业协会	发布之日起施行
6 月 27 日	中国证券业协会证券纠纷调解工作管理办法（试行）；中国证券业协会证券纠纷调解规则（试行）；中国证券业协会调解员管理办法（试行）	证券业协会	发布之日起施行
7 月 7 日	上海、深圳证券交易所股票上市规则（2012 年修订）	上交所 深交所	发布之日起施行

续表

公布时间 （2012 年）	法规、规章、通知等	制定单位	实行时间 （2012 年）
7 月 10 日	关于首次公开发行股票询价对象及配售对象备案工作有关事项的通知	证券业协会	发布之日起施行
7 月 31 日	证券期货市场诚信监督管理暂行办法	证监会	9 月 1 日
8 月 14 日	中国证券业协会自律管理措施和纪律处分实施办法；自律监察案件办理规则；自律监察专业委员会组织规则	证券业协会	发布之日起施行
8 月 27 日	转融通证券出借交易实施细则（试行）；证券出借及转融通登记结算业务实施细则（试行）；担保品管理业务实施细则（适用于转融通）；中国证券金融公司转融通业务保证金管理实施细则	沪深两所 中国证券登记 公司	发布之日起施行
8 月 31 日	关于规范证券公司参与区域性股权交易市场的指导意见（试行）	证监会	发布之日起施行
9 月 22 日	公开发行证券的公司信息披露内容与格式准则第 2 号——年度报告的内容与格式（2012 修订）	证监会	2013 年 1 月 1 日
9 月 28 日	基金管理公司特定客户资产管理业务试点办法、证券投资基金管理公司管理办法、证券期货业信息安全保障管理办法	证监会	11 月 1 日
10 月 11 日	非上市公司公众监督管理办法	证监会	2013 年 1 月 1 日
10 月 17 日	关于修改《外资参股证券公司设立规则》的决定；关于修改《证券公司设立子公司试行规定》的决定	证监会	发布之日起施行
10 月 18 日	会计监管风险提示第 4 号：首次公开发行股票公司审计	证监会	发布之日起施行
10 月 20 日	证券公司董事、监事和高级管理人员任职资格监管办法	证监会	发布之日起施行
10 月 20 日	证券公司客户资产管理业务管理办法；证券公司集合资产管理业务实施细则；证券公司定向资产管理业务实施细则	证监会	发布之日起施行
10 月 24 日	保险资金参与股指期货交易规定	保监会	发布之日起施行
11 月 1 日	证券投资基金管理子公司管理暂行规定	证监会	发布之日起施行
11 月 2 日	证券公司直接投资业务规范	证券业协会	发布之日起施行

续表

公布时间 （2012年）	法规、规章、通知等	制定单位	实行时间 （2012年）
11月13日	证券结算保证金管理办法	中国结算公司	2013年1月3日
11月16日	上市公司股息红利差别化个人所得税	财政部 证监会等	2013年1月1日
11月16日	关于支持科技成果出资入股确认股权的指导意见	证监会 科技部	发布之日起施行
11月16日	关于加强与上市公司重大资产重组相关股票异常交易监管的暂行规定	证监会	发布之日起施行
11月19日	关于修改《关于证券公司风险资本准备计算标准的规定》的决定；关于修改《关于证券公司证券自营业务投资范围及有关事项的规定》的决定	证监会	发布之日起施行
11月22日	保荐工作指引；保荐工作评价办法	深交所	发布之日起施行
12月7日	关于加强对利用"荐股软件"从事证券投资咨询业务监管的暂行规定	证监会	2013年1月1日
12月7日	中国证券业协会会员单位参与整治利用网络等媒体从事非法证券活动工作指引	证券业协会	发布之日起施行
12月13日	关于深化基金审核制度改革有关问题的通知	证监会	2013年1月1日
12月14日	证券公司治理准则	证监会	2013年1月1日
12月16日	风险警示板股票交易暂行办法；退市整理期业务实施细则；退市公司股份转让系统股份转让暂行办法；退市公司重新上市实施办法；深圳证券交易所退市公司重新上市实施办法；深圳证券交易所退市整理期业务特别规定	沪深两所	2013年1月1日
12月17日	约定购回式证券交易及登记结算业务办法；上海证券交易所约定购回式证券交易业务会员指南；约定购回式证券交易客户协议必备条款；约定购回式证券交易风险揭示书必备条款	上交所	发布之日起施行
12月19日	上市公司监管指引第2号——上市公司募集资金管理和使用的监管要求	证监会	发布之日起施行
12月20日	关于股份有限公司境外发行股票和上市申报文件及审核程序的监管指引	证监会	2013年1月1日

续表

公布时间 （2012 年）	法规、规章、通知等	制定单位	实行时间 （2012 年）
12 月 21 日	证券公司柜台交易业务规范	证券业协会	发布之日起施行
12 月 27 日	证券公司次级债管理规定	证监会	发布之日起施行
12 月 28 日	基金管理公司代表基金对外行使投票表决权工作指引	基金协会	发布之日起施行
12 月 27 日	证券期货业信息安全事件报告与调查处理办法	证监会	2013 年 2 月 1 日
12 月 30 日	证券公司投资者适当性制度指引	证券业协会	发布之日起施行

上交所新股发行、上市一览表

股票代码	股票简称	总股本 （亿股）	发行股本 （亿股）	发行价 （元/股）	中签率 （%）	募集资金 （亿元）	上市时间 2012 年	首日涨幅 （%）
601313	江南嘉捷	2.24	0.56	12.40	4.54	6.94	1 月 16 日	−11.37
600515	东风股份	5.56	0.56	13.20	1.94	7.39	2 月 16 日	20.98
601231	环旭电子	10.11	1.07	7.60	1.46	8.12	2 月 20 日	53.03
601929	吉视传媒	13.98	2.80	7.00	2.33	19.60	2 月 23 日	87.43
601800	中国交建	161.75	13.50	5.40	1.28	72.89	3 月 9 日	23.33
601238	广汽集团	64.35	2.87	9.09	换股合并	26.09	3 月 29 日	1.21
601012	隆基股份	2.99	0.75	21.00	2.09	15.75	4 月 11 日	−5.95
601388	怡球资源	4.10	1.05	13.00	1.69	13.65	4 月 23 日	16.46
603001	奥康国际	4.01	0.81	25.50	15.32	20.66	4 月 26 日	−7.25
603000	人民网	2.76	0.69	20.00	1.50	13.82	4 月 27 日	73.60
601369	陕鼓动力	16.39	5.53	15.50	1.04	16.93	4 月 28 日	24.32
603123	翠微股份	3.08	0.77	9.00	0.91	6.93	5 月 3 日	56.44
603333	明星电缆	3.47	0.87	9.30	1.85	8.06	5 月 7 日	25.48
603002	宏昌电子	4.00	1.00	3.60	0.35	3.60	5 月 18 日	137.80
603366	日出东方	4.00	1.00	21.50	1.61	21.50	5 月 21 日	−6.70
603128	华贸物流	4.00	1.00	6.66	0.50	6.66	5 月 29 日	20.87
601965	中国汽研	6.41	1.92	8.20	1.30	15.74	6 月 11 日	−7.56
601339	百隆东方	7.50	1.50	13.60	6.33	20.40	6 月 12 日	−9.34

续表

股票代码	股票简称	总股本(亿股)	发行股本(亿股)	发行价(元/股)	中签率(%)	募集资金(亿元)	上市时间 2012年	首日涨幅(%)
603008	喜临门	2.10	0.53	12.50	2.47	6.56	7月17日	-6.72
601038	一拖股份	9.96	5.52	5.40	1.97	8.10	8月8日	63.89
603766	隆鑫通用	8.00	0.80	6.58	1.93	5.26	8月10日	103.00
603003	龙宇燃油	2.02	0.51	6.50	0.83	3.04	8月17日	64.62
603399	新华龙	2.53	0.63	7.80	0.59	4.94	8月24日	85.13
603993	洛阳钼业	50.76	15.11	3.00	0.45	6.00	10月9日	221.00
总计		396.07	61.35	—	—	338.63	—	—

深交所中小企业板发行、上市一览表

股票代码	股票简称	总股本(万股)	发行股本(万股)	发行价(元)	中签率(%)	募集资金(亿元)	上市时间 2012年	首日涨幅(%)
002649	博彦科技	10000	2500	22.00	0.70	5.50	1月6日	-9.41
002650	加加食品	16000	4000	30.00	3.70	12.00	1月6日	-26.33
002651	利君股份	40100	4100	25.00	1.19	10.25	1月6日	-16.88
002652	扬子新材	10668	2668	10.10	0.46	2.70	1月19日	29.31
002653	海思科	40010	4010	20.00	3.14	8.02	1月17日	-4.90
002654	万润科技	8800	2200	12.00	0.54	2.64	2月17日	36.83
002655	共达电声	12000	3000	11.00	0.79	3.30	2月17日	33.91
002656	卡奴迪路	10000	2500	27.80	1.44	6.95	2月28日	25.86
002657	中科金财	6979.75	1745	22.00	0.36	3.84	2月28日	82.09
002658	雪迪龙	13747.28	3438	20.51	1.09	7.05	3月9日	31.16
002659	中泰桥梁	15550	3900	10.10	0.48	3.94	3月9日	56.40
002660	茂硕电源	9708	2428	18.50	1.08	4.50	3月16日	32.43
002661	克明面业	8308	2077	21.00	1.13	4.36	3月16日	28.57
002662	京威股份	30000	7500	20.00	1.32	15.00	3月9日	6.90
002663	普邦园林	17468	4368	30.00	1.32	13.10	3月16日	30.00
002664	信质电机	13334	3334	16.00	0.89	5.33	3月16日	40.63
002665	首航节能	13335	3335	30.86	1.04	10.29	3月27日	-5.41
002666	德联集团	16000	4000	17.00	0.49	6.80	3月27日	8.82

续表

股票代码	股票简称	总股本 （万股）	发行股本 （万股）	发行价 （元）	中签率 （%）	募集资金 （亿元）	上市时间 2012 年	首日涨幅 （%）
002667	鞍重股份	6798	1700	25.00	0.64	4.25	3 月 29 日	-9.48
002668	奥马电器	16535	4135	11.00	0.73	4.55	4 月 16 日	23.18
002669	康达新材	10000	2500	12.00	0.50	3.00	4 月 16 日	12.50
002670	华声股份	20000	5000	7.30	0.51	3.65	4 月 16 日	22.19
002671	龙泉股份	9437	2360	21.00	3.32	4.96	4 月 26 日	1.24
002672	东江环保	15048	2500	43.00	7.82	10.75	4 月 26 日	-3.60
002673	西部证券	120000	20000	8.70	1.27	17.40	5 月 3 日	66.67
002674	兴业科技	24000	6000	12.00	2.14	7.20	5 月 7 日	5.42
002675	东诚生化	10800	2700	26.00	1.30	7.02	5 月 25 日	10.00
002676	顺威股份	16000	4000	15.80	1.26	6.32	5 月 25 日	-2.72
002677	浙江美大	20000	5000	9.60	0.69	4.80	5 月 25 日	16.87
002678	珠江钢琴	47800	4800	13.50	0.67	6.48	5 月 30 日	26.44
002679	福建金森	13868	3468	12.00	0.58	4.16	6 月 5 日	6.83
002680	黄海机械	8000	2000	21.59	0.73	4.32	6 月 5 日	47.75
002681	奋达科技	15000	3750	12.48	0.61	4.68	6 月 5 日	-4.41
002682	龙洲股份	16000	4000	10.60	1.57	4.24	6 月 12 日	-7.92
002683	宏大爆破	21896	5476	14.46	0.85	7.92	6 月 12 日	10.65
002684	猛狮科技	5307.60	1330	22.00	3.18	2.93	6 月 12 日	-3.64
002685	华东重机	20000	5000	9.99	1.26	5.00	6 月 12 日	-9.11
002686	亿利达	9067	2267	16.00	2.19	3.63	7 月 3 日	43.94
002687	乔治白	9857	2465	23.00	1.34	5.67	7 月 13 日	10.35
002688	金河生物	10892	2723	18.00	0.74	4.90	7 月 13 日	70.67
002689	博林特	30988	7750	8.00	1.37	6.20	7 月 17 日	-1.38
002690	美亚光电	20000	5000	17.00	3.40	8.50	7 月 31 日	-9.71
002691	石煤装备	20000	5000	7.4	1.51	3.70	7 月 31 日	20.27
002692	远程电缆	18135	4535	15.00	8.30	6.80	8 月 8 日	1.27
002693	双成药业	12000	3000	20.00	1.18	6.00	8 月 8 日	32.55
002694	顾地科技	14400	3600	13.00	2.27	4.68	8 月 16 日	48.46
002695	煌上煌	12388	3098	30.00	2.98	9.29	9 月 5 日	-8.83
002696	百洋股份	8800	2200	23.90	1.84	5.26	9 月 5 日	17.11

续表

股票代码	股票简称	总股本 (万股)	发行股本 (万股)	发行价 (元)	中签率 (%)	募集资金 (亿元)	上市时间 2012年	首日涨幅 (%)
002697	红旗连锁	20000	5000	18.76	1.03	9.38	9月5日	4.05
002698	博实股份	40100	4100	12.80	0.82	5.25	9月11日	40.62
002699	美盛文化	9350	2350	20.19	1.29	4.74	9月11日	18.28
002700	新疆浩源	7333.8	1833.80	21.73	0.42	3.98	9月21日	42.66
002701	奥瑞金	30667	7667	21.60	6.48	16.56	10月11日	10.46
002702	腾新食品	7070	1770	29.00	8.83	5.13	10月11日	−8.00
002703	浙江世宝	27765.79	10171.40	2.58	0.13	0.39	11月2日	626.70
总计		1017311.22	221352.2	—	—	349.26	—	—

深交所创业板发行、上市一览表

股票代码	股票简称	总股本 (万股)	发行股本 (万股)	发行价 (元)	中签率 (%)	募集资金 (亿元)	上市时间 2012年	首日涨幅 (%)
300283	温州宏丰	7083.10	1771	20.00	2.31	3.54	1月10日	40.55
300284	苏交科	24000	6000	13.30	1.15	7.98	1月10日	−1.95
300285	国瓷材料	6240	1560	26.00	1.63	4.06	1月13日	1.88
300286	安科瑞	3467	867	30.00	1.14	2.60	1月13日	17.07
300287	飞利信	8400	2100	15.00	1.54	3.15	2月1日	4.33
300288	朗玛信息	5340	1340	22.40	2.30	3.01	2月16日	82.53
300289	利德曼	15360	3840	13.00	2.29	5.00	2月16日	27.00
300290	荣科科技	6800	1700	11.11	0.71	1.89	2月16日	57.70
300291	华录百纳	60000	15000	45.00	4.61	6.75	2月9日	23.24
300292	吴通通讯	6670	1670	12.00	0.30	2.00	2月29日	69.25
300293	蓝英装备	6000	1500	24.80	0.48	3.72	3月8日	29.84
300294	博雅生物	7580	1902	25.00	0.52	4.76	3月8日	55.20
300295	三六五网	5335	1335	34.00	1.04	4.54	3月15日	74.71
300296	利亚德	10000	2500	16.00	0.97	4.00	3月15日	56.12
300297	蓝盾股份	9800	2450	16.00	0.54	3.92	3月15日	93.63
300298	三诺生物	8800	2200	29.00	1.40	6.38	3月19日	18.52
300299	富春通信	6700	1700	16.00	0.32	2.72	3月19日	46.00

续表

股票代码	股票简称	总股本（万股）	发行股本（万股）	发行价（元）	中签率（%）	募集资金（亿元）	上市时间 2012 年	首日涨幅（%）
300300	汉鼎股份	8700	2200	18.00	0.79	3.96	3 月 19 日	24.17
300301	长方照明	10800	2700	20.00	0.56	5.40	3 月 21 日	6.55
300302	同有科技	6000	1500	21.00	0.41	3.15	3 月 21 日	29.05
300303	聚飞光电	8000	2046	25.00	0.43	5.12	3 月 19 日	14.68
300304	云意电气	10000	2500	22.00	0.89	5.50	3 月 21 日	2.27
300305	裕兴股份	8000	2000	42.00	0.94	8.40	3 月 29 日	−16.50
300306	远方光电	6000	1500	45.00	1.73	6.75	3 月 29 日	−9.73
300307	慈星股份	40100	6100	35.00	1.44	21.35	3 月 29 日	−13.66
300308	中际装备	6667	1667	20.00	0.38	3.33	4 月 10 日	9.00
300309	吉艾科技	10863.70	2800	31.00	1.22	8.68	4 月 10 日	−0.65
300310	宜通世纪	8800	2200	17.00	0.99	3.74	4 月 25 日	16.47
300311	任子行	7070	1770	15.00	0.67	2.66	4 月 25 日	4.80
300312	邦讯技术	10668	2668	20.00	3.12	5.34	5 月 8 日	14.80
300313	天山生物	9091	2273	13.00	0.91	2.95	4 月 25 日	18.46
300314	戴维医疗	8000	2000	20.00	1.34	4.00	5 月 8 日	49.50
300315	掌趣科技	16366	4092	16.00	0.83	6.55	5 月 11 日	50.00
300316	晶盛机电	13335	3335	33.00	8.75	11.01	5 月 11 日	5.70
300317	珈伟股份	14000	3500	11.00	0.70	3.85	5 月 11 日	18.45
300318	博晖创新	10240	2560	15.00	0.54	3.84	5 月 23 日	24.73
300319	麦捷科技	5334	1334	15.30	0.86	2.04	5 月 23 日	7.19
300320	海达股份	6667	1667	19.80	1.08	3.30	6 月 1 日	0.66
300321	同大股份	4440	1110	23.00	1.12	2.55	5 月 23 日	4.78
300323	华灿光电	20000	5000	20.00	2.06	10.00	6 月 1 日	−0.40
300324	旋极信息	5600	1400	27.00	2.28	3.78	6 月 8 日	−5.22
300325	德威新材	8000	2000	17.00	0.65	3.06	6 月 1 日	−2.18
300326	凯利泰	5125	1300	29.09	0.56	3.78	6 月 13 日	62.22
300327	中颖电子	12800	3200	12.50	0.71	4.00	6 月 13 日	−3.68
300328	宜安科技	11200	2800	12.80	0.98	3.58	6 月 19 日	12.11
300329	海伦钢琴	6699	1677	21.00	1.27	3.52	6 月 19 日	−5.19

续表

股票代码	股票简称	总股本(万股)	发行股本(万股)	发行价(元)	中签率(%)	募集资金(亿元)	上市时间2012年	首日涨幅(%)
300330	华虹计通	8000	2000	15.00	0.78	3.00	6月19日	0.20
300331	苏大维格	6200	1550	20.00	1.92	3.10	6月28日	2.05
300332	天壕节能	32000	8000	8.18	0.84	6.10	6月28日	33.62
300333	兆日科技	11200	2800	23.00	3.29	6.44	6月28日	9.65
300334	津膜科技	11600	2900	16.78	0.66	4.87	7月5日	92.37
300335	迪森股份	13948.88	3489	13.95	1.18	4.31	7月10日	17.85
300336	新文化	9600	2400	25.00	2.57	6.00	7月10日	27.20
300337	银邦股份	18680	4680	20.00	4.84	9.36	7月18日	−14.80
300338	开元仪器	6000	1500	27.00	3.18	4.05	7月26日	4.17
330339	润和软件	7674	1919	20.39	0.68	3.91	7月18日	17.21
330340	科恒股份	5000	1250	48.00	1.56	6.00	7月26日	52.40
330341	麦迪电气	9200	2300	13.00	1.20	2.99	7月26日	10.77
300342	天银机电	10000	2500	17.00	3.54	4.25	7月26日	−6.35
300343	联创节能	4000	1000	28.1	2.07	2.81	8月1日	18.90
300344	太空板业	10052	2513	16.80	2.83	4.22	8月1日	−8.87
300345	红宇新材	9600	2400	17.20	3.01	4.13	8月1日	−3.43
300346	南大光电	5027	1257	66.00	3.09	8.30	8月7日	23.97
300347	泰格医药	5340	1340	37.88	0.72	5.08	8月17日	32.00
300348	长亮科技	5170	1300	20.00	0.96	2.25	8月17日	17.00
300349	金卡股份	6000	1500	31.00	2.00	4.65	8月17日	7.10
300350	华鹏飞	8667	2167	9.50	0.52	2.06	8月21日	54.00
300351	永贵电器	7860	2000	31.00	2.15	6.20	9月20日	−10.77
300352	北信源	6670	1670	25.00	0.71	4.18	9月12日	27.84
300353	东土科技	5351.28	1340	20.75	0.75	2.78	9月27日	6.02
300354	东华测试	4434.94	1109	20.31	0.49	2.25	9月20日	37.91
300355	蒙草抗旱	13697.70	3436	11.80	0.30	4.05	9月27日	91.10
300356	光一科技	8667	2167	18.18	1.25	3.94	10月9日	20.90
总计		745780.6	182821	—	—	346.49	—	—

沪深两所增发新股一览表

股票代码	股票简称	增发股数（万股）	增发价（元/股）	募集资金（亿元）
000651	格力电器	18997.67	17.16	32.60
000877	天山股份	10000	20.64	20.64
600143	金发科技	25000	12.63	31.58
002154	报喜鸟	500	9.26	0.463
600815	厦工股份	16000	6.42	10.27
总计		70497.67	—	95.553

沪深两所配股一览表

股票代码	股票简称	实际配股数（万股）	配股价（元/股）	募集资金（亿元）
601299	中国北车	202005.63	3.42	69.09
600066	宇通客车	15376.89	14.38	22.11
002046	轴研科技	3121.22	12.50	3.90
600587	新华医疗	3965.91	15.66	6.21
000982	中银绒业	16680	3.89	6.49
600667	太极实业	25363.95	2.25	5.71
600720	祁连山	12224.40	6.26	7.65
000826	桑德环境	14943.55	12.71	18.99
总计		293681.55	—	140.15

沪深两所发行债券（可转债、分离债、公司债等）一览表

股票代码	股票简称	募集资金（亿元）
601558	华锐风电（公司债）	28.00
600635	大众公用（公司债）	18.00
000683	远兴能源（公司债）	10.00
000625	长安汽车（公司债）	20.00
600765	中航重机（公司债）	10.00
002056	横店东磁（公司债）	5.00
600569	安阳钢铁（公司债）	8.00
000930	中粮生化（公司债）	5.00
600017	日照港（公司债）	5.00

续表

股票代码	股票简称	募集资金（亿元）
002250	联化科技（公司债）	6.30
601857	中国石油（公司债）	200.00
002202	金风科技（公司债）	30.00
601258	庞大集团（公司债）	38.00
600005	武钢股份（公司债）	72.00
600500	中化国际（公司债）	19.00
002506	超日太阳（公司债）	10.00
600033	福建高速（公司债）	15.00
000063	中兴通讯（公司债）	60.00
000158	常山股份（公司债）	9.00
000998	隆平高科（公司债）	4.50
000528	柳工（公司债）	33.00
002302	西部建设（公司债）	4.00
600307	酒钢宏兴（公司债）	30.00
002431	棕榈园林（公司债）	7.00
600697	欧亚集团（公司债）	4.70
000496	精工钢构（公司债）	7.00
002092	中泰化学（公司债）	20.00
002574	明牌珠宝（公司债）	10.00
002169	智光电气（公司债）	2.00
600423	柳化股份（公司债）	5.80
002306	湘鄂情（公司债）	4.80
002314	雅致股份（公司债）	8.00
600360	华微电子（公司债）	3.20
601011	宝泰隆（公司债）	10.00
000850	华茂股份（公司债）	8.40
002564	张化机（公司债）	7.00
601599	鹿港科技（公司债）	4.00
600277	亿利能源（公司债）	8.00
000625	长安汽车（公司债）	19.80
000559	万向钱潮（公司债）	15.00

续表

股票代码	股票简称	募集资金（亿元）
600461	洪城水业（公司债）	5.00
002449	国星光电（公司债）	5.00
600509	天富热电（公司债）	5.00
600028	中国石化（公司债）	200.00
002085	万丰奥威（公司债）	6.50
002479	富春环保（公司债）	7.00
000659	珠海中富（公司债）	11.80
600801	华新水泥（公司债）	33.50
002299	圣农发展（公司债）	7.00
600535	天士力（公司债）	4.00
600987	航民股份（公司债）	3.00
600310	桂东电力（公司债）	10.00
601018	宁波港（公司债）	10.00
600783	鲁信创投（公司债）	4.00
600196	复星医药（公司债）	15.00
000022	深赤湾A（公司债）	5.00
000401	冀东水泥（公司债）	7.00
002110	三钢闽光（公司债）	10.00
600795	国电电力（公司债）	80.00
002594	比亚迪（公司债）	30.00
002309	中利科技（公司债）	8.00
600098	广州控股（公司债）	23.50
601518	吉林高速（公司债）	8.00
002418	康盛股份（公司债）	4.30
002377	国创高新（公司债）	2.70
600117	西宁特钢（公司债）	4.30
002011	盾安环境（公司债）	12.00
600188	兖州煤业（公司债）	50.00
600026	中海发展（公司债）	100.00
600277	亿利能源（公司债）	16.00
600834	申通地铁（公司债）	4.00

续表

股票代码	股票简称	募集资金（亿元）
600188	兖州煤业（公司债）	50.00
000969	安泰科技（公司债）	4.00
601800	中国交建（公司债）	120.00
600787	中储股份（公司债）	16.00
000619	海螺型材（公司债）	8.50
600567	山鹰纸业（公司债）	8.00
002505	大康牧业（公司债）	3.30
600172	黄河旋风（公司债）	7.00
002375	亚厦股份（公司债）	10.0
000903	云内动力（公司债）	10.00
600595	中孚实业（公司债）	10.00
600714	金瑞矿业（公司债）	1.50
600295	鄂尔多斯（公司债）	40.00
000911	南宁糖业（公司债）	5.40
002608	舜天船舶（公司债）	7.80
601777	力帆股份（公司债）	19.00
000089	深圳机场（公司债）	6.00
002167	东方锆业（公司债）	9.00
000401	冀东水泥（公司债）	20.50
600219	南山铝业（公司债）	60.00
600176	中国玻纤（公司债）	13.93
000789	江西水泥（公司债）	5.00
600998	九州通（公司债）	16.00
600236	桂冠电力（公司债）	17.30
002067	景兴纸业（公司债）	7.50
002394	联发股份（公司债）	8.00
601669	中国水电（公司债）	50.00
600997	开滦股份（公司债）	15.00
002237	恒邦股份（公司债）	11.00
002099	海翔药业（公司债）	3.00
000950	建峰化工（公司债）	10.00
600585	海螺水泥（公司债）	60.00
002155	辰州矿业（公司债）	9.00

股票代码	股票简称	募集资金（亿元）
000059	辽通化工（公司债）	30.00
600481	双良节能（公司债）	8.00
002617	露笑科技（公司债）	3.50
601058	赛轮股份（公司债）	7.20
002228	合兴包装（公司债）	3.00
600676	交运股份（公司债）	8.00
002607	亚夏汽车（公司债）	2.60
200986	粤华包B（公司债）	8.00
601311	骆驼股份（公司债）	10.00
600425	青松建化（公司债）	22.00
600750	江中药业（公司债）	5.00
000685	中山公用（公司债）	10.00
002450	康得新（公司债）	9.00
002024	苏宁电器（公司债）	45.00
601886	江河幕墙（公司债）	15.00
200053	深基地B（公司债）	5.70
002307	北新路桥（公司债）	4.80
002094	青岛金王（公司债）	2.00
600157	永泰能源（公司债）	25.00
002340	格林美（公司债）	8.00
000488	晨鸣纸业（公司债）	38.00
601857	中国石油（第一期企业债券）	200.00
002142	宁波银行（金融债）	80.00
600036	招商银行（金融债）	200.00
600000	浦发银行（金融债）	300.00
600356	恒丰纸业（可转债）	4.50
601989	中国重工（可转债）	80.50
600219	南山铝业（可转债）	50.00
600085	同仁堂（可转债）	12.05
000099	中信海直（可转债）	6.50
总计		3320.98

沪深两所非公开股票发行（定向增发）一览表

股票代码	股票简称	发行股本（万股）	发行价（元/股）	募集资金（亿元）
000809	中汇医药	25200.39	10.23	25.78
002131	利欧股份	1852.44	14.58	2.70
000422	湖北宜化	8430.00	19.30	19.30
000401	冀东水泥	13475.23	14.21	19.15
600397	安源股份	22574.79	11.63	26.25
600815	厦工股份	1926.04	12.98	2.50
600676	交运股份	13097.80	7.14	9.35
000426	兴业矿业	1745.34	14.50	2.53
600157	永泰能源	31612.90	15.50	49.00
601872	招商轮船	85834.94	3.37	28.93
600022	济南钢铁	40501.44	3.44	13.93
600863	内蒙华电	60000	7.76	46.56
001696	宗申动力	16544.12	5.44	9.00
600841	上柴股份	6287.36	13.46	8.46
002272	川润股份	7860.00	6.30	4.95
002241	歌尔声学	9643.42	24.69	23.81
600017	日照港	44502.22	4.27	19.00
600575	芜湖港	17084.28	8.78	15.00
000635	英力特	12602.65	13.80	17.14
002355	兴民钢圈	4720.00	12.99	6.13
000563	陕国投A	22000.00	9.65	21.23
000687	保定天鹅	11576.85	5.01	5.80
002108	沧州明珠	3850.00	8.11	3.12
000970	中科三环	2500	24.00	6.00
002498	汉缆股份	1044	18.39	1.92
002057	中钢天源	1569.08	15.90	2.49
002389	南洋科技	4818.48	15.15	7.00
600643	爱建股份	28508.77	9.12	26.00
600425	青松建化	21070	13.53	28.51
600166	福田汽车	7000	7.00	4.90
002029	七匹狼	7820	23.00	17.99

股票代码	股票简称	发行股本（万股）	发行价（元/股）	募集资金（亿元）
000562	宏源证券	52500	13.22	69.41
600098	广州控股	68302.18	6.42	43.85
600027	华电国际	60000	3.12	18.72
002024	苏宁电器	38683.13	12.15	47.00
000933	神火股份	22050	8.24	18.17
002170	芭田股份	7190	7.64	5.49
600323	南海发展	9131.97	6.57	6.00
600499	科达机电	1965.48	10.43	2.05
600221	海南航空	196560	4.07	80.00
600151	航天机电	29270.52	6.58	19.26
600882	*ST大成	18551.16	8.52	15.81
601328	交通银行	654181.07	4.55	297.65
600216	浙江医药	70000	18.33	128.31
000712	锦龙股份	14337.70	9.31	13.35
000686	东北证券	33927.06	11.79	40.00
000917	电广传媒	12191.74	11.57	14.11
000564	西安民生	16900	5.74	9.70
000883	湖北能源	60657.51	5.20	31.54
002369	卓翼科技	4000	12.95	5.18
600317	营口港	106008.94	5.70	60.43
600812	华北制药	35000	8.53	29.86
002448	中原内配	2511.00	21.52	5.41
600372	中航电子	3848.39	17.15	6.60
600691	*ST东碳	47266.34	10.36	48.97
002276	万马电缆	15205.75	6.61	10.05
600198	大唐电信	30272.09	8.39	25.40
002374	丽鹏股份	2073.85	13.00	2.70
600403	大有能源	36175.62	20.84	75.39
000889	渤海物流	10681.40	5.43	5.80
000498	*ST丹化	67943.91	3.00	20.38
000768	西飞国际	17621.61	13.18	23.23

续表

股票代码	股票简称	发行股本（万股）	发行价（元/股）	募集资金（亿元）
000665	武汉塑料	21127.28	10.40	21.97
002379	鲁丰股份	7660.00	10.14	7.77
600735	新华锦	4170.22	11.41	4.76
600870	ST 厦华	15238.10	6.30	9.60
002221	东华能源	6827.31	9.96	6.80
600363	联创光电	7267.00	6.29	4.57
601268	二重重装	60344.95	4.23	25.53
600967	北方创业	5533.33	15.00	8.30
600963	岳阳林纸	20000	5.32	10.64
601109	国金证券	29382.96	10.21	30.00
002433	太安堂	3900	20.55	8.01
002562	兄弟科技	18366.45	8.68	15.94
002051	中工国际	6429.28	20.22	13.00
600699	均胜电子	18700	7.81	14.60
002129	中环股份	15459.72	12.26	18.95
000606	青海明胶	6615.00	5.13	3.39
600121	郑州煤电	31699.92	10.09	31.99
600578	京能热电	116016.33	7.67	88.98
总计		2676998.81	—	1979.05

沪深两所基金发行一览表

基金简称	募集额（亿元）
国泰信用互利分级债券型	5.40
招商优势企业灵活配置混合型	14.11
长城久兆中小板 300 指数分级型	9.66
上投摩根健康品质生活股票型	6.72
信诚沪深 300 指数分级型	3.90
工银瑞信睿智中证 500 指数分级型	3.41
富兰克林国海亚洲（除日本）机会股票型	3.28
光大保德信行业轮动股票型	9.26

续表

基金简称	募集额（亿元）
诺德双翼分级债券型	4.04
国联安信心增长定期开放债券型	12.48
泰信保本混合型	2.22
融通四季添利债券型	12.81
博时天颐债券型	20.62
中银信用增利债券型	22.07
中小板300成长交易型开放式指数型	3.45
国泰中小板300成长交易型	6.93
华宝兴业医药生物优选股票型	5.54
长安宏观策略股票型	3.84
南方新兴消费增长分级股票型	19.29
东吴深证100指数增强型	3.85
景顺长城优信增利债券型	18.10
中海上证380指数	2.67
浙商聚潮新思维混合型	7.85
民生加银中证内地资源主题指数型	6.83
汇添富逆向投资股票型	8.40
建信深证100指数增强型	17.47
天弘现金管家货币市场型	12.34
南方新兴消费增长分级股票型	19.29
广发聚财信用债券型	45.03
摩根士丹利华鑫主题优选股票型	4.43
诺德周期策略股票型	5.68
长盛电子信息产业股票型	4.37
中欧盛世成长分级股票型	4.94
国泰成长优选股票型	4.10
金鹰持久回报分级债券型	4.88
嘉实中创400交易型开放式指数型	2.87
上投摩根全球天然资源股票型	4.13
大成新锐产业股票型	20.50
国联安双力中小板综指分级型	8.09

续表

基金简称	募集额（亿元）
诺安中证创业成长指数分级型	12.08
华安标普全球石油指数型（LOF）	5.29
兴全轻资产投资股票型（LOF）	9.93
长信可转债债券型	3.74
上证自然资源交易型开放式指数型	9.10
融通创业板指数增强型	4.87
招商产业债券型	24.06
鹏华价值精选股票型	3.35
银河通利分级债券型	25.37
长城优化升级股票型	5.23
信诚周期轮动股票型（LOF）	3.08
富安达策略精选灵活配置混合型	5.83
农银汇理消费主题股票型	16.30
工银瑞信基本面量化策略股票型	24.33
易方达纯债债券型	83.99
浙商沪深 300 指数分级型	3.54
国泰大宗商品配置证券型（LOF）	3.09
广发深证 100 指数分级型	5.67
中欧信用增利分级债券型	7.36
民生加银信用双利债券型	50.28
信诚双盈分级债券型	3.64
富国新天锋定期开放债券型	9.45
申万菱信中小板指数分级证券型	7.84
华泰柏瑞沪深 300 交易型	329.69
嘉实沪深 300 交易型	193.32
浦银安盛中证锐联基本面 400 指数	4.13
交银施罗德全球自然资源型	6.28
中银沪深 300 等权重型	14.90
泰达宏利基金管理有限公司逆向策略股票型	5.52
南方金利定期开放债券型	16.20
富兰克林国海研究精选股票型	7.52

基金简称	募集额（亿元）
金鹰核心资源股票型	4.02
信达澳银稳定增利分级债券型	3.03
诺安汇鑫保本混合型	36.05
平安大华策略先锋混合型	4.59
海富通中证内地低碳经济主题指数型	7.56
金鹰中证 500 指数分级型	3.93
建信转债增强债券型	52.79
上证 180 等权重交易型	12.70
易方达标普全球高端消费品指数增强型	3.84
华商主题精选股票型	4.06
华安月月鑫短期理财债券型	182.21
汇添富理财 30 天债券型	244.40
华商主题精选股票型	4.06
鹏华金刚保本混合型	18.59
华宝兴业中证短融 50 指数债券型	18.23
华泰柏瑞沪深 300 交易型开放式指数型	329.67
中邮战略新兴产业股票型	5.76
中海保本混合型	4.74
汇丰晋信恒生 A 股行业龙头指数型	6.92
国联安双佳信用分级债券型	16.40
博时标普 500 指数型	3.10
大成景恒保本混合型	10.71
金鹰核心资源股票型	4.03
新华优选消费股票型	6.69
景顺长城上证 180 等权重交易型	2.44
长盛同庆中证 800 指数分级型	58.81
华安季季鑫短期理财债券型	55.25
广发消费品精选股票型	6.48
长安沪深 300 非周期行业指数型	2.77
上投摩根分红添利债券型	22.36
交银施罗德荣安保本混合型	16.30

续表

基金简称	募集额（亿元）
招商中证大宗商品股票指数分级型	10.63
安信策略精选灵活配置混合型	7.43
农银汇理信用添利债券型	9.72
银华中小盘精选股票型	2.60
金鹰中证 500 指数分级型	3.93
光大保德信添天利季度开放短期理财债券型	8.24
汇添富理财 60 天债券型	160.53
嘉实优化红利股票型	5.89
华安沪深 300 指数分级型	6.07
华安双月鑫短期理财债券型	55.27
富国高新技术产业股票型	3.41
易方达永旭添利定期开放债券型	16.84
纽银稳健双利债券型	14.61
财通多策略稳健增长债券型	36.07
长盛同鑫二号保本混合型	13.65
汇添富季季红定期开放债券型	6.22
易方达量化衍伸股票型	2.49
南方润元纯债债券型	85.57
金元惠理新经济主题股票型	7.29
融通医疗保健行业股票型	3.36
嘉实全球房地产证券投资型	8.36
汇添富理财 14 天债券型	117.83
万家中证创业成长指数分级型	4.12
长城保本混合型	19.15
国泰信用债券型	27.89
交银施罗德阿尔法核心股票型	11.44
富安达增强收益债券型	6.06
易方达恒生中国企业交易型	16.16
广发纳斯达克 100 指数型	2.55
嘉实理财宝 7 天债券型	95.28
华宝兴业资源优选股票型	5.03

基金简称	募集额（亿元）
广发理财年年红债券型	5.43
博时医疗保健行业股票型	2.77
易方达恒生中国企业交易型	16.16
建信社会责任股票型	11.11
招商信用增强债券型	37.19
华安逆向策略股票型	2.32
摩根士丹利华鑫多元收益债券型	34.45
天弘债券型发起式	33.47
建信双周安心理财债券型	158.01
华商中证 500 指数分级型	3.44
诺德深证 300 指数分级型	4.97
鹏华纯债债券型	28.35
富兰克林国海恒久信用债券型	8.07
华夏安康信用优选债券型	54.75
信达澳银消费优选股票型	6.52
泰信中证锐联基本面 400 指数分级型	3.01
银华上证 50 等权重交易型	11.80
南方理财 14 天债券型	70.08
平安大华保本混合型	10.19
农银汇理深证 100 指数增强型	4.14
富国中国中小盘（香港上市）股票型	2.50
国金通用国鑫灵活配置混合型	1.79
光大保德信添盛双月理财债券型	34.43
华安安心收益债券型	8.67
浙商聚盈信用债债券型	2.87
浦银安盛幸福回报定期开放债券型	20.14
银河主题策略股票型	3.42
德邦优化配置股票型	3.32
广发双债添利债券型	11.39
鹏华中证 A 股资源产业指数分级型	6.43
南方金粮油商品股票型	3.37

续表

基金简称	募集额（亿元）
上投摩根中证消费服务领先指数型	4.44
万家信用恒利债券型	14.84
国泰6个月短期理财债券型	17.28
大成月添利理财债券型	11.79
东方强化收益债券型	6.32
南方理财60天债券型	51.08
富国7天理财宝债券型	97.10
华夏理财30天债券型	25.70
光大保德信添天盈季度理财债券型	20.52
长盛添利30天理财债券型	41.38
中银理财60天债券型	31.54
交银施罗德理财21天债券型	85.04
鹏华中小企业纯债债券型	9.86
融通岁岁添利定期开放债券型	31.17
交银施罗德沪深300行业分层型	3.00
易方达中债新综合债券指数型（LOF）	13.83
农银汇理行业轮动股票型	5.32
平安大华添利债券型	23.55
上投摩根核心优选股票型	2.83
天弘安康养老混合型	3.29
长盛添利60天理财债券型	22.52
大成理财21天债券型	36.21
华泰柏瑞稳健收益债券型	22.58
招商理财7天债券型	50.94
华商现金增利货币市场型	5.13
嘉实纯债债券型	13.84
中银纯债债券型	51.06
中欧货币市场型	15.77
广发纯债债券型	28.14
信诚添金分级债券型	30.93
国联安中债信用债指数增强型	4.72

续表

基金简称	募集额（亿元）
安信平稳增长混合型	2.06
民生加银现金增利货币市场型	144.51
富国强收益定期开放债券型	8.74
东方央视财经 50 指数增强型	5.46
交银施罗德纯债债券型	21.15
建信月盈安心理财债券型	17.31
南方安心保本混合型	24.14
汇添富收益快线货币市场型	37.29
财通保本混合型	3.46
新华纯债添利债券型	45.93
华夏沪深 300 交易型开放式指数型	6.03
长盛同丰分级债券型	19.97
汇添富多元收益债券型	19.88
中银保本混合型	42.17
招商安盈保本混合型	45.59
工银瑞信 7 天理财债券型	39.25
易方达中小板指数分级型	4.01
嘉实增强收益定期开放债券型	33.86
安信目标收益债券型	19.46
嘉实沪深 300 交易型开放式指数型	19.33
工银瑞信睿智深证 100 指数分级型	4.71
民生加银平稳增利定期开放债券型	12.68
汇添富理财 28 天债券型	17.08
中邮稳定收益债券型	32.02
鹏华中小企业纯债债券型	9.86
建信纯债债券型	16.86
景顺长城支柱产业股票型	10.93
金鹰元泰精选信用债债券	17.83
富国纯债债券型	18.61
工银瑞信 14 天理财债券型	90.90
银河领先债券型	6.60

续表

基金简称	募集额（亿元）
博时安心收益定期开放债券型	23.22
大成现金增利货币市场型	48.64
中小板等权重交易型开放式指数型	2.53
摩根士丹利华鑫量化配置股票型	10.94
兴全商业模式优选股票型	5.46
易方达月月利理财债券型	36.55
金鹰元泰精选信用债债券型	17.84
华安日日鑫货币市场型	9.27
金鹰货币市场证券投资型	29.25
纽银稳定增利债券型	52.28
华安信用增强债券型	9.11
鹏华理财21天债券型	20.90
国泰民安增利债券型	18.20
方正富邦货币市场型	8.53
华安7日鑫短期理财债券型	29.65
华宝兴业现金添益交易型	18.03
总计	5729.40

沪深两所历年上市股票数量、成交额、印花税和开户数简表

年度 \ 指标	上市股票A、B（只）	成交额A、B（亿元）	印花税（亿元）	股东开户（万户）
1990	10	26.21	无	12
1991	13	44.48	0.21	26
1992	72	681.25	0.34	216.65
1993	218	3667.02	22.00	777.66
1994	345	8127.63	48.77	1058.98
1995	381	4036.47	26.38	1242.47
1996	599	21332.16	127.99	2307.23
1997	821	30721.84	250.76	3333.33
1998	931	23544.25	225.75	3911.13

续表

指标 年度	上市股票 A、B （只）	成交额 A、B （亿元）	印花税 （亿元）	股东开户 （万户）
1999	1029	31319.60	248.07	4481.19
2000	1174	60826.65	485.89	5801.14
2001	1240	38305.18	291.31	6650.42
2002	1310	27990.46	111.95	6881.76
2003	1371	32115.28	128.48	7025.41
2004	1459	42561.06	169.19	7211.43
2005	1464	31664.78	102.68	7325.29
2006	1507	90470.29	179.46	7851.67
2007	1616	460200.95	2005.95	9200.94
2008	1690	267112.66	979.15	12123.54
2009	1786	54.49 万	510.47	14700
2010	2134	59.65 万	527.82	15400
2011	2428	42.67 万	425.28	16500
2012	2558	31.47 万	304.50	17100

历年沪市综合指数简表

指数 年度	开盘点位	最高点位（时间）	最低点位（时间）	收盘点位
1990	96.05	127.61 （12—31）	95.79 （12—19）	127.61
1991	127.61	292.75 （12—31）	104.96 （5—17）	292.75
1992	293.74	1429.01 （5—26）	293.75 （1—2）	780.39
1993	784.13	1558.95 （2—16）	750.46 （12—20）	833.80
1994	837.70	1052.94 （9—13）	325.89 （7—29）	647.87
1995	637.72	926.41 （5—22）	524.43 （2—7）	555.29
1996	550.26	1258.69 （12—11）	512.83 （1—19）	917.02
1997	914.06	1510.18 （5—12）	870.18 （2—20）	1194.10
1998	1200.95	1422.98 （6—4）	1043.02 （8—18）	1146.70
1999	1144.89	1756.18 （6—30）	1047.83 （5—17）	1366.58
2000	1368.69	2125.72 （11—23）	1361.21 （1—4）	2073.48

续表

年度 \ 指数	开盘点位	最高点位（时间）	最低点位（时间）	收盘点位
2001	2077.08	2245.44（6—14）	1514.86（10—22）	1645.97
2002	1643.48	1748.89（6—25）	1339.20（1—29）	1357.65
2003	1347.43	1649.60（4—16）	1307.40（11—13）	1497.04
2004	1492.72	1783.01（4—7）	1259.43（9—13）	1266.50
2005	1260.78	1328.53（2—25）	998.23（6—6）	1161.06
2006	1163.88	2698.90（12—29）	1161.91（1—4）	2675.47
2007	2728.19	6124.04（10—16）	2541.52（2—6）	5261.56
2008	5265.00	5522.78（1—14）	1664.93（10—28）	1820.81
2009	1849.02	3478.01（8—4）	1844.09（1—5）	3277.44
2010	3289.75	3306.75（1—11）	2319.74（7—2）	2808.08
2011	2825.33	3067.46（4—18）	2134.02（12—28）	2199.42
2012	2212.00	2478.38（2—27）	1949.46（12—4）	2269.13

注：上交所1990年12月19日成立，沪指正式发布时间为1991年7月15日，之前为静安指数。

历年深市综合指数简表

年度 \ 指数	开盘点位	最高点位（时间）	最低点位（时间）	收盘点位
1991	98.43	136.94（11—14）	45.66（9—7）	110.37
1992	109.22	312.20（5—26）	109.22（1—1）	238.29
1993	238.29	368.00（2—22）	194.07（7—20）	238.27
1994	238.07	234.96（9—13）	94.76（7—29）	140.63
1995	139.61	175.70（5—22）	112.04（4—27）	113.24
1996	112.83	476.72（12—12）	104.90（1—23）	341.74
1997	326.33	520.26（5—13）	295.44（1—7）	381.29
1998	382.85	442.03（6—4）	310.83（8—18）	343.85
1999	343.29	528.88（6—30）	308.80（5—17）	402.18
2000	402.71	656.21（11—24）	401.67（1—4）	629.90
2001	636.62	665.56（6—14）	438.00（10—22）	475.94
2002	475.14	523.38（6—25）	366.85（1—23）	388.76

续表

年度 \ 指数	开盘点位	最高点位（时间）	最低点位（时间）	收盘点位
2003	386.61	453.45（4—16）	349.86（11—19）	382.08
2004	377.92	472.18（4—7）	314.98（9—13）	315.81
2005	310.62	334.14（3—9）	235.64（7—19）	278.75
2006	278.99	552.93（12—29）	278.99（1—4）	550.59
2007	553.69	1567.74（10—8）	631.49（2—6）	1447.02
2008	1472.44	1584.40（1—15）	452.33（11—4）	553.30
2009	560.10	1240.64（12—4）	566.72（1—6）	1201.34
2010	1207.33	1412.64（11—11）	890.24（7—2）	1290.86
2011	1298.59	1316.19（1—6）	828.83（12—28）	866.65
2012	871.93	1020.29（3—14）	724.97（12—4）	881.17

注：全流通后，深综指反映深圳股市的态势比较全面，深成指数就单薄了，因此，列出深综指的简表。深交所1990年12月1日试营业。1991年4月3日编制深综指数，基点定为100点，4月4日对外正式公布，当日收盘98点。同年7月3日深交所正式开业，该指数收在69.85点。

沪深两所历年上市公司数量、股本、筹资额和总市值简表

年度 \ 指标	上市公司 A、B（家）	总股本 （亿股）	流通股本 （亿股）	股票首发筹资额 （亿元）	股市总市值 （亿元）
1990	10	2.61	1.14	2.11	51
1991	14	6.29	3.70	10.87	126
1992	53	68.87	21.18	221.85	964
1993	183	387.73	107.88	248.49	3532
1994	291	684.54	226.04	60.73	3657
1995	323	848.42	301.46	42.02	3597
1996	530	1219.54	429.85	253.03	10097
1997	745	1942.67	671.44	693.02	18087
1998	851	2526.79	861.94	417.47	20027
1999	949	3088.95	1079.65	498.93	27142
2000	1088	3791.71	1354.25	871.59	49150
2001	1160	5218.01	1813.17	563.18	45114
2002	1224	5875.45	1727.68	516.96	39914

续表

指标 年度	上市公司 A、B（家）	总股本 （亿股）	流通股本 （亿股）	股票首发筹资额 （亿元）	股市总市值 （亿元）
2003	1312	6428.46	1931.51	453.51	44762
2004	1373	7277.66	2577.19	360.67	37055
2005	1378	7156.69	2524.58	57.66	32430
2006	1432	12655.37	3490.24	1277.73	89404
2007	1530	16938.95	4893.78	4827.52	327140.89
2008	1625	18852.25	6925.74	1041.69	12.1万
2009	1692	20567.52	14159.26	1707.41	24.39万
2010	2062	25533.30	14679.77	5014.30	26.58万
2011	2342	26645.89	14852.10	2803.32	21.48万
2012	2494	27525.39	14953.87	1034.38	87.45万

注：从2004年起，股票首发筹资额含中小企业板的首发筹资额。从2009年起，股票首发筹资额含创业板的首发融资额。

沪深两所历年上市公司主要财务指标简表

指标 年度	每股收益 （元）	每股净资产 （元）	净资产收益率 （%）	净利润 （亿元）	亏损公司 （家）
1990	0.28	2.04	10.61	20.64	无
1991	0.34	2.38	13.04	20.38	无
1992	0.35	2.44	14.28	24.03	无
1993	0.36	2.44	14.68	137.00	无
1994	0.31	2.39	13.15	214.12	2
1995	0.25	2.31	10.78	211.00	17
1996	0.23	2.41	9.59	282.00	31
1997	0.24	2.47	9.69	467.76	41
1998	0.19	2.48	7.45	466.97	77
1999	0.20	2.48	8.23	628.88	86
2000	0.20	2.66	7.63	769.22	98
2001	0.13	2.49	5.35	694.22	154
2002	0.14	2.50	5.75	832.92	167
2003	0.20	2.65	7.39	1269.28	152

续表

年度	每股收益 （元）	每股净资产 （元）	净资产收益率 （%）	净利润 （亿元）	亏损公司 （家）
2004	0.24	2.67	9.01	1734.23	175
2005	0.22	2.72	8.21	1678.45	232
2006	0.24	2.281	10.53	3795.58	168
2007	0.42	2.82	14.84	9604.36	116
2008	0.34	2.93	11.52	8209.14	254
2009	0.41	3.02	14.23	10778.72	175
2010	0.50	3.12	14.50	16658.96	118
2011	0.534	3.06	14.11	19354.48	162

注：2012年的上市公司主要财务指标需要等2013年4月底公布后在下一本书中统计写入。

深交所历年中小企业板上市公司主要财务指标简表

年度	每股收益 （元）	每股净资产 （元）	净资产收益率 （%）	净利润 （亿元）
2004	0.47	4.55	10.29	140.69
2005	0.40	4.79	10.89	150.89
2006	0.45	3.57	12.65	159.31
2007	0.51	3.97	12.80	217.95
2008	0.43	3.96	11.50	528.07
2009	0.51	4.02	12.55	827.35
2010	0.58	4.10	12.65	830.13
2011	0.52	4.02	11.98	831.37

注：2012年的中小企业板上市公司主要财务指标需要等2013年4月底公布后在下一本书中统计写入。

深交所历年创业板上市公司主要财务指标简表

年度	每股收益 （元）	每股净资产 （元）	净资产收益率 （%）	净利润 （亿元）
2009	0.71	6.05	12.81	146.60
2010	0.67	5.57	12.75	147.05
2011	0.53	5.21	11.39	235.16

注：2012年的创业板上市公司主要财务指标需要等2013年4月底公布后在下一本书中统计写入。

沪深两所历年上市公司筹资额与派现额简表

年度 指标	筹资额（亿元）	派现公司（家）	派现额（亿元）
1990	18.14	5	1.57
1991	13.75	6	2.38
1992	221.40	20	20.11
1993	459.19	84	50.99
1994	155.64	93	40.12
1995	75.28	87	60.24
1996	295.87	184	72.21
1997	915.59	226	107.97
1998	828.53	268	141.36
1999	864.61	297	197.96
2000	1610.53	401	322.24
2001	1098.00	691	439.37
2002	811.95	633	470.09
2003	796.08	615	568.02
2004	835.82	733	196.01
2005	338.97	657	720.81
2006	2143.28	856	1174.58
2007	7787.38	1025	1289.24
2008	4811.475	811	2859.96
2009	76204.17	828	3245.89
2010	9960.30	960	3890.08
2011	7341.19	1282	3621.68
2012	6570.11	1613	4772.14

注：1996~2003 年的筹资额为 A 股的首发、增发、配股和债券（可转债等），从 2004 年起含中小企业板的筹资额，从 2006 年起含上市公司非公开发行的筹资额，从 2009 年起含创业板筹资额。

沪深两所 2004～2012 年上市公司中期业绩简表

半年 \ 指标	净利润 (亿元)	每股收益 (元)	净资产收益率 (%)	亏损公司 (家)	分红公司 (家)
2004	0.7153	0.1420	5.3915	66	26
2005	0.7451	0.1376	5.174	219	19
2006	1792.74	0.120	4.092	240	42
2007	3251.87	0.193	7.745	207	51
2008	5527.39	0.236	8.35	219	51
2009	4875.36	0.194	6.50	358	36
2010	6775.40	0.254	7.28	247	66
2011	9943.30	0.28	7.18	170	58
2012	1.02万	0.27	7.03	345	119

沪深两所 1998～2012 年基金概况简表

年度 \ 指标	数量 (只)	总份额 (亿份)	募资额 (亿元)	盈亏额 (亿元)	分红 (亿元)
1998	30	181	100	10.36	3.28
1999	46	44555	405	80.35	50.10
2000	33	560.96	55	263.47	160.23
2001	48	807.47	74	30.96	27.93
2002	54	1330.25	568.32	−36.35	28.43
2003	109	1638.92	678.49	9.29	21.71
2004	161	3310.63	1913.34	84.27	77.80
2005	206	4307.49	996.86	78.78	76.20
2006	287	7414.98	4028.71	2708.16	791.87
2007	364	21252.59	5414.13	3079.29	1055.19
2008	464	26414.74	1762.15	14963.48	728.33
2009	570	29986.60	3685.21	10256.59	396.23
2010	705	33331.60	3345.00	−355.30	162.44
2011	914	35907.99	2576.39	−5004.36	−2129.04
2012	1154	41637.39	5729.40	1267.71	−2315.11

注：1991 年，首只基金深圳南山风险投资基金成立。之后到 1993 年，各地共发行 73 只基金，募资额为 52.58 亿元。1993 年开始有 10 只基金与沪深两所联网交易，从此基金正式纳入证券市场。1994～1996 年又有 11 只基金加入交易行列。1998 年，由中国证监会正式批准的封闭式基金——基金金泰、基金开元正式发行上市。2001 年，首只开放式基金——华安开放基金正式发行。

结束语：记住 2012 年这些事

"5，4，3，2，1"，在世界人民年复一年的倒计时呼喊声中，2013 年如期而至。我怀着不舍的心情，撕下 2012 年日历的最后一页，2012 年就此结束了。但是 2012 年发生的各种信息将永远不会从历史的记忆中撕下（以下事件随机排列）：

1 月 1 日起，全国范围内开始实施火车票实名制/1 月 3 日，台湾歌星凤飞飞在香港病逝，享年 58 岁/1 月 6 日 10 时，南京农行发生枪击抢劫案/1 月 14 日，中国台湾总统选举结束，马英九获得连任/1 月 19 日，赵本山宣布退出春晚。此龙年春晚被大众认为是最差的一届春晚/1 月 19 日，柯达申请破产/1 月 21 日，《南征北战》电影导演汤晓丹逝世，享年 102 岁/春节期间，三亚、厦门等旅游景点宰客遭到游客投诉，引发全国游客共鸣/2 月 1 日，广东省乌坎村民 40 年来第一次公开选举村委会/3 月 25 日，梁振英任命为香港特别行政区第四任行政长官/4 月 13 日，朝鲜发射银河 3 号火箭失败/5 月 2 日，外交部发言人刘为民说，山东省沂南县盲人陈光诚于 4 月下旬进入美国驻华使馆停留 6 天后自行离开/5 月 19 日，陈光诚抵达美国纽约，开始了留学生涯/奥巴马、奥朗德、普京、金正恩分别当选美国、法国、俄罗斯、朝鲜总统（首相），60 岁的朴槿惠成为韩国历史上首位女首相；安倍再次当选日本首相/5 月 18 日，引渡回国的赖昌星被判处无期徒刑/吴英因集资诈骗被判死刑引起质疑，5 月 21 日，浙江省高级人民法院经重新审理后，以集资诈骗罪判处被告人吴英死刑，缓期两年执行/6 月 16 日，神舟九号飞船成功升空，中国出现了首位女航天员刘洋/6 月 21 日，国务院批准，撤销海南省西沙群岛、南沙群岛、中沙群岛办事处，设立地级三沙市管辖西沙、中沙、南沙群岛的岛礁及其海域/6 月 26 日，著名电影表演艺术家陈强逝世，享年 94 岁/6 月 28 日，著名表演艺术家张瑞芳逝世，享年 94 岁/6 月 29 日，海航集团天津航空公司 GS7554 机组执行新疆和田到乌鲁木齐飞行任务时，遭遇 6 名歹徒暴力劫机。机组人员在旅客协助下，成功制服歹徒/7月3日，邓锦杰在长沙娄底孙水公园下水救人不幸身亡，而被救的一家三口上岸后离开/7月4日，四川什邡政府在民间强烈示威抗议之下，宣布取消钼铜项目/7月21日，北京市发生自1951年以来最大降水量/7月30日，江苏省启东市孙某某因散布"南通警察踩死人"等不实谣言，被行政拘留10天/8月，中国组合于洋、王晓理在伦敦奥运会羽毛球比赛打假球被取消奥运会参赛资格，这是奥运会首次因打假球处罚的事件。刘翔预赛摔倒退出比赛单脚挑向终点，中国队金牌奖牌名列第二/8月14日，8·10暨苏湘渝系列持枪抢劫案犯罪嫌疑人周克华被击毙/8月20日，安徽省合肥市中级人民法院判处薄谷开来死刑，缓期两年执行/8月25日，世界首位登上月球的宇航员、美国人尼尔·阿姆斯特朗逝世，享年82岁/9月24日，成都中院对重庆市原副市长、公安局原局长王立军执行有期徒刑15年/9月16日，北京、广州、长沙、西安等地发生保卫钓鱼岛游行，个别地方发生了打砸抢事件/9月28日，中共中央政治局会议审议并通过中共中央纪律检查委员会《关于薄熙来严重违纪案的审查报告》，决定给予薄熙来开除党籍、开除公职处分，对其涉嫌犯罪问题及犯罪问题线索移送司法机关依法处理/10月11日，中国作家莫言获诺贝尔文学奖/10月15日，柬埔寨太皇诺罗敦·西哈努克因病在北京逝世，终年90岁/10月28日，由于群众集体上访，宁波市政府决定坚决不上PX项目/11月8日，党的十八大召开，习近平当选为中共中央总书记/11月25日，新华社报道中国航母舰载机歼—15首次着舰飞行成功，该项目的总负责人，沈飞集团董事长、总经理罗阳在返回大连时突发心脏病于2012年11月25日12时48分去世，年仅51岁/12月，包括北京在内的14个省、市出台了异地高考方案……

后　记

中国股史：第十二个逗号

1. 在"写作股史，没有句号"理念的支持下，《中国股市发展报告2012年》于2013年第一季度出版了，由此点上了中国股史系列书的第十二个逗号。

2. 由于出版档期定在每年的第一季度，所以许多信息需要跨年度记录。例如，2012年上市公司的业绩只能在2013年报告中予以记录。具体某些事件的背景及其来龙去脉，如作者在前几本书中有介绍的话，本书不再重复。读者可参考《中国股市发展报告》系列书的1980～2000年、2001年、2002年……2011年的有关内容或2010年出版的《中国股市风云档案》。

3. 感谢经济管理出版社郝光明主任和王琼编辑对此书给予的极大支持。同时，特别感谢国内外的读者朋友，你们的支持使我克服了写作中国股史遇到的种种困难，希望你们的支持也没有句号。

4. 今后每年的第一季度，我都将一如既往地出版上一年度的股市报告，读者可到新华书店垂询或直接与出版社或我联系，谢谢支持。

5. 书中引用的网友评论，不代表作者本人的观点，仅供笑纳参考。

6. 本人32年坚持不懈地从证券管理相关机构网站、证券媒体、各大财经网站及通过自己亲自调研、摄影摄像等，全方位收集、积累股市资料，投入全部精力和大量资源写作年度股市报告。该系列报告是作者的心血之作，所以特别声明，此系列《中国股市发展报告》版权所有，未经本人允许，任何人、任何媒体都不允许以任何形式转载、摘抄、引用本系列报告的任何内容，违者必究。

7. 由于篇幅所限，因此不得不忍痛割爱，将原书稿的60多万字删减到30多万字，如果读者需要了解更详细的股史内容，可与作者联系。此外，书中的某些数字为初步统计，仅供参考。同时也希望您对本书多提宝贵意见。让我们在《中国股市发展报告（2013年）》的第十三个逗号再见。

因为：写作股史，没有句号。

李幛喆

2012年12月31日

李幛喆或李几招博客：各个网站搜索引擎直接搜索李幛喆或李几招即可。

电子邮箱：lizhangzhe88@126.com